TEACHER AGENCY,

PROFESSIONAL DEVELOPMENT
AND SCHOOL IMPROVEMENT

협력적 주도성

교사 전문성으로 여는 미래교육

Judy Durrant 저 | 이병도 · 함은혜 · 심상용 · 노영현 공역

학지사

Teacher Agency, Professional Development and School Improvement
by Judy Durrant

역자 서문

최근 몇 년 동안 우리 학교 현장은 폭풍우보다 거센 시련의 연속이었고 사회적 이슈의 중심에 있었다. 교사들의 격렬한 분노를 유발했었던 2년 전 서이초등학교 교사의 안타까운 죽음이 있었고, 올해는 대전 모 초등학교의 교사가 초등학생을 살해하는 믿기 힘든 사건도 겪었다. 불행하게도 두 사건 모두 사회적 관심과 파장이 지대하였으며, 이슈의 중심에는 교사가 있었다. 전자는 교사에 대한 동정 여론과 응원을 동반하고 교권 확립 및 교육활동 보호를 위한 사회적 공감대를 이끌었다면, 후자는 교사에 대한 사회적 불신과 불안감을 증폭시키며, 교직은 사회 전반의 압박과 도전에 직면하기에 이르렀다.

혼돈과 불안의 시대, 출구가 보이지 않는 갈등과 반목의 교육 현장에서, 과연 교사들의 설 자리는 어디에 있으며 가야 할 길은 어디인가를 고민하면서 우리는 여전히 교사의 전문성 개발과 학교 혁신의 핵심적인 역할에 대한 본질적 고민에 천착한다.

이 책 『협력적 주도성: 교사 전문성으로 여는 미래교육(Teacher Agency, Professional Development and School Improvement)』은 영국 캔터베리 크라이스트처치 대학교 교육학부 대학원 프로그램 책임자로 재직 중인 쥬디 듀란트(Judy Durrant)가 교사의 주도성을 전문성 개발과 학교 혁신의 핵심적인 열쇠로 바라보는 새로운 시각에서 집필하였다.

듀란트는 여러 교육 현장의 교사, 교장 등 다양한 구성원과 함께 일하면서 교사들의 전문적 정체성, 자기효능감, 집단효능감, 자율성 등 학교 혁신의 담론 속에서 교사들이 마주하는 여러 쟁점을 깊이 있게 탐구하며, 학교 변화를 이끌어 내는 실체적인 사례와 프로젝트를 통해 교사의 역할을 구체적으로 설명한다. 교사의 전문성 개발과 정체성 형성 과정 속에서 변화를 더욱 강력하게 구축하는 방법을 탐색하며, 학교 혁신과 교육 개혁의 목표와 과정 자체를 문제화하는 데 초점을 맞추고 있다. 즉, 교사들이 자신의 주도성을 바탕으로 의미 있는 변화를 주도할 수 있도록 하는 것이야말로 교육 개혁의 본질적 목표가 되어야 한다고 말한다.

이 책의 저자는 대규모 교육 개혁과 개별 학교 단위에서 이루어지는 세밀한 변화 간의 역동적인 관계를 탐구하며, 학교 혁신의 과정뿐만 아니라 교육의 본질적 목적과 방향 그리고 이 논의에 누구나 참여해야 하는가에 대해 깊이 고찰하였다. 이를 통해, 교사 주도성이 중심적인 역할을 담당할 수 있도록 교육 개선의 목표와 기반을 재구성하는 대안적 접근법을 제안하였다.

더욱 불안정해지는 교직세계를 학교 변화와 관련지으며 교사의 역할을 다양한 관점에서 중요하게 거론하였다. 예컨대, 교사를 다학문적 접근을 통해 학습을 전문적으로 안내하는 학습 전문가, 비판적 창조자이자 교육적 기업가, 동시에 정책 변화에 적극적으로 대응하는 개혁의 주체이자 창의적 역량을 갖춘 전문가로 묘사하였다. 좋은 교사란 자신의 주도성, 주체성 그리고 자기 신뢰를 키워 나갈 수 있는 존재이며, 바로 이 '교사 리더십'이 학교 변화를 이끌어 가는 동력이 된다고 말한다. 즉, 교사가 주도성을 발휘하여 자신의 전문성을 강화하는 것은 물론, 개별적으로나 협력적으로 자신의 영향력을 발휘하여 원하는 교육 비전을 실현할 수 있는 전문적 교육 환경을 조성해 나가는 주체임을 강조하였다.

우리 역자들은 끊임없는 압박과 도전에 직면하고 있는 교사의 정체성과 역할에 대해 같은 고민과 성찰의 지점을 찾고자 번역에 참여하였다. 물론 영국이라는 우리와는 다른 교육 환경과 제도라는 배경을 바탕으로 집필을 하였기 때문에 우리 교육 현장과 교사들의 역할을 직접적으로 비교하는 것은 당연히 무리가 따를 것이다. 그러나 교육의 본질적 목적과 방향, 학습 전문가와 학교 혁신의 주체로서의 교사 주도성의 중요성은 이 책에서 강조하는 것 이상으로 우리나라의 교육 현장에서도 유효하다는 데 우리는 적극 공감하였다. 특히 교사의 주도성을 전문성 개발과 학교 혁신의 핵심적인 열쇠로 바라보는 저자의 관점과 접근 방법이 우리 학교 현장을 창의적으로 혁신하고 소통과 협력의 학교 문화 조성의 기틀을 잡는 데 기여할 것이라고 기대한다. 교사의 자율성과 더불어 자기효능감, 집단효능감 및 전문성을 기반으로 한 진정한 교사 리더십이 학교 현장에 건강하게 뿌리내리고 교사들이 교직에 대한 보람과 가치를 되찾기를 간절히 소망한다.

혹시라도 번역 과정에서 발생했을지도 모르는 오류가 있다면 오로지 부족한 역자들의 몫이다. 해량하여 주시길 부탁드린다. 기획 단계부터 출판에 이르기까지 세심하게 살펴 주시고 도움을 주신 학지사 편집부 관계자들께 깊은 감사를 드린다.

저자 서문

이 책은 교육 현장에서 일하는 교사 및 교육 관계자들에게 학교 혁신을 위해 기존의 틀을 넘어 새로운 사고방식을 가질 것을 제안한다. 이 책이 강조하는 핵심은 주도성으로 이는 우리가 살아가고 일하는 방식의 본질이자 교육의 핵심 요소이다. 주도성은 개인의 정체성을 형성하고 행동을 촉진하며, 나아가 우리가 속한 환경을 적극적으로 구성하는 데 중요한 역할을 한다.

교사들이 주도성을 기반으로 사고할 때, 이는 학교 변화를 긍정적이고 강력한 방향으로 이끄는 힘이 된다. 또한 교육 활동에 대한 자신감과 리더십의 자기효능감을 촉진하여 학생들의 성장에도 기여할 수 있다. 그러나 오늘날 교육 시스템은 외부에서 설정된 기준과 목표에 대한 성과 평가에 지나치게 의존하는 경향이 있으며, 부족함만을 강조하는 결핍 중심적 접근은 교육적 격차를 더욱 심화시키는 결과를 낳고 있다. 반면, 교사 주도성을 중심에 둔 접근은 교사들이 매일 마주하는 실제 교육 현장의 문제와 관심사에 집중하도록 돕는다. 이를 통해 교육은 더욱 포용적이고 창의적이며 참여적인 방식으로 이루어질 수 있으며, 이러한 방식은 조직 문화에 희망과 긍정을 불어넣을 뿐만 아니라 구성원들의 웰빙까지 함께 고려하는 상호적인 접근을 가능하게 한다. 이 책은 단순히 이론적 논의를 제공하는 것에 그치지 않고, 실제 교육 현장에 적용할 수 있는 원칙, 사례 그리고 실천적 틀을 제시하는 것을 목표로 한다. 교사 주도성을 지원하고, 포용하며, 교육 시스템에 깊이 뿌리내리게 하려면, 기존의 교사 전문성 개발과 개념을 재구성해야 한다. 이를 통해 학교 문화를 근본적으로 변화시킬 수 있으며, 지역사회 중심의 자율적 변화를 촉진할 수 있다.

이 책의 논의는 교사들의 경험과 관심사에 초점을 맞추고 있으며, 박사 연구를 바탕으로 한다. 이 책은 교사들이 조직 변화에 어떻게 반응하고 기여하는지를 탐색하며, 교사 여섯 명의 일상을 깊이 있게 조명한 교사 초상화를 통해 그들의 생각과 성찰을 생생하게 담았다. 연구에서는 두 개의 상반된 학교를 연구 대상으로 하여, 각기 다른 학교문화와 환경 속에서 개인과 조직이 서로에게 미치는 영향을 심층적으로 분석했다. 이 연구는 교사 주도성 기반의 전문성 신장에 대한 저자의 오랜 신념에서 출발한다. 교사 주도성은 교사의 전문성 개발과 학교 혁신에 있어 핵심적인 요소이며, 이 책은 교사 개개인의 주도성과 참여, 자기효능감, 목소리를 강조하는 교육적 패러다임을 촉진해야 한다는 주장에 힘을 보태고자 한다. 교사 주도성은 교육이 균형 잡힌 방향으로 나아가도록 돕는 핵심 요소이며, 더 공정하고 희망적인 교육 환경을 조성하는 데 기여할 수 있다.

이 연구는 21세기 영국의 교육정책이 변화하는 과정에서 진행되었으며, 특히 2010년 정권 교체라는 정치적 변화를 배경으로 삼고 있다. 정책 입안자와 교육 실천가들은 중앙 집권적 책무성과 개인의 가치와 신념 그리고 동기 사이에서 끊임없이 긴장을 조율해야 하는 상황에 놓여 있다. 교사들은 교육의 목적과 과정에 대해 본질적인 질문을 던질 수 있어야 하며, 그들의 경험과 고민, 의견과 목소리는 학교 개선과 혁신의 핵심 요소로 존중받아야 한다. 이는 곧 교사의 전문성, 전문적 정체성, 학교 혁신과의 관계에 대한 중요한 논의를 불러일으킨다. 교사 전문성 개발은 기계적이고 중앙에서 주어진 훈련부터 성찰적이고 협력적이며 탐구 중심적인 전문적 학습(professional learning) 그리고 교사 주도적 실천을 통한 변혁(transformation)까지 다양한 스펙트럼을 가진다. 연구 결과를 바탕으로 이 책에서는, 학교 혁신의 과정에서 교사 주도성을 중심으로 전문성 개발과 정체성을 새롭게 개념화하는 틀을 제시한다. 이는 기존 접근 방식을 대체하려는 것이 아니라, 교육이 단순한 지식(knowing) 전달과 존재 방식(being)을 넘어, 행위(doing)까지 포함할 수 있게 보완하는 것을 목표로 한다.

이 연구는 학교와 교사에 대한 부정적 담론이 만연한 현실 속에서, 교육 현장의 진정한 가치를 조명하며 새로운 가능성을 제시하는 데 의의가 있다. 개별 교사들의 서사는 공식적인 학교 혁신 정책과 교사들이 실제로 필요하다고 느끼는 변화 사이의 괴리를 보여 준다. 이는 조직적 리더십이 교사 주도성을 어떻게 촉진하거나 제한하는지를 탐색하는 중요한 질문을 제기한다. 학교 문화가 교사의 전문적 정체성을 변화시키고, 교사 리더십을 활성화할 때 비로소 진정한 변혁이 일어날 수 있다. 학교 혁신이 중앙에서 일괄적으로 주어진 개혁안을 현장에 맞추는 과정이 아니라, 지역의 특수성을 자원으로 활용하는 방식이 되어야 한다. 교사들은 현재 자신이 있는 자리에서, 자신이 가진 경험과 증거를 바탕으로, 학생과 공동체의 필요에 맞춰 변화를 만들어 간다. 이는 일률적인 개혁이 아니라 맥락적 차이를 존중하는 접근법이다.

교사 주도성을 중심으로 한 접근 방식은 교사들에게 자율성을 부여하는 것이 학교와 학생들에게 실질적인 변화를 가져온다는 점을 분명하게 보여 준다. 또한 비판적 사고와 협력을 결합하여 학생들의 교육 경험과 성과를 향상시키는 힘이 된다. 우리는 교사 주도성과 리더십이 궁극적으로 전문적 학습의 토대가 되어, 교수법의 혁신을 이끌어 낼 수 있게 지원해야 한다. 이는 정책을 이행하도록 교사를 훈련하는 것이 아니라, 전문성 개발과 교육적 변화를 주도하는 힘을 교사에게 부여하는 것을 의미한다. 이 책을 통해 교사들이 교육의 본질적 가치를 다시금 되새기고, 각자의 환경에서 실천 가능한 변화를 만들어 가는 데 도움이 되기를 바란다.

이 책에서 논의하는 교육과 학교에 대한 접근법은 인류, 경제, 환경의 지속 가능성이라는 보다 거시적인 맥락에서 고려될 필요가 있다. 우리는 전통적 가치, 지식 체계 그리고 공동체적 담론으로부터 많은 것을 배울 수 있다. 이러한 관점은 개인주의적이고, 물질주의적이며, 경쟁 중심적인 사고방식이 초래하는 파괴적인 결과에서 벗어나, 공동체적이고 상호 이익을 추구하는 '함께 존재하고 배우며 살아가는 방식'으로 나아가야 한다.

교육자는 학교와 교육 시스템을 보다 인간적인 균형 속에서 운영할 책임이 있다. 이를 위해서는 교사 자신이 주도성을 발휘함으로써, 학생들이 주도적으로 성장할 수 있게 돕는 것이 무척 중요하다. 따라서 학교교육에 주도적 관점을 적극적으로 수용해야 한다. 이 과정에서 교사와 교육자들은 도전적인 여정을 마주할 수밖에 없으나, 이 여정은 단순한 이상론이 아니다. 이는 이미 교육 현장에서 이루어지고 있는 가치 있는 실천들을 살펴보면, 정책이 규정하는 교육과 실제 교사 및 학교 리더들이 지향하는 교육 사이의 간극을 좁혀 나갈 수 있게 된다. 이 논의는 단순히 교사들의 업무 부담을 줄이거나, 교육 환경을 제도적으로 만드는 것이 목적이 아니다. 오히려 교육의 초점을 보다 인간 중심적이고 공정한 방식으로 전환하여, 교사들이 전문성을 발휘하고 자신의 미래를 주도적으로 형성할 수 있도록 하는 것을 의미한다. 이를 통해 교사들은 단순히 생계를 위해 직업을 유지하는 것이 아니라, 교육에 대한 신념과 열정을 바탕으로 장기적으로 헌신할 수 있다.

교육의 변화는 정책과 교육 현장 간의 긴장 속에서 이루어진다. 교사들은 학생들의 고민과 성장 과정을 지켜보며, 이론이 아닌 현실에서의 투쟁과 성공을 경험한다. 따라서 교육 패러다임의 변화를 위해서는 사고방식의 전환이 반드시 요구된다. 이는 단순한 개념적 변화가 아니라, 실질적인 행동의 변화로 이어져야 한다. 주도성을 기반으로 한 접근 방식이 교육 현장에서 자리 잡고 확산되기 시작하면, 기존의 일률적이고 중앙집권적인 학교 혁신 정책은 자연스럽게 도전에 직면할 것이다. 그러나 진정한 변화는 기존의 제도적 틀 안에서도 가능하며, 이를 위해서는 교육자들이 협력적이고 창의적인 방식으로 임해야 한다. 이러한 변화는 교사 개인의 노력만으로 이루어질 수 없다. 조직적 차원에서 학교의 구조와 문화를 내부적으로 변화시키는 과정이 동반되어야 한다. 물론, 이러한 과정에서는 갈등과 좌절, 복잡한 딜레마가 필연적으로 발생할 것이다. 하지만 교사, 교장, 교육정책 입안자들이 끊임없는 혁신적 사고와 전략적 대응을 통해 학생들의 교육적 권리를 옹호하는 과정 자체가 중요하다. 이를 위해서는 실질적인 지원과 협력이 필요하다. 교사 주도성은 단순한 개인적 특성이 아니라, 학교의 구조, 문화, 교육과정, 교육학 전반에 걸쳐 내재화되어야 할 원칙이다. 이는 교사들이 스스로 설정한 한계뿐만 아니라, 구조적으로 내재된 제약들까지도 넘어설 수 있도록 하는 데 목적이 있다.

교육과정과 교수법은 항상 선택 가능성을 내포하고 있다. 아무리 교육 시스템이 규범적이고 획일적인 틀을 강요하더라도, 교사들은 창의적인 교수법을 통해 학습을 보다 포용적이고, 주체적이며, 의미 있는 경험으로 만들어 갈 수 있다.

예를 들어, 8~9세 어린이들이 루이스 캐럴의 『이상한 나라의 앨리스(Alice in Wonderland)』를 읽은 후, 상상 속 물약(색깔이 있는 레모네이드)을 마시고 개미만 한 크기로 줄어든다고 가정해 보자. 학생들은 이 가상의 상황을 받아들이고 인근 숲으로 모험을 떠난다. 거대한 솔방울 산을 오르고, 풀잎 다리를 건너며, 무시무시한 딱정벌레와 마주치고, 빗방울에 빠져 익사할 뻔하는 등의 모험을 경험한다. 그들은 나무 그루터기에 앉아 경험을 공유하고, 자신만의 언어로 이야기를 만들어 낸 후 다시 원래 크기로 돌아와 글을 쓴다.

이같이, 학교 교육이 주도성에 기반할 때 교사와 학생들은 교육을 실험하고, 재구성하며, 재창조할 기회를 갖게 된다. 교과 내용이 정해져 있더라도, 주도적 관점을 적용하면 교실이라는 물리적 경계를 넘어 주변 환경과 학생들의 삶 속에서 배움을 확장할 수 있다. 이는 특별한 재정적 지원을 필요로 하지 않는다. 다만 상상력과 창의적인 사고방식이 요구될 뿐이다. 그러나 이를 실천하기 위해서는 기존의 학교 운영 방식, 수업 개념, 교실 공간의 활용 방식 등에 대한 생각의 전환이 필요하다. 또한 용기를 내어 새로운 방식을 시도하는 교사들이 교육을 보다 포용적 · 창의적 · 소통적으로 바꿀 수 있다. 그 과정에서 학생들의 다양한 목소리가 인정받고, 관계가 강화되며, 자신감을 키울 수 있다. 결국 이러한 변화는 학생과 교사 모두에게 깊은 영향을 주게 된다. 교사와 학생들은 질문을 던지고, 지식을 습득하며, 자신의 정체성을 형성하고, 사회적 실천으로 이어지는 교육을 경험하게 된다. 이는 단순한 교육 개혁이 아니다. 교육자와 학생들의 삶과 학습이 풍요로워지고, 그 과정 속에서 더 균형 잡히고 지속 가능한 교육적 방향성을 모색할 수 있다. 이러한 접근이 학교 현장으로 이어진다면, 교육은 단순히 특정 기준을 충족하기 위한 도구가 아니라 삶을 변화시키는 경험으로 자리 잡을 것이다.

차례

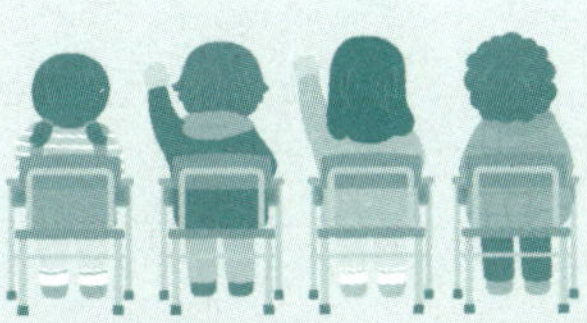

제5장
교사 주도성을 지원하는 학교 문화 • 177

제6장
주도성 기반의 교육 프레임워크 • 209

제7장
행동하는 주도성: 교사의 참여와 목소리 • 233

제8장

지속 가능한 미래를 위한 주도성 • 271

제 1 장 변화가 필요하다

지난 수십 년 동안 학교 개혁과 교육정책의 변화는 교사와 교육전문가들의 삶과 일에 지대한 영향을 미쳐 왔다. 교육 발전을 목표로 한 학교 조직 내 변화의 압력이 거세지면서, 교직은 끊임없이 그 정체성과 존재의 의미를 재정립해야 하는 상황에 놓였다. 오늘날 교육정책의 역동적이고 불확실한 환경 속에서, 교사들은 학교 조직이 갖는 권력 구조와 위계질서 속에서 어떤 역할을 해야 하는지, 학교 변화와 의사결정 과정에서 어느 위치에 서야 하는지에 대한 근본적인 질문에 직면하고 있다. 이러한 질문은 교사 전문성의 개념을 다시금 생각하게 만들며, 교사가 예비교사 과정에서부터 경력이 쌓이는 전 과정에 걸쳐 어떻게 전문가로서 성장하고 정체성을 형성해 가는지에 대한 문제의식을 불러일으킨다. 나아가, 교사들이 일상의 교육 활동을 통해 발휘하는 전문성이 본질적으로 무엇인지, 그리고 그것이 조직의 기대와 정책적 요구 속에서 어떻게 구현되는지에 대한 고민이 필요하다.

1. 교육 개혁에서의 성과주의, 우선순위 그리고 목적

오늘날 전 세계 학교들은 교사와 학생 모두의 삶에 영향을 미치는 신자유주의적 흐름에 지배되고 있다. 특히 교육학자들(Hargreaves et al.,

2001)이 'GERM'이라는 의미심장한 약어로 명명한 '세계 교육 개혁 운동(Global Education Reform Movement: GERM)'[1)]은 교육의 모든 측면에 침투하여 측정 가능한 성과(measurable performance)를 강조하는 흐름을 만들어 냈다(Ball, 2016; Sahlberg, 2016). 이 흐름은 학교 혁신[2)]과 교육 시스템 변화의 방향을 성취도와 향상도에 의한 기준과 목표에 기반하도록 만들었다. 이에 따라 교육은 점점 관리 중심적 · 성과 중심적인 방향으로 나아가고 있으며, 이는 교육을 경제적 · 정치적 수단으로 전락시키는 동시에 교사 개인과 학교 조직이 혁신 경로에 얼마나 부합하고 있는지를 지속적으로 감시하게 만든다.

학교는 국가별 순위 경쟁 속에서 입지를 다투며, 국가는 국제 학업성취도 평가(Programme for International Student Assessment: PISA)[3)] 결과에 촉각을 곤두세운다(OECD, 2018). 이러한 교육 개혁의 흐름은 일종의 감염병처럼 묘사되기도 하며, 맞서 싸워야 할 괴물(Ball, 2016) 혹은 저항해야 할 거인(Frost, 2004)으로 비유되기도 한다. 이는 성과 중심의 압박을 가중시키며, 교육이 지향해야 할 본질적 목표를 위협한다. 이러한 환경 속에서 교사들은 시장의 논리와 국제적 순위 경쟁이라는 외부 목적

---

1) (역자 주) 세계 교육 개혁 운동: 핀란드 교육정책 전문가 파시 살베리가 미국, 영국, 일본 등 거의 모든 국가가 채택하고 있는 신자유주의적 교육 개혁을 부르는 용어로, 경쟁, 비교, 선택 등을 통한 시장주의, 교육의 표준화, 표준화 시험 결과를 바탕으로 하는 징벌적 책무성 정책 등을 기본원리로 함.

2) (역자 주) 학교 혁신(school improvement): 보다 근본적이고 창의적인 변화를 강조하며, 교육의 방향이나 접근 방식을 새롭게 바꾸려는 적극적인 의미가 담겨 있기에, 즉 교육적 변화를 보다 미래지향적으로 제시하고자 하기에 '학교 혁신'이라고 표현하였음.

3) (역자 주) PISA: 1997년, OECD 회원국들은 의무교육과정을 거의 마친 학생들이 사회의 온전한 일원이 되는 데 필요한 지식과 기술을 어느 정도 습득했는지 조사할 목적으로 국제학업성취도 평가 PISA(Programme for International Student Assessment)를 시작함. PISA는 인지적 영역(읽기, 수학, 과학, 혁신적 영역)의 성취도 및 추이를 파악하고, 비인지적 영역의 특성 및 성취도와의 관계를 분석하여 우리나라 교육정책 수립을 위한 기초 자료로 활용함. 우리나라는 PISA 2000부터 참여하였음.

에 의해 교육이 구성되는 틀 속에서, 명시적이든 암묵적이든 특정한 방식의 업무 수행을 강요받고 있다. 이러한 신자유주의적 교육 개혁은 교사 전문성의 상품화를 초래하며(Robertson, 2017), 교사는 단순히 경쟁과 시장화 과정에서 단지 하나의 요소(factors)로 대상화(objectification)된다(Biesta, 2016). 이와 같은 전 세계적 흐름은 비판적 사고를 차단하고, 정책적 개혁에 대한 논의 자체를 불가능하게 만든다. 결과적으로, 교사와 교육 전문가들이 자신의 삶과 정체성, 전문적 실천 그리고 업무 환경에 대한 영향력을 점점 상실하게 된다. 이는 단순히 교사의 전문성, 도덕적 신념, 판단력을 위협하는 것이 아니라, 교사라는 존재의 본질까지도 위협하는 문제이다. 정책적 개혁의 명분 아래 논리적이며 반박할 수 없는 개선책으로 포장된 성과주의 중심의 개혁은, 교직의 본질적 의미를 바꾸고, 교사들의 개인적 · 정서적 · 정신적 정체성에도 심각한 영향을 미친다(Ball, 2003).

이러한 세계적인 교육 개혁의 흐름 속에서 측정 가능한 것이 교육에서 가장 중요한 가치라는 착각이 자리 잡게 되었다. 그 결과, 우리는 결국 무의미한 지표를 만들어 그것을 측정하는 데 교육 시스템 전체가 집중하는 중요하지 않은 것을 측정하는 허상이 만연하게 되었다(Wateren & Amrein-Beardsley, 2016). 이는 꼬리가 몸통을 흔드는 형국인 주객이 전도된 상황으로 이어져, 국가들은 PISA 순위 상승에 집착하고, 학교들은 성적을 높이기 위해 학생들을 전략적으로 배치하는 게임 플레이에 몰두한다(Spielman, 2017). 이 과정에서 교사들이 지향하는 교육적 가치와 우선순위는 왜곡된다. 교육과정은 좁은 트랙 안에 갇혀 교사들이 사용할 수 있는 교수법이 제한되고, 학생들은 외부에서 설정한 측정 기준을 충족하기 위해 과도한 평가와 분류 속에 놓이게 된다. 결국 학생들이 자신의 학습에 대해 주도적으로 선택할 수 있는 범위는 더욱 축소된다. PISA 시험을 주관하는 OECD(경제협력개발기구)의 교육기술국장인 슐라이허(Schleicher, 2010)는 이러한 성과주의 중심 교육이 초래하는 부정적 영향을 지적하며, 21세기 교육의 방향을 새롭게 정의해야 한다고 주장한다. 그는 20세기식의 암기 중심 교육이 '학교는 본래 지루해야 하고, 기계적 암기 학습이 선행되어야만 깊이 있는 사고와 창의적 학습이 가능하다.'라는 전제를 바탕으로 설계되었다고 언급했다. 하지만 오늘날의 교육은 비판적 사고, 문제 해결 능력과 판단력, 시민성을 기르는 방향으로 나아가야 한다고 강조한다.

> 교육이란 다면적인 세계 속에서 능동적이고 책임 있는 시민으로 살아갈 수 있는 역량을 길러 주는 것이다. 이러한 시민은 자신이 무엇을, 어떻게 배우고 싶어 하는지를 스스로 결정할 수 있어야 하며, 이것이 바로 평생 학습자로서 살아갈 수 있는 근원이 된다(Schleicher, 2010).

그러나 그의 주장에도 불구하고, 성과주의 중심의 교육 개혁 흐름은 여전히 지속되고 있으며, 이는 교사와 학생 모두에게 지대한 영향을 미치고 있다. 교육이 무엇이어야 하는지를 외부 프레임이 규정하는 상황에서 우리는 과연 이 체제 안에서 교사와 학생이 진정으로 성장하고 영향력을 발휘하며 변화를 이끌어 낼 수 있는가에 대한 근본적인 질문을 해야 한다.

오늘날 교사들은 성과 중심의 데이터 분석, 학업성취 등급(RAG[4] rating)에 강한 압박을 받고 있으며, 일부 학교는 입시 성과를 높이기 위해 학생을 선별·배제하기도 한다. 정부는 교사 송급 부족 문제를 해결

---

4) (역자 주) RAG: 성과 상태를 색으로 표현한 도식

하기 위해 입학 기준을 완화하고 있다(Ward, 2018). 이처럼 세계적인 추세에 문제가 있는 것은 분명하나, 지역적 차원에서는 그 부작용을 줄이고 의미 있는 변화를 만들어 내려는 노력이 이어지고 있다. 이 과정은 단순한 웰빙 증진이나 스트레스 완화 차원의 논의가 아니다. 오히려 비판적 사고와 자기성찰, 논의와 토론은 교사의 일상적 실천에서 실질적인 문제 해결을 위한 핵심도구이자 무엇이 진정으로 유익하고 신뢰할 수 있는지를 판단하는 기준이 되어야 한다(Ball, 2016). 이러한 비판적 실천은 파괴적인 구조에 저항하고, 그로 인한 피해를 최소화하며, 대안을 제시하고 다른 방안을 모색하는 행동을 포함한다. 아동과 청소년, 교사와 학교관리자 모두가 각자의 영향력 안에서 기존의 한계를 넘어서려는 행위나 실천이 교육의 핵심 목적이 되어야 한다. 이처럼 교육은 인간을 타인의 지시에 따라 움직이는 수동적인 객체(object)가 아닌, 스스로 선택하고 책임지는 주체(subject)로 인식하는 과정이다(Biesta, 2014). 따라서 학생들에게 비판적 사고와 창의성을 강조하는 교육을 하려면, 교사들 또한 이를 실천하는 모습을 보일 때 비로소 진정한 교육적 의미를 가질 수 있다.

2. 변화의 풍경 속 교사들의 초상

이 책은 교사들이 변화를 이끄는 리더이자 학교 혁신의 주체임을 강조하며 집필되었으며, 이는 저자의 이전 연구와 개발 프로젝트(Durant & Holden, 2006; Frost et al., 2000)를 통해 축적된 경험과 근거를 바탕으로 논의를 전개하였다. 이러한 관점은 저자의 박사과정 연구의 토대가 되었으며, 이 연구를 통해 다양한 조직과 정책 환경 속에서 교사들이 어떻게 변화에 대응하고, 혁신을 위해 기여하는지를 밝혀내고자 했다. 그리고 그 과정에서 어떻게 성장하고 지원받으며, 때로는 제약을 받고 좌절하는지를 탐색했다. 또한 외부에서 부과된 정책, 조직 구조, 학교 문화, 실천 규범 속에서도 교사들이 얼마나 효과적으로 활동할 수 있는지, 나아가 그들이 구조적·문화적 변화를 얼마나 주도할 수 있는지를 고찰했다. 이 연구에서 도출된 핵심 메시지는 학교 혁신이라는 개념 자체가 끊임없이 논쟁의 대상이라는 점이었다. 공식적인 학교 혁신 정책에서 중점적으로 다루어지는 사안들과 교사들이 실제로 관심을 기울이고 중요하다고 여긴 사안들이 반드시 일치하지는 않는다는 점이 확인되었다. 이러한 논의는 개인과 조직의 관계, 특히 주도성[5]과 구조 간의 상호

5) (역자 주) 주도성(agency): 견고한 자기개념에 기반한 교사 주도성(teacher agency)은 교사의 전문적 정체성뿐 아니라 교사와 학생 모두의 지속적인 학습과 웰빙에 핵심적 요소로 작용함(Bandura, 2018; Priestley, Biesta & Robinson, 2015; Priestley, 2015). 교사의 주도성은 개인적이든 집단적이든, 자신의 목적 있는 행동과 결정이 교직 실천, 학생 학습 경험, 넓게는 교육 환경 전반에 긍정적인 영향을 미칠 수 있다는 믿음을 의미함. 이는 교사 스스로와 학생들을 위한 긍정적 변화를 이끄는 행동과 결정을 내리고자 하는 의지와 함께, 모든 학생이 배울 수 있다는 성장 마인드셋(growth mindset)에 근거함. 교사 주도성은 단순히 자율성, 목소리, 선택을 가지는 것을 넘어서는 개념임(다음 표 참조).

구분	정의
교사 자율성	교수 방법, 교육과정 실행, 학급 운영 등에 대한 결정의 자유도와 독립성을 의미하며, 주로 외부 당국(학교 관리자, 정책 입안자 등)에 의해 결정됨(Mausethagen & Mølstad, 2015).
교사 목소리	교사가 전문적 문제(수업 실천, 교육과정 설계, 교육정책 등)에 대해 자신의 의견과 성찰을 표현할 기회를 갖는 것. 또한 학생의 필요를 대변하고, 학교나 교육 체제 전반의 개선에 참여하고 영향을 미치는 것을 포함함(Gillett-Swan & Baroutsis, 2023).
교사 선택	교사가 전문적 지식을 바탕으로 교수 전략과 교육과정을 선택하고 조정할 수 있는 자율성을 의미함.
교사 주도성	교사의 목적 있는 행동과 결정이 개별적으로나 집단적으로 교육 실천과 학생 학습에 긍정적 영향을 미칠 수 있다는 믿음임.

이러한 요소들도 중요하지만, 주도성은 미래 지향적이고 상황에 민감한 실천 역량으로 이들을 통합함. 이는 교사의 의도적 결정과 행동이 학생뿐 아니라 교사 자신의 전문적 성장을 통해 교육의 전반적 환경을 변화시킬 수 있다는 믿음을 반영함. 이를 위해서는 주변 환경을 관찰하고,

작용(Giddens, 1984)이라는 개념과 밀접하게 연결된다.

이 연구는 교사의 가치, 문제의식, 인식, 경험, 실천이 어떻게 학교 혁신 과정과 맞물려 있는지 그리고 이러한 과정이 국가적 교육 개혁과 세계적인 사회적 변화 속에서 어떤 방식으로 전개되는지를 초점으로 분석하였다. 연구는 리더십과 학습, 교육과 학교 교육, 전문적 실천과 교사 정체성 간의 관계를 교사와 학생들이 함께 만들어 가는 실제 경험 속에서 조명하였다. 핵심적으로 제기된 질문은 '조직 구조가 교사들의 주도성을 어떻게 촉진하거나 제한하는가?' 그리고 '이러한 구조 속에서 교사들은 자신이 스스로 정의한 방식으로 학교 혁신에 기여할 수 있는가?'였다.

이 질문은 더 나아가 오늘날 교육 개혁의 거대 담론과도 연결된다. 초 복잡성 또는 유동성의 시대(Barnett, 2008)에 학교 혁신의 본질과 정

신중한 판단을 내리고, 공동의 목표를 이루기 위해 자신의 가치와 공동체의 가치를 모두 존중하며 행동하는 지속적이고 의도적인 과정이 필요함(Priestley, Biesta & Robinson, 2015; Wang, 2017). 자율성은 제도적 허용에 따라 달라지며, 목소리는 요청될 수 있으나 실제로 반영되지 않을 수도 있고, 선택은 교육과정의 한계 내에서 이루어짐. 반면, 주도성은 자기효능감, 윤리적 책임감, 변화에 대한 헌신이 결합된 적극적인 자세임. 교사의 주도성을 강화하는 정책 환경은 보다 풍부한 학습 경험과 회복탄력성이 높은 학교 문화를 가져오는 것으로 나타남(Gillett-Swan & Baroutsis, 2024; Paniagua & Istance, 2018). 교사 주도성은 자기효능감, 목표 지향성, 통합적 의사결정 과정을 통해 나타남. 핵심 개념은 다음과 같음. ① 자기효능감: 자신이 역량을 갖추고 있다고 믿는 교사는 도전에 더 오래 버티고 혁신적이며, 학생의 성취와 동기를 높이는 데 기여함(Bandura, 1982; Guskey, 1988; Burić & Kim, 2020). ② 목표 지향성: 목적이 명확한 교사는 의도적으로 행동하고, 의미 있는 결과를 창출하기 위해 노력함(Dweck & Leggett, 1988; Dresel et al., 2013). ③ 통합적 의사결정(threefold decision-making): 교사는 과거 경험(반복적), 미래 가능성(예측적), 현재 상황(실용적 평가)에 근거하여 의사결정을 내림(Bergh & Wahlström, 2018). 주도성을 가진 교사는 불확실성에 마비되지 않고, 오히려 이를 기회로 전환하여 판단력, 가치관, 창의력을 통해 포용적이고 적응적인 학습 환경을 만들어 냄(Toom, Pyhältö & Rust, 2015).

* 자료출처: OECD (2025), "OECD Teaching Compass: Reimagining teachers as agents of curriculum changes", OECD Education Policy Perspectives, No. 123, OECD Publishing, Paris, https://doi.org/10.1787/8297a24a-en.

의 그리고 목적은 논쟁의 영역일 수밖에 없다. 많은 학자는 교사들이 인지적 · 정서적 · 정치적으로 변화의 선두에서 활약해야 한다(Bascia & Hargreaves, 2000)고 주장한다. 이에 따라 이 연구에서는 다양한 상황 속에서 교사들이 자신을 학교 혁신의 희생자, 도구 혹은 변화의 주체 중 무엇으로 인식하는지를 살펴보았다. 연구 결과는 교사들이 공식적으로 정의된 학교 혁신에 어떻게 대응하고 기여했는지를 보여 줄 뿐만 아니라, 그들이 실제로 혁신하고자 했던 것과 변화시키고 싶었던 것들이 무엇인지가 명확하게 드러났다. 이는 단순히 국가 교육정책과 학교의 공식적인 의제에만 국한된 것이 아니라, 더 넓은 교육적 · 사회적 맥락에서 교사들이 지향하는 변화까지 포함하는 것이었다.

또한 이 연구는 교사들이 학교 변화 과정에 어떤 방식으로 관여했는지, 내부로부터의 혁신에 대해 어떤 인식과 경험을 가지고 있었는지를 포함한다(Barth, 1990). 무엇보다도 이 연구는 교사들의 이야기와 경험을 소중하게 다루는 데 그 가치를 두고 있다.

3. 교사들의 이야기

이 연구의 방법론적 기반은 인간이 본능적으로 이야기를 통해 현실을 구성하려는 성향을 지닌다는 브루너(Bruner, 1991)의 주장에서 출발한다. 그는 인간의 사고가 언어와 상징과 같은 문화적 산물을 통해 매개되며, 이를 통해 자신과 세계를 이해한다고 보았다. 따라서 이 연구의 중요한 기반은 '교사들의 이야기'가 지닌 의미와 그것이 연구 과정에서 수행하는 역할을 탐구하는 것이다. 이는 독자들에게 '스토리텔러로서의 연구자'라는 개념을 진지하게 받아들일 것을 요청한다(Apple,

2009). 내러티브는 본질적으로 개인적이며 해석적이다. 결국 어떤 이야기를 선택해 구성하게 되면, 동시에 다른 이야기들은 배제된다. 우리는 우리가 전하고자 하는 이야기를 찾아가는 과정 속에서 그런 선택을 하게 되는 것이다(Thomas, 2011; Schostak, 2006). 이 연구의 질문들은 의도적으로 현상학적 접근을 취했다. 교사들이 실제로 무엇을 했는지, 어떻게 행동했는지와 같은 기술적 · 도구적 차원뿐 아니라, 그들이 무엇을 어떻게 인식하고 해석했는지를 동등하게 핵심적으로 다루었다. 즉, 교사들의 업무 수행 방식, 행동 양식만큼이나 그들이 지닌 사고방식과 인식이 중요하다고 보았다. 이러한 접근이 중요한 이유는 교사들의 사고와 인식이 그들이 조직과 어떻게 관계를 맺고, 어떻게 전문성을 발휘하는지를 결정짓기 때문이다. 내러티브는 복잡한 세계와 인간의 삶을 탐색하는 통로이며, 개인의 경험뿐만 아니라 이를 둘러싼 사회적 · 문화적 영향력까지도 담아낸다(Bolton, 2014). 또한 내러티브를 통해 명확하게 설명하기 어려운 암묵적이고 무형적인 개념들을 가시화할 수 있다. 이러한 현실 인식은 객관적 사실 여부보다는 그 이야기의 그럴듯함(verisimilitude), 즉 미묘한 뉘앙스를 담아낸 해석과 진실성에 초점을 둔다(Murphy, 2005). 교사들의 사고와 실천을 규정하는 힘과 요인은 서사적 방식으로 이해될 수밖에 없다. 다시 말해, 교사들이 살아가는 이야기이자 그들이 들려주는 이야기를 통해서만 그것이 가능하다는 것이다(Anderson, 1997). 일부 학자들은 내러티브가 교직을 이해하는 유일한 방법이며, 교수 · 학습이 이루어지는 지역적 맥락과 실제 교육 현장을 탐색하는 데 필수적이라고 주장한다(Doyle, 1997). 베이야르 등(Beijaard et al., 2004)의 연구에 따르면, 교사들은 자신의 전문적 지식의 풍경 속에서 이루어지는 다양한 상호작용을 하나의 서사적 맥락으로 엮으며, 이를 통해 자신만의 살아 있는 개인적 이론을 구성하고, 그로부터 자신

의 정체성을 정의한다. 이 연구에서는 이러한 개념을 발전시켜 변화의 풍경 속에서 교사들의 초상을 그리고자 했다. 이를 위해 대조적인 특성을 가진 두 개의 학교에서 6명의 교사들을 심층적으로 조명하며, 그들이 어떻게 변화의 풍경 속에서 살아가고 있는지를 탐구했다.

4. 연구 과정

저자는 개별 교사들의 경험과 정체성을 포착하고자 했으며, 이를 그들이 속한 학교의 맥락적 환경 속에 위치한 텍스트 초상(textual portraits)의 형태로 재현하는 것을 목표로 삼았다. 이러한 초상은 다양한 정보에 근거하여 구성되었다. 이 연구에서 선정한 두 개의 영국 학교는 전형적 사례를 의도적으로 선택한 것이 아닌, 무작위로 선택된 사례이다. 첫 번째 학교는 뉴 퓨처스 아카데미(New Futures Academy)로 명명했으며, 이는 연구가 진행되던 시기에 기존 학교들의 통합을 통해 새롭게 출범한 아카데미 학교였다. 이 학교는 기존 학교들을 통합하여 교육수준을 향상시키기 위해 설립되었으며, 연구기간 동안 영국 노동당 정부의 마지막 시기와 이후 2010년 5월 보수당-자유민주당 연립정부의 출범이라는 정치적 변화를 겪으며 새로운 교육 환경 속으로 나아가야 했다. 두 번째 학교는 캐슬게이트(Castlegate)라는 가칭으로, 심각한 학습장애 및 복합적인 교육적 요구를 가진 초등 및 중등 학생들을 위한 특수학교이다. 이 두 학교는 스톨과 핑크(Stoll & Fink, 1996)가 제시한 변화하는 학교(moving schools)의 개념에 부합하는 사례로 연구 초기 단계에서 이미 상당한 변화 과정을 겪고 있었으며, 혁신 경로에 올라 있는 학교로 관찰되었다.

연구 방법은 변화하는 조직 환경 속에서 교사들의 전문적 삶을 세밀하게 분석할 수 있도록 선정 및 조정되었다. 이를 위해, 이 연구에서는 다양한 연령, 성별, 경력 단계, 직책을 가진 6명의 교사를 심층적으로 조사하였으며, 각 학교에서 세 명씩 선정하여 개인적 차이뿐만 아니라 조직적 차이도 비교할 수 있도록 설계하였다. 연구 설계와 방법론에 대한 상세한 설명은 제4장과 제5장에서 다루며, 연구에서 도출된 증거와 분석 결과를 제시한다. 무엇보다도, 교사들의 이야기에서 중심이 되는 개념은 학생들의 삶과 배움에 변화를 만들어 내는 것이다(Fullan, 1993; Day, 2017).

5. 변화는 반드시 필요하다

변화라는 개념은 결코 중립적이지 않다. 그것이 의미하는 바는 끊임없이 논쟁의 대상이 되었으며, 교사의 관점에서 교육의 목적과 맞물려 있다. 이 연구에 참여한 교사 중 가장 경험이 풍부했던 팸(Pam, 익명 보호를 위해 가명 사용)은 수많은 교육 개혁의 흐름과 학교의 변화하는 우선순위 속에서도 자신의 가치와 전문적 판단을 바탕으로 독자적인 길을 개척해 온 과정을 강력하게 설명했다. 팸은 새로운 정책과 제도적 틀을 전략적으로 활용하며, 이를 자신의 교육 철학을 실현할 수 있는 도구로 삼았다. 즉, 기존의 정책을 따르면서도 자신이 중요하다고 여긴 교육적 목표를 실현하는 방법을 모색하고, 이를 지원받을 수 있는 방식으로 정렬해 나갔다. 팸이 처음 뉴 퓨처스 아카데미에 교사직을 지원한 것은 33년 전이었다. 당시 그녀는 몇 년 정도만 머무를 계획이었으나, 왜 이곳에 계속 머물렀는지에 대해 성찰하며 이렇게 말했다.

> 사람들은 "당신이 변화를 만들어 내니까 여기에 머무는 거야."라고 말하죠. 하지만 제가 이곳에 온 이유는 '변화가 필요했기 때문'이에요. 그리고 때로는 제가 그 변화에 기여할 수 있다고 느껴요.

팸은 자신이 세상을 구하고 있다고 주장하고 싶지는 않다고 분명히 했다. 그럼에도 불구하고, 그녀는 학교 내에서 교과 책임자로서의 역할이 학생들의 삶과 웰빙 그리고 지역사회의 사회적 발전에 긍정적인 영향을 미치고자 하는 더 큰 포부와 어떻게 연결되어 있는지를 명확히 설명했다. 그녀는 사회적 취약지역 학생 가족들과 협력하는 과정에서 다양한 자선단체 및 공공기관과 공동 프로젝트를 수행했으며, 교육적·사회적 성과를 동시에 고려했다. 또한 그녀는 아시아의 정글 깊숙한 곳에서 교육과 구호 활동에 참여한 경험이 자신의 전문적 성장에 있어 결정적인 계기가 되었다. 이러한 문화적 경험과 세계관을 학생들에게 전달하는 것 역시 그녀의 교육 철학과 실천의 일부였다. 이처럼 다층적이고 통합적인 전문성 개발과 학교 혁신에 대한 관점은 정해진 청사진도 없고, 상위 기관에서 명령하거나 통제할 수 있는 성격도 아니다. 이러한 실천은 전문성에 대한 깊은 헌신을 필요로 하며, 팸의 경우처럼 때로는 개인적 위험을 감수해야 한다. 하지만 그 영향력과 파급력은 측정할 수 없을 만큼 깊고 넓다.

이후 장들에서 확인할 수 있듯, 교사들이 만들어 내는 변화는 반드시 국제적인 프로젝트나 눈에 띄는 화려한 연구 성과에서만 나타나는 것이 아니다. 오히려 교사 주도의 소규모 지역 기반 활동에서도 깊은 변화를 이끌 수 있다. 이러한 영향력은 교사 개인의 특성과 교육 현장의 맥락에 따라 다양하게 나타난다. 한 학생의 삶에서 교육적 관계가 결정적인 순간에 중요한 역할을 할 때, 특정 과목에 대한 열정을 불러일으켜 학생이 자신의 길을 찾아 나가는 계기가 될 때, 이러한 변화는 교사 개인과 교육 공동체가 정의하는 의미 있는 방식으로 나타난다.

'어떤 변화가 필요한가?'라는 질문은 모든 교육자가 반드시 마주해야 할 과제이며, 이는 교사 개인의 교육 철학이 학교와 국가 교육의 방향성과 어떻게 조화를 이룰 수 있는지를 성찰하게 한다. 이러한 질문에 스스로 만족스러운 해답을 찾는 과정이야말로, 교사들이 자신의 역할과 전문성에 확신을 갖고 교육 활동을 지속해 나가는 데 중요한 밑바탕이 된다. 학교 발전과 제도 개혁은 반드시 개인과 그를 둘러싼 구조 그리고 이를 규율하고 방향 짓는 정책과 절차 간의 역동적인 관계를 면밀히 고려해야 한다. 이를 위해서는 교사 개개인이 속한 조직 및 사회적 맥락, 교육정책이 개인의 가치와 정체성에 미치는 영향, 교육적 실천이 복잡한 사회적 관계 속에서 형성되는 과정, 이 세 가지 요소를 깊이 이해하는 것이 무척 중요하다.

교육에 대한 깊은 이해를 발전시키기 위해서는 교육 연구가 교육의 목적과 의도와 어떻게 연결되는지에 대한 지속적인 논의가 필요하다. 그러나 최근 몇 년간 정부가 지원하는 교육 연구의 기준이 과학주의, 효율성, 실용성을 강조하는 방향으로 변화하면서, 성과주의 문화가 점점 더 강해지고 있다(Smeyers & Depaepe, 2007, p. 8). 그 결과, 교육 연구는 점차 인과관계와 실용적 논리가 지배하는 영역으로 변질되고 있으며, 이로 인해 사회적 · 담론적 교육 실천이 배제되는 경향을 보이고 있다. 우리는 효율성과 산출지표 및 품질관리로 이상화된 이미지에 사로잡혀 있으며, 마치 모든 것이 항공관제처럼 통제 가능하다는 착각 속에서 위험을 배제하는 오류에 빠지고 있다(Smeyers & Depaepe, 2007, p. 10). 그러나 특정 학교에서 '무엇이 효과적인가'를 밝히기 위한 양적 연구 방식이 오히려 교육의 질과 학교 혁신을 저해할 수도 있다는 비판도 존재한다(Smith, 2003: Smeyers & Depaepe, 2007에서 재인용). 따라서 우리는 '무엇이 효과적인가?'를 찾는 과정에서, 단순히 제시된 근거의 본질뿐만 아니라 그것이 교육적 맥락과 어떻게 연결되는지를 함께 물어야 한다. 동시에 더 근본적으로 '무엇을 위한 것인가?'라는 질문을 던져야 한다(Biesta, 2007). 스메이어스와 드파에페(Smeyers & Depaepe, 2007)의 연구에서는 거시적 개혁을 주도하는 과학적 연구의 황금 기준(gold standards)과 맥락과 의도를 반영하는 보다 서술적이고 질적인 연구 증거를 비교하며 논의한다. 후자의 접근 방식은 교육 성과 차이의 실제 원인인 교육 불평등에 주목하게 해 주며, 이는 교육 연구자들에게 이와 같은 문제를 실질적으로 해결하기 위한 실천적 행동에 나설 것을 촉구한다. 이들은 비트겐슈타인(Wittgenstein, 1953)을 인용하며, 교육과 연구에서 다른 방식의 삶과 실천이 가능하다는 점을 인정하는 것이야말로 개인과 공동체가 진정한 변화를 만들어 내는 핵심 열쇠라고 주장한다.

개혁의 부담은 상당 부분 교사 개인에게 전가된다. 따라서 교사들이 단순한 기술자나 역할 수행자 또는 기능의 집합체로 대상화되지 않고, 지식인으로서, 실천적 비판가로서 활동할 수 있게 하려면, 이들을 지지하는 정치적 · 방법론적 틀 또한 반드시 갖추어져야 한다(Ball, 2016). 이러한 구조는 비공식적이지만 영향력 있는 비공식적 교사 리더십이 학교 내 모든 영역과 수준에 활성화되도록 돕는다(Bangs & Frost, 2016). 이는 학교 공동체 전반에 걸쳐 분산되거나 확장된 리더십으로 실현되며(Harris & Muijs, 2003), 공식적인 역할과 책임 안에서도 진정성을 갖고 자리 잡을 수 있다. 풀란(Fullan, 2003) 역시 교사들을 단순한 변화의 실행자가 아니라 변화의 주체로 참여시키는 것이 필수적이라고 주장하며, 변화에 대해 통찰력을 갖고 인식을 전환하지 않는 한 실질적인 행동은 불가능하다고 보았다. 그는 우리가 해결 불가능한 변화의 문제를 보다

생산적이고 주도적으로 수용하는 방식, 즉 단기적인 성과 중심의 문화를 넘어서는 방식으로 살아가야 한다고 결론지었다. 이러한 관점에서 볼 때 변화는 항상 긍정적인 것만은 아니다. 또한 혁신이라는 개념 자체가 논쟁적이며, 가치 지향적이고, 정치적 의미를 띠는 개념이라는 사실을 인정하는 것이 중요하다. 그러므로 교사들이 진정한 의미에서 변화의 주체인지, 아니면 단순히 시스템이 설정한 변화의 실행자로 활용되는지를 구분하는 것이 무엇보다 중요한다. 이 책은 바로 이 지점에서 출발한다. 변화라는 난제를 풀어 가는 과정에서 인간 주도성을 인식하고, 존중하며, 강화할 수 있는 가능성을 모색한다. 이를 위해 교사로서의 정체성과 성장 과정에 주도성을 명시적으로 포함시키는 것이 필요하다. 이는 교사 리더십, 탐구 그리고 주도성 기반의 실천이 학교 혁신 과정 안에 정식으로 포함되어야 한다. 이는 지역적 차원과 시스템적 차원에서 모두 실현되어야 하며, 교사들이 교육의 목적과 과정에 대한 논의에 주체적으로 참여해야 함을 의미한다. 이러한 변화 속에서 학교 혁신과 관련된 전문성, 정체성, 전문성 개발 개념은 조직적 차원뿐만 아니라, 교사 자신이 스스로 변화의 리더가 될 수 없다고 제한하는 자기개념 인식(self-concept)으로부터 벗어나는 차원에서도 재정의될 필요가 있다(Power, 2008).

6. 학교 효과성과 학교 혁신 연구

학교 혁신은 독립된 이론적 분야이자, 학자, 정책 결정자, 교육 실천가들 사이에서 중요한 논의 주제로 자리 잡아 왔다. 1970~1980년대에 본격적으로 연구 분야로 정립된 이후, 질적 연구를 중심으로 발전해 왔다.

이 분야의 연구자들은 원칙에 기반한 토론, 자율적인 자기 평가, 전문적 성찰을 바탕으로 동료적 참여에 의한 혁신 과정을 적극적으로 주장했다(Wrigley, 2009, p. 6). 이러한 접근법은 변화 관리,[6] 자기 평가, 주인의식을 강조하며, 민주적 원칙과 포용적 절차를 중시하는 경향을 보였다. 최근 연구들은 학교 혁신을 보다 시스템적 차원(systemic improvement)에서 바라보는 방향[7]으로 전환되었지만(Hopkins et al., 2011), 학생의 학습 성과와 느슨하고, 단편적이며, 일관되지 않은 연결성에 대한 비판의 목소리도 존재한다(Hopkins & Reynolds, 2001). 학교 혁신은 이념적 · 이론적 · 방법론적으로 학교 효과성 운동(school effectiveness movement)과 대조되곤 한다. 학교 효과성 연구는 양적 연구를 기반으로 주로 정량적 접근, 특히 성과 지표에 집중하며 무엇이 효과적인가를 밝히고, 이를 전파하는 데 중점을 둔다(Wrigley, 2003). 하지만 이러한 접근은 오래전부터 단순한 요인의 나열이나 공허한 결과를 반복적으로 제시한다는 비판을 받아 왔다(Elliott, 1996). 기술주의적이고 환원주의적인 성격을 띠며(Thrupp, 2001), 대안적 시각을 배제함으로써 자기 논리를 재생산한다는 비판도 제기된다(Fielding, 2007). 필딩(Fielding, 2007)은 학교가 목표 성취에 도달하는 것은 정책 자체의 효과 때문이 아니라, 오히려 정책을 극복했기 때문일 수도 있다고 주장한다. 반면, 학교 혁신 관점은 다양한 대안적 모델과 분석 프레임워크 그리고 변화 과정에 대한 깊이 있는 통찰을 제공하며, 결과뿐만 아니라 변화의 과정에도 초점을 둔다.

6) (역자 주) 변화 관리(Change Management: CM): 기업에 일어나는 중대한 변화를 기업 성과가 향상되는 방향으로 관리하는 것을 말함. 조직이 어떤 목적을 달성하기 위해 취한 변화에 의해 조직의 구성원이 영향을 받아 조직의 성과 저하가 예상될 때 취하는 조직 대상 관리 프로그램을 말함. 즉 변화 관리는 혁신을 추구하면서 수행해야 하는 관리 업무라고 할 수 있음.

7) (역자 주) 시스템적 학교 혁신(systemic school improvement): 전체 학교 시스템에 광범위하게 영향을 미치는 교육 혁신과 개혁 노력 내에서 패러다임을 변화시키는 것을 의미함.

하그리브스(Hargreaves, 2001)는 성과 중심의 인지적 결과에만 집중하는 것이 아닌, 좋은 시민이 되도록 이끄는 도덕적 결과, 예컨대 웰빙이나 덕(virtue)과의 균형을 강조하며, 이것이 교육의 핵심이라고 주장한다. 즉, 학교 혁신은 인지적 · 도덕적 결과의 질을 높이는 과정으로, 정태적 상태인 효과성과는 달리 지속적으로 변화한다. 하그리브스의 이론에서 학교 효과성과 학교 혁신을 연결 짓는 핵심 개념은 혁신 역량, 즉 변화의 시기 또는 불안정한 상황 속에서도 성공적으로 대응하고 변화 관리를 해 낼 수 있는 학교의 능력이다(Hargreaves, 2001). 이에 따라 스톨(Stoll, 1999)은 학교 효과성은 일정한 수준의 성과를 유지하는 것으로 정의되는 반면, 학교 혁신은 학교가 변화의 방향을 설정하고, 조직적 목표를 세우며, 안정성과 추진력을 유지하고 자기 평가에 참여할 수 있는 문화 그리고 전략과 여건을 개발하고 유지하는 과정으로 설명한다. 다시 말해, 학교가 발전하기 위해서는 단순히 효과성을 유지하는 것이 아니라, 혁신 역량을 지속적으로 강화해야 한다.

이처럼 명확히 구분되던 학교 효과성과 학교 혁신의 개념이 최근 들어 그 경계가 모호해지고 있다. 리글리(Wrigley, 2003)에 따르면, 학교 혁신 담론은 성과주의 의제의 확장에 의해 사실상 식민화(colonised)되었다. 즉, 과거에는 학교 혁신이 포괄적이고 다차원적인 변화를 지향했지만, 현재는 시험 점수와 평가 지표로 측정 가능한 성과만을 중시하는 학교 효과성 개념과 혼재되고 있다는 것이다. 이로 인해, 학교 혁신 계획은 점차 외부 평가에서 유효한 기준에 따라 측정 가능한 기준 향상에 집중하게 됐으며, 결과적으로 보다 포괄적인 교육 성과는 상대적으로 소외되고 있다. 예를 들어, 학교 조직과 교사 전문성 문화, 가치 기반의 교육적 판단, 자기 평가 역량과 같은 비가시적이고 정성적인 요소들은 그 중요성이 경시되는 경향이 있다. 이 연구가 이후의 장에서 보여 주는 바와 같이, 학교 현장에서 공식적인 혁신 과제가 어떻게 이행되고, 확장되며, 때로는 교사들에 의해 어떻게 새로운 방식으로 활용되고, 기존 틀을 벗어나 전복되는지를 실증적 사례를 통해 확인할 수 있다. 정리하면, 학교 혁신이란 단순한 정책 수행이 아니라 교사들이 진정으로 중요하다고 여긴 가치를 실현하기 위한 실천 과정에서 변화를 만들어 가는 것이다.

7. 전문성과 주도성

규범적 전문성(professionalism)[8]이라는 개념은 특정한 조직적 · 정치

8) (역자 주) Professionalism, Professionality: Professionalism은 외부에서 규정된 직업적 기준과 태도(Evans, 2008), Professionality는 개인의 실천 속에서 드러나는 전문적 지식과 판단(Hoyle, 1975)이라는 학술적 개념을 갖기에, 이 책에는 전자를 '규범적 전문성', 후자를 '실천적 전문성'으로 제시함. 관련 내용을 덧붙이면, 호일(Hoyle, 1975)은 영국 교직 전문성 담론에서 처음으로 이 두 개념을 구분하였으며, Professionalism은 교직이 전문직으로 인정받기 위해 외부적으로 추구하는 사회적 위상과 관련되며, 반면에 Professionality는 교사의 실제 실천 속에서 나타나는 지식, 기술, 태도를 의미하며, 이는 교사 개인의 실천 역량과 현장 기반 판단력에 중점을 둔 개념인 것임. 또한 프로스트(Frost, 2006)는 교사 주도적 전문성 실천을 강조하며, 교사 주도성과 자기효능감을 강화함으로써 단순히 외부가 요구하는 professionalism이 아니라 교사 스스로가 주도하는 전문성 실천이 가능하다고 보았으며, 이는 professionality 개념의 확장적 실천이라 할 수 있음.

※ 참고: Professionalism, Professionality 학술적 개념 비교

구분	Professionalism	Professionality
기본 개념	외부에서 규정된 직업적 기준과 태도	개인의 실천 속에서 드러나는 전문적 지식과 판단
이론적 정의	A set of externally imposed expectations, norms and standards(Evans, 2008)	The knowledge, skills and procedures that constitute the teacher's practice (Hoyle, 1975)
지향점	직업의 사회적 지위, 윤리, 규율, 책임성 확보	교사 개개인의 실천적 판단, 자기 주도성, 전문적 사고
형성 주체	국가, 조직, 전문기구 등 외부 기관	교사 개인의 경험, 성찰, 맥락적 실천

적 조건 속에서 전문가답게 존재하고 행동하는 방식을 규정하는 규범과 부여된 지위와의 관계 속에서 지속적으로 변화하고 재정의되고 있다(Evans, 2008; Crook, 2008). 한편, 실천적 전문성(professionality)은 전문성을 구성하는 지식, 기술, 실천 방식의 단위적 표현이며, 이는 집단적으로 규정된 전문성 개념에 의해 개인의 입장과 태도를 결정짓는다(Hoyle, 1975). 다시 말해, 교사 전문성은 그들이 학교 혁신 과정에 어떻게 기여하고, 공식적이든 비공식적이든 자신의 역할을 어떻게 인식하는지에도 영향을 미친다. 이로 인해 교사의 삶과 일에 대한 많은 연구는 교사의 전문적 정체성(professional identity)[9]을 교육 현장의 맥락 속에

적용 영역	자격 요건, 평가 기준, 법적 윤리 규정 등	수업 설계, 동료 협력, 수업 성찰, 비판적 실천 등
주요 학자	Sachs (2003), Evans (2008), Evetts (2003), Freidson (2001)	Hoyle (1975), Day et al. (2007), Hargreaves (2000), Frost (2006)
교육적 함의	교사에 대한 관리와 책임 강조, 역할 통제 가능	교사의 자율성과 변화 주도 가능성 강조

9) (역자 주) 전문적 정체성(professional identity): 교사의 전문적 정체성(professional identity)은 경험, 사회적 상호작용, 자기성찰의 상호작용을 통해 시간이 지남에 따라 형성됨(Hsieh, 2014; Beijaard et al., 2004). 그러나 전문적 발전, 학생 학습, 정책 실행에 결정적으로 중요한 이 정체성 문제는 그동안 정책적으로 충분한 관심을 받지 못했음. OECD 교수 나침반은 교육 개혁에서 전문적 정체성을 재조명하며, 이것이 시스템적 지원, 전문적 관계, 지속적인 성찰을 통해 형성되는 역동적 특성을 강조함(Suarez & McGrath, 2022). 이러한 정체성이 자신의 전문성과 가치를 인정받는 존엄성, 흔들림 없는 윤리성으로 뒷받침될 때, 교사는 급변하는 사회적 압력과 불확실성 속에서도 높은 전문적 기준을 유지할 자신감을 얻음(Kelchtermans, 2005; van Veen et al., 2005). 윤리적 신뢰성을 바탕으로 교사는 헌신과 회복탄력성을 갖추고 신뢰와 존중이 넘치는 교실 환경을 구축하며, 이는 학생들이 안전감을 느끼고 적극적으로 참여하는 데 중요한 역할을 함. 이렇게 구축된 정체성은 명확한 목적의식을 낳으며, 이는 모든 수업이 의미 있는 이유를 분명히 하는 힘이 됨. 목적의식을 가진 교사는 자신의 동기와 열망을 지속적으로 성찰하며, 개인적 가치를 수업 활동에 통합함(Gong & Wang, 2023). 이러한 명확성은 교사의 웰빙, 직업 만족도, 동기, 회복탄력성을 높일 뿐 아니라 학생의 수업 참여도, 자기효능감, 학업 성취에도 긍정적인 영향을 미침(Jennings & Greenberg, 2009).

* 자료출처: OECD (2025), "OECD Teaching Compass: Reimagining teachers as agents of curriculum changes", OECD Education Policy Perspectives, No. 123, OECD Publishing, Paris, https://doi.org/10.1787/8297a24a-en

서 주목해 왔다. 그러나 이러한 논의에서 상대적으로 간과되는 중요한 측면이 있다. 그것은 교사의 전문적 활동의 목적이 무엇인지에 대한 인식과 집단적 합의, 즉 학생들의 학습 경험과 교육적 성장이라는 근본 목적에 대한 성찰이다.

이때 중심 역할을 하는 것이 바로 인간의 주도성(human agency)이다. 교사 개인의 가치, 동기, 실천은 학교와 교육 시스템이 설정한 방향성과 변화의 우선순위와 연결되며, 이러한 접점을 가능하게 하는 것이 바로 주도성(agency)이다. 이러한 주도성 개념이 정책 논의에서 자주 간과된다. 주도성은 학교 변화 과정에서 교사의 역할과 정체성을 탐색하는 데 있어 핵심적 개념이다. 또한 주도성은 교사가 자신의 핵심 업무를 선택할 수 있는 능력을 의미하며, 이는 개인의 관심사, 가치, 동기, 희망과 연결된다. 교사의 전문적 정체성은 개인의 주도성과 사회적 기대 간의 상호작용을 통해 협상되고 형성된다(Vähäsantanen et al., 2008). 오늘날처럼 교육기관이 국가의 책무성과 효율성, 수익성 논리에 의해 운영되는 강한 사회적 통제하에서는 교사들이 생존하고 성공하기 위한 전략이 그만큼 더 까다로워지고 있다. 데이와 구(Day & Gu, 2010)의 대규모 연구에서는 21세기 교사들이 변화된 새로운 교육 환경 속에서 지속적으로 의미 있는 변화를 만들어 가기 위해 다음과 같은 요소들을 필요로 한다고 제시한다.

- 교과 내용 지식과 교수이론에 대한 이해
- 교수 능력과 개인적 역량
- 도덕적 목적의식, 동기, 주도성
- 교육에 대한 열정과 헌신
- 감성 지능과 정서적 안정(웰빙)[10]

- 안정적이고 긍정적인 전문적 정체성
- 회복탄력성

이러한 요소들은 대부분의 사람이 공감할 수 있는 교사의 전문적 지식, 태도, 성향을 포함한다. 그러나 이러한 특성들이 실제로 발현될 수 있는지는 조직의 변화 조건과 정책적 환경에 의해 크게 영향을 받는다. 어떤 경우에는 긍정적인 성장을 촉진하지만, 어떤 경우에는 정치적 변덕과 정책의 일관성 부족으로 인해 흐름이 흔들리거나 왜곡되기도 한다(Priestley et al., 2011). 이러한 변화와 모순은 교사의 도덕적 목적을 왜

---

10) (역자 주) 웰빙(well-being): OECD 교수 나침반(OECD, 2025)의 핵심 개념 중 하나로 '교사의 지속 가능한 성장을 위한 웰빙'을 제시함. 이는 교사가 개인적으로도, 직업적으로도 건강하고 만족스러운 삶을 살 수 있게 포용적인 웰빙 전략을 마련해 교육에 대한 열정과 지속 가능성을 유지할 수 있게 해야 함. 즉, 지속 가능하고 질 높은 교육을 위한 필수 조건으로 교사의 웰빙을 강조함. 교사의 웰빙은 교실 환경의 활기뿐만 아니라 학생의 참여와 성취에도 직접적인 영향을 미치며, 긍정적인 교사 경험은 학생들이 성장할 수 있는 정서적으로 지지하는 교실 환경과 연관되어 있음. 교수 나침반 프레임워크는 교사의 웰빙을 다음 표와 같이 신체적 · 지적 · 사회 · 정서적 차원으로 제시함. 이는 상호 연관성을 지님. 첫째, 신체적 웰빙은 근무 조건, 일과 삶의 균형 그리고 교육 환경의 안전성과 편안함과 관련됨. 이는 교사들이 부당한 스트레스와 불안정한 업무 조건에서 벗어나고, 안전하고 편안한 교육 공간을 확보하여 효과적인 교육과 협력 및 교육 혁신에 더 많은 에너지를 쏟을 수 있게 함. 둘째, 지적 웰빙은 교사의 정신적 및 지적 건강을 강조하며, 비판적 사고와 문제 해결 및 의사결정에 참여하는 방식을 포함함. 이 세 가지 상호 연결된 구성 요소가 지적 웰빙을 유지함. 지적 참여는 교사가 연구 기반 개발, 연구 프로젝트나 협력 네트워크와 같이 풍부한 전문적 경험을 통해 호기심을 유지하고 좋은 아이디어를 얻을 때 활성화됨. 셋째, 사회 · 정서적 웰빙은 번창하는 교사 집단의 원동력으로, 자존감과 인정, 회복력과 자기 연민, 공감, 신뢰와 협력으로 이루어짐. 자존감과 인정은 전문적 정체성의 기반을 형성함. 이처럼 교사의 웰빙은 교육의 질을 뒷받침하는 핵심 기반이며, 이는 단순한 처우 개선이 아니라 신체적 안정, 지적 성장, 관계적 회복력이 어우러진 전인적 조건에서 가능해짐. 이처럼 교수 나침반은 교사의 웰빙을 전문성과 정체성을 지속적으로 지지하는 핵심축으로 삼으며, 변화하는 교육 환경 속에서 교사가 전문가로서 존중받고 지속 가능하게 성장할 수 있도록 지원해야 함을 강조함.

교사의 신체적 웰빙	교사의 지적 웰빙	교사의 사회 · 정서적 웰빙
근무 조건 일과 삶의 균형 교육 환경의 안전성과 편안함	지적 참여 주인의식 전문성 성장	자존감과 인정 회복력과 자기 연민 공감, 신뢰와 협력

곡시키고, 심지어 학생에 대한 책임감마저 흔들리게 만들어 자신의 교육적 실천을 비현실적이고 소외된 것처럼 경험하게 할 수도 있다(Ball, 2008, p. 54). 오늘날 교육 담론은 교사가 무엇을 알고, 무엇을 가지고 있으며, 어떤 사람이 되어야 하는지를 강조하는 경향이 있다. 그러나 이제는 교사의 가능성과 역할을 조직과 교육 시스템 내에서 어떻게 인정하고 활성화할 수 있는지를 함께 고려해야 한다.

교사의 자율성과 주도성은 단지 지식이나 기술뿐만 아니라, 역할과

※ 참고 'OECD 교수 나침반(Teaching Compass)'

OECD에서는 「교수 나침반: 교육과정 혁신의 주도자로서 교사의 역할 재정립하기(Teaching Compass: Reimagining teachers as agents of curriculum changes)」를 발표함. 교수 나침반(Teaching Compass)은 '가르친다'는 것과 '교사로 존재한다'는 것의 의미를 미래지향적이고 총체적인 관점에서 재조명함. 이 프레임워크는 OECD 학습 나침반(Learning Compass)에서 강조하는 학생의 주도성, 역량, 웰빙을 중심에 둔 교육을 구현하기 위한 교사의 방향성과 역할을 구체화한 나침반이기도 함. 우리가 교사를 지원하고 성장시킬 때, 동시에 학생을 지원하고 성장시킬 수 있음. 그리고 교사와 학생 모두에게 투자하는 일은 우리가 바라는 미래(교육의 미래, 사회의 미래, 지구 공동체의 미래)를 함께 만들어 가는 일이기도 함. OECD 교수 나침반과 학습 나침반은 교육의 미래를 위한 공동의 나침반이자 로드맵이라 할 수 있음. OECD 교수 나침반은 다음과 같은 핵심 개념들을 중심으로 구성되어 있음. ① 학생과 교사 모두가 원하는 미래를 함께 만들어 가기: 교육의 비전과 목적을 명확히 하고, 미래에 대한 공동의 열망과 조화를 이루는 방향으로 교육을 재설계함. ② 나침반의 기준 세우기: 변화 속에서도 중심을 잃지 않기: 복잡한 변화의 흐름 속에서도 교사로서의 전문적 정체성과 윤리적 가치에 기반해 수업을 실천하며, 학생의 학습과 웰빙 향상을 위한 방향성을 견지함. ③ 교육과정 변화를 이끄는 교사 주도성: 교사들이 교육 혁신을 주도할 수 있도록 자율성과 자신감, 실행 역량을 갖추고 의미 있는 변화를 지속적으로 이끌 수 있도록 함. ④ 급변하는 사회를 헤쳐 나가는 교사 역량 강화: 불확실성과 지속적인 변화 속에서도 효과적으로 대응할 수 있도록 교사들에게 비판적 사고와 적응적 전문성을 포함한 핵심 역량을 함양함. ⑤ 전문적 성장을 위한 교사의 웰빙: 교사 개인의 삶과 직업적 성장이 함께 지속될 수 있도록, 정서적 · 심리적 · 신체적 웰빙을 위한 전방위적 지원 전략을 마련함. ⑥ 공동체적 변화를 위한 학습 생태계의 핵심 주체로서의 교사: 교사를 다양한 교육 주체들과 연결된 협력적 네트워크 안에 위치시키고, 공동 책임과 상호 학습, 체계적인 교육 개선을 추구하는 중심 역할을 부여함. 이와 같은 구조를 통해 OECD 교수 나침반은 교사들이 복잡한 교육 환경 속에서도 방향을 잃지 않고, 전문성과 주도성을 바탕으로 지속 가능한 교육 변화를 실현해 나갈 수 있게 도움.

* 자료출처: OECD (2025), "OECD Teaching Compass: Reimagining teachers as agents of curriculum changes", OECD Education Policy Perspectives, No. 123, OECD Publishing, Paris, https://doi.org/10.1787/8297a24a-en.

책임에 대한 개인적 헌신과 가치, 그리고 자신감, 자기 존중, 자기효능감, 자긍심과 같은 사회적으로 형성되는 정체성 요소에도 뿌리를 두고 있다(Honneth, 1995). 최근 교사의 전문성을 약화시키는 여러 요인이 존재하지만, 단순히 업무량을 줄이는 방식의 정책 조정만으로는 이러한 깊은 차원의 자기효능감과 주도성에 실질적인 영향을 주기 어렵다.

주도성 개념은 매우 복합적이며, 신중한 해석이 필요하다. 데이 등(Day et al., 2007, p. 110)은 주도성을 자기 보호,[11] 자기 확장[12] 그리고 사회적 현실에 대한 주도적 이해와 통제를 지향하는 의도적 행위로 정의한다. 이 정의에는 교사 개인이 자신이 속한 환경을 변화시키려는 의지가 담겨 있다. 다만, 이러한 행동이 이기적 동기에 의해서도 혹은 이타적 동기에 의해서도 유발될 수 있다는 점을 유념할 필요가 있다. 주도성은 단순히 개인의 전문 조건이나 업무 환경을 개선하려는 목적이 아니라, 교육의 목적과 질적 효과성을 우선시하는 동기로 행동하기도 한다. 밴듀라(Bandura, 2001)의 관점에서 보면, 주도성은 인간 존재의 본질이다. 인간은 주도성을 통해 자신의 행동을 조직하고 실행하며 조절함으로써, 스스로 원하는 결과를 성취할 수 있다. 프로스트 등(Frost et al., 2000)이 제안하듯이, 교사 주도성과 자기효능감을 함양하여 실제 변화를 이끌어 낼 수 있는 전문성 개념을 구축하는 것이 교사의 사기, 나아가 교직 유지와 경력 개발에도 핵심적일 뿐만 아니라 조직적 · 제도적 개선에도 중요한 열쇠가 될 수 있다.

---

11) (역자 주) 자기 보호(self-protection): 외부 위협이나 불안으로부터 권리침해나 불이익 등으로부터 자아를 방어하려는 태도, 자신을 지키려는 방어적 대응을 의미함.

12) (역자 주) 자기 확장(self-expansion): 새로운 경험, 관계, 학습을 통해 자신의 능력이나 정체성을 넓혀 가는 것, 기존의 역할과 한계를 넘어 더 넓은 영향력이나 역량을 키우는 것

8. 변화하는 학교에서의 교사 역할

전 세계적인 구조적 힘과 국가 차원의 교육 개혁이 계속해서 진행되는 가운데, 교사들이 정치적 · 전문적 담론에 주도적으로 참여하는 일은 필수적이다. 이를 통해 정책적 우선순위 간 균형을 조정하고, 지역사회의 요구와 현실적인 문제들을 반영할 수 있기 때문이다. 오늘날에도 여전히 유효한 주장을 펼쳤던 지루(Giroux, 1985)는 교사들이 너무 단순한 기술자(technicians)로 전락하고 있다고 지적했다. 교육 개혁을 실행하는 도구로만 여겨지며, 교사의 지성과 판단력 그리고 경험은 중요하지 않게 취급된다는 것이다. 그는 교사들이 교육적 실천과 교육 개혁에 비판적으로 개입하는 변혁적 지식인(transformative intellectuals)으로서 역할을 해야 한다고 주장한다(Giroux, 1985, p. 46). 최근 들어 정책 담론에서 교사 주도성에 대한 가치가 점점 더 인정받고 있는 추세이다(Priestley et al., 2015). 하지만 이러한 변화가 실제 교육 현장에서 체감되는 것은 조직적 맥락, 즉 학교 조직의 상황에 따라 달라 많은 교사가 이러한 흐름을 실감하지 못하는 경우가 많다. 이 연구에서도 확인되었듯, 여전히 제도적 장벽이 존재하고, 학교 조직의 구조와 문화가 지원적이지 않은 환경에서는 교사들이 확장된 전문성(extended professionality)을 발현하기보다는 오히려 제한된 전문성(restricted professionality) 역할을 수행하는 방향으로 밀려날 가능성이 높다(Evans, 2008; Hoyle, 1975). 20여 년 전 호일(Hoyle, 1995)은 이미 전문가라는 개념이 직업적 의미와 의미론적으로 분리되고 있다고 경고한 바 있다. 그는 교직이 점차 기술주의적 시각으로 재편되고 있다고 보았다. 이 시각은 교사를 훈련과 전달 및 효율성에 초점을 맞춘 존재로 간주하며, 영향력보다는 규정된 절차

준수를, 책임감보다는 책무성을, 리더십보다는 관리를 강조하는 방향으로 변하고 있다고 분석했다. 이러한 경향은 특히 성과주의 중심의 교육체제에서 더욱 두드러진다. 그러나 이후 장들에서 논의하듯 일부 학교에서는 여전히 확장된 전문성이 활발히 실현되고 있으며, 어떤 환경에서도 구조적 제약을 뛰어넘어 교사 개개인이 변화를 만들어 내는 사례 또한 곳곳에서 나타나고 있다. 이 연구에서 수집한 교사들의 이야기들에서도 그러한 교사 주도성이 드러났으며, 이는 공식적으로 인증된 프로그램이나 프로젝트 내에서도 충분히 촉진될 수 있음이 보였다. 이와 같은 사례들은 연구의 후반부에서 보다 구체적으로 제시될 것이다.

따라서 교육자들이 변화와 개혁을 위해 노력한 과정들을 기록하고 공유하는 것은 중요하다. 교사들이 교육과정과 교수법의 정치적 맥락 속에서 어떻게 자신의 역할을 수행했는지를 문서화하고 소통하는 과정이 필요하다. 교사들이 자신의 사회적 · 교육적으로 비판적인 직관을 어떻게 실제로 적용했는지를 서로 공유함으로써, 다른 교사들에게 영감을 주고 실천적 변화를 유도할 수 있다(Apple, 2009, p. 38). 이러한 공유는 학교 공동체 내에서 공동 주도성[13]이 실제 학교 혁신에 어떻게 기

13) (역자 주) 공동 주도성(co-agency): 교사 주도성은 공동 주도성을 통해 강화되며, 이는 교사와 학생, 동료, 학교 리더, 교직원, 보호자, AI 에이전트와 같은 다른 주체 사이의 상호적인 영향을 미치는 관계를 의미함. OECD 교수 나침반(OECD, 2025)에서는 21세기 학교에서 나타나는 새로운 유형의 공동 주도성을 제시함. 첫 번째는 교사-학생 공동 주도성으로 이는 공동 주도성의 본질로 학업 성취뿐만 아닌 웰빙까지 포함함. 두 번째는 교실에서 인간과 AI의 공존으로 발생하는 교사-AI 공동 주도성으로, 인간 지능과 인공 지능이 세상에서 공존하는 새로운 방식을 창조함에 따라, 학생과 교사 모두에게 있어 주도성의 개념은 계획해서 진화할 것임. 다음 그림은 공동 주도성 관계의 복잡성이 증가하고 있음을 보여 줌. 교사가 학생들을 가르치던 전통적인 교실은 여러 주체와의 상호작용이 있는 복잡한 학습 생태계로 변모하고 있음. 이러한 새로운 형태의 공동 주도성에서는 위험과 기회가 모두 나타남. 교사들은 자율성 감소, 알고리즘에 의한 의사결정에 대한 과도한 의존 등과 같은 어려움을 겪을 수 있음. 그러나 신중하게 통합하면 AI는 생산성을 향상시키고, 학생 맞춤형 교육을 가능하게 하며, 관계 형성을 위한 시간을 확보함으로써 전문적 주도성을 지원할 수 있음. 이에 인간 및 AI 에이전트가 가치 있는 교육목표

여하는지를 보다 명확하게 이해하는 데 도움을 줄 것이다. 다시 말해, 진정한 학교의 변화가 이루어지는 방식과 그 과정에서 반드시 이루어져야 하는 변화를 탐색하는 데 중요한 역할을 하게 된다. 애플(Apple, 2009)에 따르면, 이러한 교사들의 이야기는 반드시 메워야 할 비극적 간극이라 표현했다. 진정한 의미의 혁신(authentic improvement)은 단지 법적으로 정해진 기준으로 평가되어서는 안 되며, 실제 사람들의 삶과 배움 그리고 의미 구성의 과정 속에서 평가되어야 한다.

9. 희망 속에서의 전진

교직이 직면한 압박과 제약에도 불구하고, 많은 교사와 학교 공동체 그리고 학생과 학부모들은 희망을 품고 나아가고 있다. 관리 중심의 교

와 공동체 가치에 기반한 협력적 통합모델을 제안함. 이러한 잠재력 실현을 위해 교사는 AI가 교실에서 사용되는지 여부, 시기 및 방법에 대한 통제권을 유지해야 하기에 교사 주도성은 디지털 환경을 탐색하는 데 필수적임.

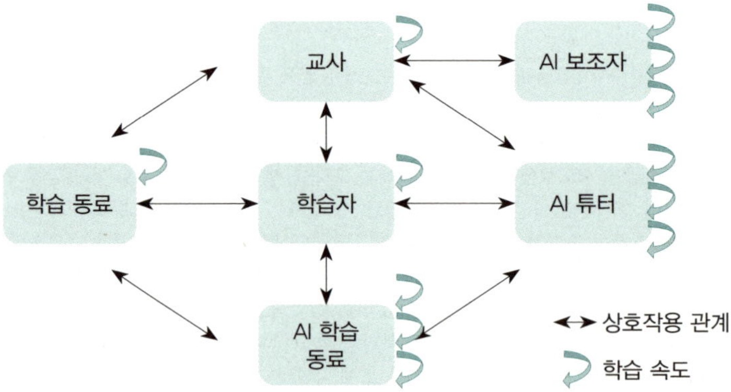

* 자료출처: OECD (2025), "OECD Teaching Compass: Reimagining teachers as agents of curriculum changes", OECD Education Policy Perspectives, No. 123, OECD Publishing, Paris, https://doi.org/10.1787/8297a24a-en.

육 개혁이 교육 시스템, 절차, 결과에 초점을 맞추고 있는 현실 속에서도, 교사와 교육자들은 여전히 자신이 속한 조직의 생활세계(lifeworld)와 시스템세계(systemworld) 속에서 균형[14)]을 이루기 위해 노력하고 있다(Sergiovanni, 2000). 그들은 외부에서 요구하는 성과 중심의 효과성을 높이기 위해 인적 자본을 축적하는 한편, 교육자로서의 보람을 찾으며 타인의 삶을 더 나은 방향으로 변화시키려는 일에 헌신하고 있다. 여기에 더해, 애플(Apple, 1995)은 생존과 지속 가능성에 대한 더욱 적극적이고 시급한 대응이 필요하다고 강조한다.

> 보통 사람들은 단순히 '짓눌리는 존재'가 아니다. 그들은 개인적으로든, 집단적으로든, 역사적으로든, 그리고 현재도 '행위하는 주체'이다(Apple, 1995 p. xiv).

그는 끊임없이 저항하고 행동하는 인간의 회복탄력성(resilience)에 주목하며, 비판적이고 창의적인 활동을 통해 배려의 윤리, 공동체성, 사회 정의, 비판적 문해력을 지키려는 노력을 강조한다(Apple, 1995: xxii). 이는 과거 교육이 중시했던 봉사, 신뢰, 전문성이라는 옛 가치(Ball, 2008)를 떠올리게 하며, 이러한 가치들은 오늘날의 성과 관리 체제나 책무성 담론과는 충돌하는 면이 있다. 그러나 공공 부문에서 복잡하고 모순적인 정책 환경 속에서 일하는 교사들은 지속적인 개혁의 흐름 속에서도 자신의 목표를 유지할 수 있는 회복탄력성을 길러 왔다. 제도적 한

14) (역자 주) 생활세계(lifeworld)와 시스템세계(systemsworld)의 균형: 세르지오바니(Sergiovanni, 2000)에 따르면, 학교의 생활세계는 문화, 가치, 신념, 필요, 목적, 열망 등을 포함하며, 학교 구성원에게 깊은 만족감을 제공함. 반대로 시스템세계는 목표 달성을 위한 효율적 수단과 관리 및 재정적 기반에 초점을 둠. 두 세계는 서로 다른 가치를 가지고 있지만, 모두 학교 운영에 중요하며 균형이 필요함.

계를 우회하거나 극복하며 자신이 추구하는 방향으로 나아가는 교사들의 사례는 교사의 주도성을 명확히 인식하고, 이를 교육 혁신에 반영하는 것이 얼마나 중요한지를 보여 준다. 이 책의 이후 장들에서 제시되듯, 교사 주도성 기반의 접근은 교사와 교육 전문가들이 학교 혁신의 목적을 재구성하고, 자신의 역할을 더 명확히 인식하고, 전문성과 교육적 실천을 주도적으로 형성해 나가며, 더 큰 영향력과 추진력을 발휘할 수 있게 지원한다. 다시 말해, 교사와 학교는 성과주의라는 거대한 기계(Frost, 2004)에 맞서기 위해 단순히 정면으로 대항하거나 그 아래의 짓눌리는 선택지만을 갖고 있는 것은 아니다.

일부 교사들은 이런 체제를 정면으로 거스르기보다는 그 흐름을 타거나 전략적으로 일정 부분 받아들이면서도 새로운 가능성을 만들어 내는 공존의 방식을 모색해 나간다. 이는 단지 자기 보호 차원을 넘어, 학생들의 배움과 웰빙을 실질적으로 향상시키기 위함이다(Galton & MacBeach, 2008). 학교 공동체가 결핍의 관점(deficit model)[15]이 아니라 자산 중심의 관점(asset model)[16]을 채택할 때, 교사와 학생들은 자신

15) (역자 주) 결핍 관점(deficit model): 결핍의 관점에서는 구성원을 문제의 소지자로 보며, 무엇이 부족한지, 어떤 능력이 결여되었는지, 어떤 문제 행동을 고쳐야 하는지에 집중함. 이 관점에서 학생은 학습결손 대상, 교사는 성과를 못 내는 존재, 학부모는 협조하지 않는 집단이 되기 쉬움. 발렌시아(Valencia, 1997)는 소수자, 저소득층, 이주배경 학생들을 개인적 결함이나 가정, 문화적 결핍의 틀로 보는 시각은 문제라고 지적하며, 교육 실패의 책임을 학생이나 교사 개인에게 돌리는 구조를 비판함. 래드슨 빌링스(Ladson-Billings, 2006)는 단순한 성취 격차 담론은 역사적 · 사회적 불평등 구조를 무시하고 학생의 결핍만을 강조하는 왜곡된 시각이라고 비판함. 따라서 조직 구조와 문화가 이 관점에 따른다면, 구성원을 문제의 원인, 즉 문제가 있는 사람, 해결해야 할 대상으로 낙인찍게 됨.

16) (역자 주) 자산 중심 관점(asset model): 자산 중심의 관점에서는 각 개인이 가진 역량, 경험, 강점, 가능성을 출발점으로 보아 학생, 교사, 학부모가 가진 자산(예: 문화적 배경, 개인적 강점, 사회적 네트워크 등)을 자원으로 보고 활용하려 함. 또한 구성원을 가능성의 주체, 변화의 주도자, 학습과 성장의 주체로 보기에 누구도 문제나 희생자로 고립되거나 낙인찍히지 않으며, 오히려 자신이 가진 자산을 통해 변화에 기여하려는 주체로 바라봄. 요소(Yosso, 2005)는 전통적 자본 개념을 비판하며 소수자 집단의 문화적 자산을 인정하는 자산 중심 프레임워크를 제시하

을 희생자나 문제의 원인이라는 프레임에 갇히지 않는다. 오히려 그들은 자신의 자기효능감을 신뢰하고, 변화의 주체로서 나설 수 있는 기회를 찾아 나선다. 비록 그들이 이러한 변화를 '주도성'이라는 언어로 설명하지는 않을지라도 말이다. 이러한 실천은 현재와 같은 고위험 책무성과 지속적인 감시 체제 안에서도 혹은 그 주변이나 심지어는 그것을 거슬러 가면서도 자신의 역할을 찾아간다. 특히 학교의 조직 문화가 이러한 인식과 태도를 지지하고 지원할 수 있을 때, 그 가능성은 더욱 커진다. 이 책의 후속 장에서는 교사들이 어떻게 희망을 실천 가능하게 만들 수 있는 기회를 포착하고 활용하는지, 그리고 그것이 실제로 어떤 변화를 만들어 냈는지를 구체적으로 탐색한다. 이러한 실천은 한편으로는 학교 자체가 지닌 희망의 자원에 기인하며(Wrigley et al., 2012), 다른 한편으로는 교사 자신이 리더로서 지니는 도덕적 · 정신적 자원, 즉 가치와 비전의 원천을 얼마나 끌어낼 수 있는가(Flintham, 2010)에 따라 달라진다.

애플(Apple, 1995)은 교사들을 단순히 인적 자본으로 간주할 경우, 그들의 실제 주도성을 발견하는 것이 불가능해진다고 경고한다. 만약 교사를 교육 개혁을 실행하는 구조적 요소 혹은 경제적 목표를 달성하기 위한 자원으로만 본다면, 우리는 그들이 실제로 행하는 변화의 가능성을 포착하지 못할 위험이 있다. 즉, 교사들이 진정한 의미에서 주도성을 가질 수 있다고 믿지 않는다면 우리는 그것을 찾으려 하지도 않게 되며, 기록하고 전달하는 이야기 또한 달라질 것이다. 이러한 문제의식을 바탕으로 이 연구는 지역 단위에서 이루어지는 교육 활동을 분석함으로써, 당연하게 여겨지는 상황을 새로운 시각에서 바라보고 교육 시스

고, 학생과 가족이 지닌 관계성, 언어, 공동체 경험, 회복탄력성 등을 교육적 자산으로 봄. 브라이언(Bryan, 2005)은 결핍 대신 회복탄력성을 중심으로 한 접근이 학생의 성취와 자기효능감에 긍정적 영향을 준다는 연구 결과를 제시함.

템을 강화하거나 도전하는 관계, 구조, 사고방식을 탐색하며, 이분법적 사고를 넘어서 복합적인 요소들을 유기적으로 연결하는 접근법을 취한다(Lingard, 2009). 특히 다양성이 존재할 가능성을 인정하는 것은 단순한 현실 인식이 아니라, 대안적 미래에 대한 희망과 열망을 기록하는 것(Schostak, 2006, p. 178)에 초점을 맞춘다.

이 연구의 초점은 교육적 변화를 단순히 교수법의 개선으로 보는 것이 아니라, 학교 조직 내 관계와 행동이 구조적 변화를 어떻게 이끌어 낼 수 있는지에 초점을 맞춘다. 애플(Apple, 1995)은 교육 개혁이 탈근대적 · 탈구조적 관점에서 이루어져야 한다고 주장하며 정체성과 복합적이고 모순적인 권력 관계 그리고 환원되지 않는 해석 방식을 고려해야 한다고 강조한다. 이 연구에서는 신자유주의 교육정책(Ball, 2016, p. 1046)의 결핍 담론 속에서 운영되는 두 개의 학교를 분석함으로써, 교사들이 학교를 매일의 투쟁의 장으로 경험하는 방식(Apple, 2009; Schostak, 2006)을 탐색했다. 연구 결과, 교사들은 단순한 정책 실행자가 아니라 이미 풍부하고 깊은 교육 경험을 만들어 가며 학생들의 삶을 변화시키고, 더 나은 사회를 꿈꾸고 있었다. 세계적 불확실성과 정치적 불안정 그리고 지역적 불평등과 개인적 실망감이 공존하는 시대 속에서도 교실과 학교 그리고 지역사회에서는 여전히 변화를 만들어 가고 있다. 이 책은 교사의 전문성 개발과 정체성 형성 과정 속에서 이러한 변화를 더욱 강력하게 구축하는 방법을 탐색하며, 학교 혁신과 교육 개혁의 목표와 과정 자체를 문제화하는 데 초점을 맞추고 있다. 다시 말해, 교사들이 자신의 주도성을 바탕으로 의미 있는 변화를 주도할 수 있게 하는 것이야말로, 교육 개혁의 본질적 목표가 되어야 한다.

성찰 질문

- 여러분이 근무하는 학교에서는 어떤 변화가 필요한가?
- 우리 학교에서 함께 나누는 이야기가 있는가? 아니면 혼자서만 고민하는가? 서로 나누지 않는 이야기는 무엇인가?
- 여러분의 학교(혹은 교육 공동체)에서 '투쟁의 장'은 언제, 어디에서 나타나는가? 그 과정에서 누가 승리하는가?
- 정부가 교사를 유입하고 유지하기 위해 가장 시급히 해야 하는 것은 무엇인가?

참고문헌

Anderson, L. W. (1997). 'The stories teachers tell and what they tell us. An essay review of teachers' professional knowledge landscapes', *Teaching and Teacher Education,13*(1), 131-136.

Apple, M. W. (1995). *Education and Power*. (2nd edn). New York: Routledge.

Apple, M. W. (2009). 'Is there a place for education in social transformation?' in Svi Shapiro, H. (Ed.). *Education and Hope in Troubled Times: Visions of Change for Our Children's World*. New York: Routledge, pp. 29-46.

Ball, S. J. (2003). 'The teacher's soul and the terrors of performativity', *Journal of Educational Policy, 18*(2), 215-228.

Ball, S. J. (2008). 'Performativity, privatisation, professionals and the state', In Cunningham, B. (Ed.). *Exploring Professionalism*. Bedford Way Papers (33), London: Institute of Education, University of London Publications, pp. 50-72.

Ball, S. J. (2016). 'Neoliberal education? Confronting the slouching beast',

Policy Futures in Education, 14(8), 1046-1059.

Bandura, A. (2001). 'Social cognitive theory: an agentic perspective'. *Annual Review of Psychology, 52*, 1-26.

Bangs, J., & Frost, D. (2016). 'Non-positional teacher leadership: distributed leadership and self-efficacy', In Evers, J., & Kneyber, R., *Flip the System: Changing Education from the Ground Up*. London: Routledge, pp. 92-107.

Barnett, R. (2008). 'Critical professionalism in an age of supercomplexity', In Cunningham, B. (Ed.), *Exploring Professionalism*. Bedford Way Papers (33). London: Institute of Education, University of London Publications, pp. 190-207.

Barth, R. (1990). Improving Schools from Within. San Francisco: Jossey Bass.

Bascia, N., & Hargreaves, A. (Eds.). (2000). *The Sharp Edge of Educational Change*. London: Routledge/Falmer Press.

Beijaard, D., Meijer, P., & Verloop, N. (2004). 'Reconsidering research on teachers' professional identity', Teaching and Teacher Education, 20, 107-128.

Biesta, G. (2007). 'Why "what works" won't work: Evidence-based practice and the democratic deficit in educational research', *Educational Theory,* 57(1). 1-22.

Biesta, G. (2014). *The Beautiful Risk of Education*. London: Paradigm Publishers.

Biesta, G. (2016). 'Good education and the teacher: reclaiming educational professionalism', In Evers, J., & Kneyber, R., *Flip the System: Changing Education from the Ground Up*. London: Routledge, pp. 79-90.

Bolton, G. (2014). *Reflective Practice: Writing and Professional Development*. 4th edn. London: Sage.

Bruner, J. (1991). 'The narrative construction of reality', *Critical Inquiry,*

18(1). 1-21.

Crook, D. (2008). 'Some historical perspectives on professionalism', In Cunningham, B. (Ed.), *Exploring Professionalism*. Bedford Way Papers (33). London: Institute of Education, University of London Publications, pp. 10-27.

Day, C., & Gu, Q. (2010). *The New Lives of Teachers*. London: Routledge.

Day, C. (2017). *Teachers' Worlds and Work. : Understanding Complexity, Building Quality*. London: Routledge.

Day, C., Sammons, P., Stobart, G., Kington, A., & Gu, Q. (2007). *Teachers Matter: Connecting Work, Lives and Effectiveness*. Maidenhead: Open University Press.

Doyle, W. (1997). 'Heard any really good stories lately? A critique of the critics of narrative in educational research', *Teaching and Teacher Education, 13*(1), 93-99.

Durrant, J., & Holden, G. (2006). *Teachers Leading Change: Doing Research for School Improvement*. London: Paul Chapman.

Elliott, J. (1996). 'School effectiveness research and its critics: alternative visions of schooling', *Cambridge Journal of Education, 26*(2), 199-224.

Evans, L. (2008). 'Professionalism, professionality and the development of education professionals', *British Journal of Educational Studies, 56*(1), 20-38.

Fielding, M. (2007). 'Community, philosophy and educational policy: against effectiveness ideology and the immiseration of contemporary schooling', In Ball, S. J., Goodson, I. F., & Maguire, M. (Eds.), *Education, Globalisation and New Times*. London: Routledge, pp. 183-204.

Flintham, A. (2010). *Reservoirs of Hope: Sustaining Spirituality in School Leaders*. Newcastle upon-Tyne: Cambridge Scholars Publishing.

Frost, D. (2004). 'Resisting the juggernaut: building capacity through teacher leadership in spite of it all', *Leading and Managing, 10*(2), 70-87.

Frost, D., Durrant, J., Head, M., & Holden, G. (2000). *Teacher-Led School Improvement*. London: RoutledgeFalmer.

Fullan, M. (1993). *Change Forces: Probing the Depths of Educational Reform*. London: Falmer Press.

Fullan, M. (2003). *The Moral Imperative of School Leadership*. Thousand Oaks CA: Corwin Press; London: Sage.

Galton, M., & MacBeath, J. (2008). *Teachers Under Pressure*. London: Sage/National Union of Teachers.

Giddens, A. (1984). *The Constitution of Society: Outline of the Theory of Structuration*. Cambridge: Polity Press.

Giroux, H. (1985). 'Teachers as transformative intellectuals', *Social Education, 49*(5), 376-379.

Hargreaves, A., Earl, L., Moore, S., & Manning, S. (2001). *Learning to Change: Teaching Beyond Subjects and Standards*. San Francisco: Jossey Bass.

Hargreaves, D. H. (2001). 'A capital theory of school effectiveness and improvement', *British Educational Research Journal, 27*(4), 487-503.

Harris, A., & Muijs, D. (2003). *Teacher Leadership: Principles and Practice* (A Review of Research). National College for School Leadership. Available at: http://www. nationalcollege.org.uk/media-dc8-33-teacher-leadership.pdf (accessed 2011).

Honneth, A. (1995). *The Struggle for Recognition: The Moral Grammar of Social Conflicts*. Cambridge: Polity Press (tr. J. Anderson).

Hopkins, D., & Reynolds, D. (2001). 'The past, present and future of school improvement: towards the Third Age'. *British Educational Research Journal, 27*(4), 459-476.

Hopkins, D., Harris, A., Stoll, L., & Mackay, T. (2011). 'School and system improvement: state of the art review'. Keynote paper presented at

International Congress for School Effectiveness and Improvement, Limassol, Cyprus, January.

Hoyle, E. (1975). 'Professionality, professionalism and control in teaching', In Houghton, V., McHugh, R., & Morgan, C. (Eds.), *Management in Education: The Management of Organisations and Individuals*. London: Ward Lock Educational in association with Open University Press.

Hoyle, E. (1995). 'Changing conceptions of a profession', in Busher, H., & Saran, R. (Eds.). *Managing Teachers as Professionals in Schools*. London: Kogan Page Ltd., in association with BEMAS, pp. 59-70.

Lingard, B. (2009). 'Pedagogizing teacher professional identities', In Gewitz, S., Mahony, P., Hextall, I., & Gibb, A. (Eds.), *Changing Teacher Professionalism: International Trends, Challenges and Ways Forward*. Oxford: Routledge, Ch. 7.

Murphy, J. (2005). *Connecting Teacher Leadership and School Improvement. Thousand Oaks*, California: Corwin Press.

OECD (2018). *Programme for International Student Assessment (PISA)*. Available at: http://www. oecd. org/pisa/ (accessed 2018).

Power, S. (2008). 'The imaginative professional', In Cunningham, B. (Ed.), *Exploring Professionalism*. Bedford Way Papers (33). London: Institute of Education, University of London Publications, pp. 144-160.

Priestley, M., Biesta, G., & Robinson, S. (2015). *Teacher Agency: An Ecological Approach*. London: Bloomsbury.

Priestley, M., Miller, K., Barrett, L., & Wallace, C. (2011). 'Teacher learning communities and educational change in Scotland: the Highland experience', *British Educational Research Journal, 37*(2), 265-284.

Robertson, S. L. (2007). '"Remaking the world": neo-liberalism and the transformation of education and teachers' labour', In Weis, L., & Compton, M. (Eds.), *The Global Assault on Teachers, Teaching and their Unions*. New York: Palgrave.

Sahlberg, P. (2016). 'Finnish schools and the global education reform movement', In Evers, J., & Kneyber, R., *Flip the System: Changing Education from the Ground Up*. London: Routledge, pp. 162-174.

Schleicher, A. (2010). 'The case for 21st century learning', available at http://www. oecd. org/general/thecasefor21st-cent urylearning. htm (accessed 2018).

Schostak, J. (2006). *Interviewing and Representation in Qualitative Research*. Maidenhead: Open University Press.

Sergiovanni, T. (2000). *The Lifeworld of Leadership: Creating Culture, Community and Personal Meaning in our Schools*. San Francisco: Jossey Bass.

Smeyers, P., & Depaepe, M. (2007). 'On the rhetoric of "what works": contextualizing educational research and the picture of performativity', In Smeyers, P., & Depaepe, M. (Eds.), *Educational Research: Why What Works Doesn't Work*. Dordrecht, Netherlands: Springer, pp. 1-16.

Spielman, A. (2017). Keynote speech. Association of School and College Leaders Annual Conference, Birmingham, December.

Stoll, L. (1999). 'School culture: black hole or fertile garden for school improvement?', In Prosser, J. (Ed.), *School Culture*. London: Paul Chapman Publishing, pp. 30-47.

Stoll, L., & Fink, D. (1996). *Changing Our Schools: Linking School Effectiveness and School Improvement*. Buckingham: Open University Press.

Thomas, G. (2011). *How To Do Your Case Study: A Guide for Students and Researchers*. London: Sage.

Thrupp, M. (2001). 'Recent school effectiveness counter-critiques: problems and possibilities', *British Educational Research Journal, 27*(4), 443-458.

Vähäsantanen, K., Hökkä, P., Eteläpelto, A., Rasku-Puttonen, H., & Littleton, K. (2008). 'Teachers' professional identity negotiations in two different work organisations', *Vocations and Learning Studies in Vocational and Professional Education, 1*(2), 131-148.

Van der Wateren, D., & Amrein-Beardsley, A. (2016). 'Measuring what doesn't matter: the nonsense and sense of testing and accountability', In Evers, J., & Kneyber, R., *Flip the System: Changing Education from the Ground Up*. London: Routledge, pp. 25-38.

Ward, H. (2018). 'If you say that you're a teacher, people just feel sorry for you', *Times Educational Supplement*, 23 March, 20-27.

Wrigley, T. (2003). *Schools of Hope: A New Agenda for School Improvement*. London: Trentham Books.

Wrigley, T. (2009). 'The state of England's schools: critical voices. *Editorial*', *Improving Schools, 12*(1), 3-9.

Wrigley, T., Thomson, P., & Lingard, B. (2012). *Changing Schools: Alternative Ways to Make a World of Difference*. London: Routledge.

제 2 장 맥락에 따른 학교 혁신

이후 장에서 다룰 교사들의 이야기는 국가적 차원의 교육 개혁이 강력하게 추진되던 시기를 배경으로 한다. 이 시기 동안 전반적인 학업 성취 수준은 향상되었을지 모르지만, 사회적 · 경제적 배경에 따른 교육 격차는 오히려 더욱 확대되고 있다(Bangs et al., 2011; DCSF, 2009; Whitty, 2006). 높은 성과를 내는 교육 시스템의 특징들은 국제적 관심과 분석의 대상이 되었으며 성취도 중심의 과도한 집중이 초래하는 부정적 영향에 대한 비판적 논의도 활발히 이루어져 왔다. 특히 끊임없는 성과 압박이 학생과 교사들에게 미치는 심리적 · 정서적 영향이 심각하다는 것이 여러 연구에서 언급되었다(Biesta, 2016; Day, 2017; MacBeath et al., 2018). 그러나 실제 교육 현장에서는 여전히 높은 학업 성취도 달성이 곧 최고의 교육 시스템과 우수한 학교를 가늠하는 궁극적 목표이자 주요한 지표로 삼는 관행이 계속되고 있다. 이 장에서는 대규모 교육 개혁과 개별 학교 단위에서 이루어지는 세부적인 변화 간의 역동적인 관계를 탐구하면서, 학교 혁신의 과정뿐만 아니라 교육의 본질과 목적 그리고 교육 개혁 논의에 누가 참여해야 하는지에 대해서도 깊이 고찰한다. 이를 통해, 교사 주도성이 보다 중대한 역할을 하는 대안적 목표와 혁신 기반에 대한 제안을 제시하고자 한다.

1. 변화 없는 혁신과 개혁의 연금술

중앙집권적인 책무성 체제가 학교 발전을 주도해 온 많은 나라에서, 현대 교육 개혁은 변화 없는 혁신이라는 역설적인 상황을 만들어 냈다(Priestley et al., 2011). 이 역설은 끊임없이 변하는 정책 환경과 자비 없는 평가 체제 속에서 학교장들이 성취도 목표와 실적을 중심으로 전략적인 게임을 펼쳐야 하는 현실을 반영한다. 특히 불확실한 재정 지원 속에서 이러한 상황은 더욱 악화되었다. 이 연구가 수행된 시점에 추진된 여러 정책 중 일부는 이미 철회되었거나 다른 정책으로 대체되었지만, 당시 학교의 우선순위와 발전 가능성을 결정지었던 주요 요인과 구조를 보여 주는 사례로서 간략히 정리하면 다음과 같다.

- **내셔널 챌린지(National Challenge) 정책**: 최저 성취 목표에 도달하지 못한 학교를 대상으로 시행된 정책(DCSF, 2010)이었으나, 기준 미달 판정을 받아 지원 대상이 된 학교가 동시에 우수 학교로 평가받을 수 있는 모순적 상황을 야기함(Times Educational Supplement, 2010).
- **영국 바칼로레아(English Baccalaureate: EBacc)**: 새 정부가 학문적 엄격함을 강조하며, 상급 중등 교육과정을 영어, 수학, 과학, 언어(고전어 또는 현대어) 그리고 역사나 지리를 포함하는 특정 교과군으로 축소하여 제한함(DfE, 2010). 그러나 이 개혁은 무자비한 19세기식 교육으로의 회귀라는 혹평을 받았으며, 현대 사회의 특성과 학교 운영의 복합성을 전혀 이해하지 못한 조치라는 비판을 받았음(Robinson, 2011, p. 15). 이 연구에서 다룬 한 고등학교에서

는 EBacc 기준을 충족하는 학생이 단 1%에 불과했음.

- 학교 아카데미화(Academisation)(DCSF, 2009): 중앙 집중적 개혁과 일괄적인 국가 정책에서 벗어나, 학교에 더 많은 자율성을 부여하는 정책으로 추진되었으나, 여전히 중앙집중적 성과 책임 체제가 유지되었음. 한 초등학교 교장은 지역 교육청으로부터 "이제 당신들은 완전히 독립된 상태입니다. 스스로 살아남아야 합니다."라는 말을 듣기도 했음.
- 모든 아이는 소중하다(Every Child Matters): 아동학대와 방임 사례가 사회적으로 큰 충격을 주면서, 아동복지, 사회복지, 웰빙 및 교육을 통합 지원하는 'Every Child Matters' 정책이 추진됨(Every Child Matters, 2010). 그러나 정권 교체 후 새로운 정부가 들어서면서 이 정책은 공식 웹사이트에서 삭제되었고, 정책의 흐름은 달라졌음.
- 창의적 파트너십(Creative Partnerships): 예술위원회에서 지원한 이 정책(Creative Partnerships, 2008)은 100만 명 이상의 학교와 수천 개의 학교가 참여한 탐구 기반 학습의 창의성 교육 프로젝트였음. 그러나 2010~2011학년도 사이에 예산이 전면 삭감되었고, 이 연구에서 다룬 특수학교와 같이 이 과정을 경험했던 학교들은 추가 지원 없이 자체적으로 프로젝트를 계속 운영함.
- 미래 학교 구축(Building Schools for the Future: BSF): 15~20여 년에 걸쳐 450억 파운드를 투자해, 특히 소외지역부터 시작하여 중등학교를 재설계·재건축함으로써 학습 환경 개선과 학생들의 진로 기대치를 높이는 데 주력함(Partnerships for Schools, 2011). 그러나 차기 정부가 이 프로그램을 중단(DfE, 2011)하면서 일부 학교는 개축이 완료된 반면, 일부 학교는 기존 건물에 그대로 남게 되는 불균

형한 상황이 초래됨(Price, 2010). 이 연구의 대상인 한 학교는 새로운 아카데미로 개편되었지만, 기존의 낡은 건물을 그대로 사용해야 했으며, 유일한 변화는 정문 앞의 새로운 간판뿐이었음.

이러한 개혁들은 다른 시대와 장소에서는 완전히 다른 힘과 흐름으로 작용했을지도 모른다. 일련의 개혁들이 마치 연금술처럼 추진되었지만, 현실적으로 모든 학생이 이상적인 기대치인 성취의 황금 기준(gold standards of achievement)에 도달하는 것은 불가능했다(Clarke, 2009). 학교들은 여전히 학생들의 낮은 학습 동기와 문제 행동으로 어려움을 겪고 있으며, 이는 상당수 학생이 학교 교육에서 소외되고 있음을 보여 준다. 이처럼 성취도 격차를 좁히겠다는 명목으로 추진된 개혁들이 오히려 선택과 경쟁, 자율성과 성과 중심의 책무성, 중앙집권적 개입과 규제 그리고 수월성 교육에만 초점을 두고 형평성을 무시한 결과, 이 격차가 고착화되었다는 지적이 오래전부터 제기되어 왔다(Ball, 2001; Sahlberg, 2016).

PISA 국제학업성취도평가 상위권 국가들의 공통된 특징 중 하나는 수월성 이전에 형평성을 우선시한다는 점이다. 이 국가들은 다양한 배경의 학생들이 일정 수준 이상의 성과를 내도록 하는 일관된 시스템을 구축하고 있다. 핀란드의 성공 사례(Sahlberg, 2016)는 사회 정의와 취약 학생에 대한 조기 개입을 강조하며, 복지국가가 사회경제적 불평등을 완화하는 역할을 수행한 덕분으로 분석된다(Sahlberg, 2016). 학생들의 능력에 따른 선발이 없고, 고난이도 시험이 존재하지 않으며, 학교 간 경쟁이 없는 구조를 통해 학생 실패를 초래하는 구조적 요소를 제거했다(Sahlberg, 2016, p. 169). 그럼에도 여전히 많은 국가가 순위를 올리기 위해 신자유주의적 관리 방식과 중앙집권적 책임 구조를 도입하고 있다.

그러나 이러한 순위 경쟁은 교육의 본질적 가치와 무관할 뿐만 아니라, 오히려 학생들의 학습 동기와 자신감을 저하시키는 역효과를 초래하기도 한다(MacBeath et al., 2018; Zhao, 2017). 성과주의 중심의 교육정책은 복지와 돌봄을 제공하는 학교의 역할과 상충하며, 교사들은 사회적 문제를 떠안는 역할까지 수행해야 하는 부담을 안게 되었다. 링가드(Lingard, 2009)는 이를 학교가 사회적 쓰레기통처럼 작동하는 현상이라고 설명했다. 애플(Apple, 1995)은 교사들이 마치 사회복지사처럼 지역사회를 유지하고, 불평등을 심화시키는 교육 시스템 속에서 학생과 가정을 지원하는 현실을 지적한 바 있다. 예를 들어, 갤턴과 맥베스는(Galton & MacBeath, 2008)는 교사들이 포용적 교육(inclusive education)의 가치와 원칙에 동의하면서도, 정작 이를 실현하기 위한 전문성과 자원이 현저히 부족하다는 객관적 자료를 제시했다. 과도한 평가와 관료적 시스템 그리고 끝없이 반복되는 행정 업무는 교사와 학생 간의 상호작용을 심각하게 저해했고, 학생별 상황에 따른 맞춤형 교육이 절실히 필요함에도 이를 실현하기 어렵게 만들었다. 교육 개혁은 '무엇을 성취할 것인가'뿐만 아니라, '누구를 위한 개혁인가'에 대한 근본적인 질문을 필요로 한다.

2. 학교 혁신과 국가 정책 메커니즘

카르노이와 카스텔스(Carnoy & Castells, 2001, p. 11)는 국가가 지식의 정의와 전파 및 통제를 통해 권력 관계 형성하는 데 중심적 역할을 한다고 강조한다. 그들은 새로운 지식을 습득하려는 사람들조차 국가가 설계한 정책과 제도를 거쳐야 하며, 이를 통해 지식이 다음 세대로 전달된다고 설명한다. 교육 개혁은 여전히 시장 논리와 관리주의 그리고 성과주의라는 세 가지 정책 기제 속에 자리 잡고 있다(Ball, 2003). 정책 입안자들은 정치적 · 이념적 · 경제적 · 사회적 · 도덕적 이유에서 이러한 국가적 메커니즘을 개선하는 데 이해관계를 갖고 있다. 이러한 광범위한 맥락은 개인과 조직 간의 심리적 · 사회적 관계에도 영향을 미친다. 국가적 차원의 개혁과 책무성 시스템은 세계적인 압력과 힘의 영향을 받으며 학교 변화를 주도하고 있다.

한편, 변화의 동력은 학교장의 개인적 비전이나 지역적 기회, 개별 교사의 혁신과 같은 내부적 요인에서 비롯될 수도 있다. 그러나 이 또한 정치적 흐름의 영향을 받으며, 우리가 가정하는 것보다 체계적이거나 지속적이지 않을 수도 있다. 뱅스 등(Bangs et al., 2011)은 지난 수십 년 동안 영국의 교육 개혁에 참여한 정책 입안자와 학자 및 관계자들과의 솔직한 인터뷰를 통해 교육 개혁의 실제적 흐름을 분석했다. 이 연구에 따르면, 1997~2010년 신노동당(New Labour) 정부[1]에서 일부 정책 입안자들이 교사를 부차적인 존재로 여겼던 태도는 표면적으로 표방한 역량 강화 담론과는 상당한 괴리가 있었다. 그들이 설정한 분명한 목표는 측정 가능한 성과를 경제적 · 경쟁적 논리로 끌어올리는 것이었다.

> 영국은 가까운 미래에 세계 어느 국가와도 견줄 만한 높은 수준의 교육 서비스를 제공하는 동시에 다양하고 활력 넘치는 자유민주주의를 촉진하고 유지

1) (역자 주) 신노동당(New Labour) 정부: 1997년부터 2010년까지 영국에서 집권했던 노동당 정부를 가리키는 용어임. 이 시기 영국 노동당은 전통적인 좌파적 이념에서 벗어나 시장 친화적이고 중도적인 정책 노선을 추구하며 '뉴레이버'라는 새로운 브랜드를 내세웠음. 이는 토니 블레어(Tony Blair) 총리와 고든 브라운(Gordon Brown) 총리 재임 기간을 포괄하며, 사회 정의와 포용적 복지를 강조하면서도 경제 효율성과 글로벌 경쟁력 강화, 교육 및 복지 분야의 성과 개선에 주력하는 정책 기조를 특징으로 함.

할 필요가 있습니다. 다시 말해, 우리는 성과 면에서 아시아 신흥 경제국들과 경쟁하면서 동시에 우리의 자유주의적 전통을 유지하고 발전시키고자 합니다 (Barber, 1997, p. 5).

그러나 이후 정책 입안자들은 인터뷰에서 당시 성과 중심의 하향식 정책이 예상보다 훨씬 더 부정적인 영향을 끼쳤으며, 목표 수치는 신뢰할 만한 근거 없이 대부분 추측에 의해 결정되었음을 인정했다(Bangs et al., 2011, p. 150). 특히 한 교육부 장관은 교사 전문성 개발이 충분히 이루어지지 않은 이유가 짧은 임기만을 염두에 둔 잘못된 계획 때문이었다고 솔직하게 밝혔다. 이 연구는 교육의 본래 목적이 정치적 환경에 의해 쉽게 희생될 수 있음을 여과 없이 보여 주며, 학교들이 일관성 없고 체계적이지 않은 정책적 혼란 속에서 휘말리게 되는 이유를 명확히 보여 준다.

영국에서 성과 중심의 개혁을 추진했던 정책 입안자들조차도 학업 성취도뿐만 아니라, 학생들의 건강, 복지, 사회적 돌봄 영역까지 포괄하는 '모든 아이는 소중하다(Every Child Matters)' 정책이 실질적인 교육 격차를 해소하는 데 실패했음을 인정했다. 이로 인해, 부유한 학생과 빈곤한 학생 그리고 지역 간 교육 격차는 더욱 확대되었다(Clarke, 2009; Hopkins & Reynolds, 2001; Wrigley, 2009). 사회적 취약 계층의 학업 성취도 문제를 해결할 만능 해결책은 여전히 찾지 못했다. 그러나 교육이 점점 더 상품화되고 상업화되며 중앙집권화와 탈중앙화를 반복하는 가운데 학교에 대한 압력과 기대치는 오히려 점점 높아졌다. 특히 사회적·경제적으로 취약한 지역의 학교들은 사기 저하와 성과 부진의 악순환에 갇히게 되었다(MacBeath et al., 2006). 사회적·경제적으로 유리한 지역의 학교들은 전문적 학습공동체를 구축하면서 더욱 발전하는 반면, 취약한 지역의 학교들은 성과 중심의 훈련에 집중된 교육 환경에서 교사와 학생 모두가 소외되는 교육 양극화가 심화되었다(Hargreaves, 2003). 리글리(Wrigley, 2009)는 이런 중앙집권적이고 징벌적인 이 시스템은 부정적 요소와 위협적 분위기로 가득 차 있으며, 특히 취약한 지역의 학교들이 불확실성과 실패라는 낙인을 감당해야 하는 현실을 지적했다(Wrigley, 2009, p. 4).

이러한 시스템이 교사와 학생 학교에 미치는 영향은 복합적이며, 많은 연구에서 깊이 있게 탐색되어 왔다(Day et al., 2006; MacBeath et al., 2006; Wrigley, 2009). 특히 성과주의는 교사의 전문성을 약화시키고, 교사와 학생 간의 신뢰 관계를 무너뜨리며, 교사의 역할을 단순한 기술적 실행으로 축소시킨다는 비판이 꾸준히 제기되었다(Day, 2017). 이러한 압박은 경쟁하는 교육정책과 끊임없는 감시 문화(Ball, 2016) 그리고 위험을 회피하고 측정 가능한 성과만을 중시하는 교육 환경으로 인해 더욱 심화되었다. 하그리브스와 셜리는(Hargreaves & Shirley, 2009)는 성과에 대한 집착은 교사의 참여와 자기효능감, 주인의식, 사기 진작을 위한 지원을 방해한다며 비판했다. 교사의 주도성과 자기효능감을 높이는 것이 전문적 정체성과 정책 대응 능력을 향상시킬 수 있지만(Day, 2017), 이를 우선시하려면 정책적으로 주도성 개념을 인정하고 내재화해야 한다.

3. 결핍 담론에 맞서기

교직의 발전과 교사 역량 강화를 위한 지속적인 지원 부족과 관련하여, 맥베스 등(MacBeath et al., 2006, p. 1)은 학교 혁신 정책 입안자들이 사회적 주류에서 소외된 학생들의 요구를 학교가 어떻게 충족시켜야 하는지에 대한 깊이 있고 세부적인 이해가 부족하다고 지적했다. 이 연구의 초점이 되는 두 학교에는 사회경제적 배경이나 복합적인 교육적 필요와 장애 등으로 인해 사회 주류에서 소외된 학생들이 많았다. 이러한 학교에 가해지는 부담은 선별적 교육 시스템에 의해 더욱 심화되었다. 이 지역의 교육 시스템은 영어, 수학, 추론 능력 시험을 통과한 우수한 학생들만을 선발하여 다른 학교로 보내고, 그렇지 못한 학생들이 이 연구에서 다루는 학교들에 집중되는 방식으로 운영되었다. 이에 뉴 퓨처스 아카데미와 같은 학교들은 상대적으로 능력 평가에서 배제된 학생들로 채워지게 되었다.

앞에서 논의한 성과주의 중심의 담론은 학생들을 자산 대 결핍, 성공 대 실패라는 이분법적 구도 속에 가두고 있으며, 이러한 사고방식은 교사들의 이야기 속에서도 끊임없이 반복해서 등장했다. 교사 교육과정, 교사 전문성 개발 프로그램 등을 살펴보면, 교육 전문가들조차 이러한 이분법적 사고를 당연한 듯 받아들이는 경향이 있다. 예를 들어, 학생들은 너무나도 자연스럽게 수준별로 분류되며, 심지어 유치원에 갓 입학한 세 살배기 아이에게조차 학업 부진이라는 꼬리표가 붙는다. 교육 시스템이 성취 결과에 집착하면서, 학생들이 기대 성장 곡선대로 나아갈 수 있게 하는 온갖 프로그램이 난무했다. 학생들의 학업 성취도 개인별 등수를 공개하는 학교들도 생겨났으며, 이로 인해 하위권에 속한 학생들은 과중한 압박을 받는다. 또한 많은 교사가 정규 수업 외에도 방학과 주말까지 시험 대비 보충수업을 운영할 것을 강요받고 있다. 학생들의 시험 성적이 단순한 평가 도구를 넘어 교사의 역량 평가와 학교 순위 매기기에까지 활용되며, 교육의 본질을 점점 더 흐리고 있다. 결국 기대 성취와 실제 성취 간 격차를 줄이겠다는 근시안적 목표에 매몰될수록 가장 큰 피해를 받는 것은 사회적 취약 계층이다.

현재의 교육 환경은 마치 벌거벗은 임금님 이야기와도 같다. 모두가 시스템의 문제점이라는 것을 알고 있지만, 누구도 이를 공개적으로 말하지 않은 채 그저 순응하고 있다. 교사, 교장, 학부모, 학생 모두 속으로는 반감을 품으면서도, 겉으로는 이런 체제에 끌려가는 형국이다. 지금이야말로 수많은 진실을 드러내어야 할 때인데, 이를 위해서는 우리 서로에게 진실을 이야기하는 것에서 시작해야 한다. 먼저, 우리는 교사와 학생이 사회적 · 정서적 · 환경적 요소를 중시하는 조직 문화 속에서 더 잘 성장할 수 있음을 인정해야 한다. 그리고 학습, 교수, 평가가 이러한 가치와 조화를 이루도록 해야 한다. 결과뿐만 아니라 노력과 인내의 가치를 인정해야 한다. 공감, 친절, 포용, 관용, 배려와 같이 사람들 간에 조화로이 살아가게 하는 덕목들을 인간 공동체의 핵심 자질로 격상시켜야 한다. 이러한 덕목이 조직 위계에서 밑에 있는 사람들이 가져야 할 부드러운 기술로 폄하되어서는 안 되며, 야망, 결단력, 탁월함이라는 구호보다 더 우선시되어야 한다. 결국 교육의 본질은 단순한 점수나 성취도 그래프를 맞추는 것이 아니라, 학생들이 진정으로 성장할 수 있는 환경을 만들어 주는 것이다. 우리는 이제 교육이 나아가야 할 방향을 다시 고민해야 할 시점에 서 있다.

4. 수면 아래에 숨겨진 세계

국가 차원의 교육 개혁은 그 출발점과 무관하게 항상 일관된 효과를 내지는 못한다. 학교라는 복잡하고 지역화된 사회 체계와 그 안의 전문적 하위문화들이 강력하게 작용할 수 있기 때문이다(House, 1974; Stoll, 1998; Warren-Little, 1997). 학교 자체에서 추진하는 변화 또한 조직 내부의 다양한 하위문화와의 차이를 충분히 고려하지 않은 채 일관성을 강요할 수 있다는 점에서 문제가 될 수 있다. 오랫동안 교육 개혁이 성공적이지 못했던 이유 중 하나로 교사가 수행하는 업무의 깊이와 복잡성, 그리고 이를 형성하고 제약하는 지역적이고 정치적인 요소들을 제대로 이해하지 못한다는 비판이 있어 왔다(Bascia & Hargreaves, 2000). 따라서 교육적으로 의미 있는 변화를 이루기 위해서는 표면에 드러난 구조적 측면을 넘어, 교사의 행동에 영향을 주는 도덕적 신념과 교육 활동 중에 겪는 정서적 측면을 수면 아래에서 살펴보는 것이 필요하다(Hargreaves et al., 2001).

학교 혁신의 관점은 흔히 빙산에 비유된다(Stoll, 1998). 수면 위에는 조직 구조와 같은 명확하고 가시적인 요소들이 존재하며, 이러한 요소들은 상대적으로 쉽게 파악하고 조정할 수 있다. 반면, 수면 아래에는 관계, 공감, 가치관, 신념, 태도, 의견 등과 같은 비가시적이고 복합적인 정서적 요소들이 거대하게 자리 잡고 있다. 수면 아래의 요소들은 대게 문화적 측면의 혁신을 통해서만 형성될 수 있다. 그러나 외부에서 주도하는 개혁이든 내부에서 추진되는 개혁이든, 대부분의 변화는 눈에 보이는 구조적 요소를 조정하는 데 집중하는 경향이 있다. 반면, 학교 내부의 복잡한 미시 · 정치적(micro-political) 요소(불확실성, 다양성, 갈등, 의견 충돌)는 간과되기 쉽다(Morley, 2008, p. 102). 실제로 중요한 것은 구조보다는 관계, 공식적인 정보보다는 비공식적 지식, 역할보다는 정체성, 조직 내 공식 직위보다는 역량, 그리고 무엇보다도 문서보다 대화, 즉 소통이다.

학교의 맥락과 교사의 인식 및 행동, 변화의 결과를 분석할 때, 거시적인 정책적 요인보다 미시 · 정치적 요인, 즉 교사 개인의 성격, 학교의 특정 상황 등이 더 중요한 역할을 할 수 있다. 학교 조직 내에서 제대로 인정받지 못하거나 잘 이해되지 못하는 수면 아래의 요소들이 변화의 가장 중요한 변수이며, 이는 지역적 맥락과 맞물려 학습과 성취에 가장 큰 영향을 미칠 수 있다(Fink, 2000). 개혁을 추진하는 리더들이 이러한 보이지 않는 요소들을 무시한 채 강압적으로 변화를 시도하거나, 학교 조직의 다층적인 특성을 가볍게 여기거나, 신호를 잘못 읽거나, 교사들의 목소리에 귀 기울이지 않을 경우, 개혁은 좌초될 수밖에 없다. 이는 학교 조직 내부뿐만 아니라 교육 시스템 전체에서도 마찬가지이다.

변화를 위한 올바른 방향을 모색하는 과정에서 교사들이 가장 중요하게 여기는 것은 인간관계의 질과 학습 경험의 본질'이라는 점을 간과해서는 안 된다(Barth, 1990, p. 45). 끊임없이 변하는 교육 환경에서도 교사들의 업무에는 지속성이 존재하며, 예를 들어 교실 관리와 교사-학생 간의 관계 및 사회적 상호작용은 언제나 중요하다(Coffey, 2001). 이러한 현실을 반영할 때 질적 연구 접근 방식을 통해 학교 혁신 과정에서 교사 개개인의 이야기와 특정한 상황적 맥락을 이해하는 것이 중요하며, 교사가 혁신의 주요 행위자라는 점이 명확히 드러났다. 개인의 경험을 중심으로 한 내러티브 연구(narrative inquiry)는 교사뿐만 아니라 조직 차원에서도 적용될 수 있으며, 학교 공동체 구성원들이 국가적 개혁 정책이나 학교 경영 전략보다도 더 중요하게 여기는 관계, 신념, 갈등 등의 요소를 드러낼 수 있다. 개인의 경험과 의견을 공유하는 과정 자체가 교사들이 자신이 참여하는 변화의 의미를 찾아가는 과정이 된다.

5. 교사들이 중요하게 생각하는 것

교사들의 이야기를 통해 알 수 있는 희망적인 사실은, 교사의 핵심 업무인 가르침 자체는 여전히 본질적으로 변하지 않았다는 점이다. 교사 채용과 유지를 둘러싼 위기가 발생하더라도 교사들이 벗어나고 싶은 곳은 교실 자체가 아니라는 것이다. 이 연구에 참여한 중등학교 영어 교사인 제임스(James)는 문학 수업에 대한 열정을 강렬하게 표현하며, 학생들의 무관심을 창의적인 수업으로 극복하려는 노력을 생생하게 묘사했다. 예를 들어, 그는 『구덩이(Holes)』(Sachar, 2000)와 같은 내용을 다룰 때 이야기 속 유머에 공감한 남학생들이 다음 장면이 궁금해 먼저 책장을 넘겨 보고 싶어 하거나, 교실 앞에서 한 장 전체를 읽으려 하는 모습을 보았다고 한다. 그는 자신이 필수적으로 가르쳐야 했던 고전들이 다소 진부하고 따분하다고 느꼈기에, 학생들이 흥미를 느낄 만한 현대적인 문학 작품이나 TV 프로그램, 모바일 앱을 이용한 투표 시스템 등 다양한 기술적 도구를 접목한 수업을 시도했다. 제임스는 압박과 제약이 많은 교육과정 속에서도 여전히 혁신의 여지가 있다고 믿었으며, 자신과 학생들이 모두 즐거워하는 수업을 하였을 때 큰 보람을 느낀다고 말했다. 그는 특히 즐기며 학습할 수 있는 재미의 요소에 관심이 많다고 강조했다. 하지만 그가 가장 뿌듯했던 순간은 따로 있었다. 한 학생이 괴롭힘을 당했을 때 그를 도와준 일에 대해 그 학생이 공개적인 자리에서 감사의 마음을 전했을 때였다. 이는 제임스가 교과 수업 외에도 자발적으로 맡아온 수많은 생활지도와 정서적 지원 업무를 단적으로 보여주는 사례였다.

복합적인 학습지원이 필요한 아주 어린 아이들을 가르치는 크리스틴(Christine) 역시 아이들과 함께하는 일을 향한 깊은 애정을 드러냈다. "결국 우리가 교직에 들어오는 이유가 아이들이잖아요. 가능한 한 최선의 시작을 아이들에게 열어 주고 싶어서죠."라는 말에서 그녀의 마음을 엿볼 수 있었다. 최근 창의적 파트너십(Creative Partnerships, 2008) 프로그램을 진행하면서 행복과 에너지 그리고 다양한 실험 정신으로 가득 찬 시간을 보냈다. 오랫동안 오래된 동요 테이프에 따라 아이들의 신체 인지를 가르쳐 오던 크리스틴은 좀 더 새로운 방식을 찾고자 창의적 전문가와 협업하게 되었고, 남아프리카공화국으로 떠나는 가상의 학습 여행을 마련했다. 기차를 타는 경험에 따른 움직임을 익히고, 사파리 공원의 동물들이 보여 주는 서로 다른 동작, 광산에서 춤추는 동작을 따라 해 보면서, 우리가 익숙하게 부르던 노래(예: 〈머리, 어깨, 무릎, 발〉)도 보여 주는 등 여러 역동적인 움직임을 함께 탐색했다.

이 여행은 방패 만들기, 지도 그리기, 사물 활용, 게임 그리고 반복적으로 활용할 수 있는 콜 앤 리스폰스(call and response)[2] 형식의 노래와 같은 새로운 활동으로 이어졌다. 그들은 이제 '이번엔 호주로 가자' '이번엔 바닷가로 가자' 등으로 확장하며 같은 접근법을 응용하고 있다. 평소에는 자기만의 세계에 빠져 지내던 아이들조차 스스로 참여하기 시작했다고 한다. 크리스틴은 "정말 멋졌어요. 정말이지 최고였어요."라며 그 경험을 극찬했다.

이처럼 교사의 실제 경험에 바탕을 둔 세부적인 이야기들은 개혁 과정에서 무시해도 되는 잡음이 아니라, 오히려 학교 혁신의 핵심이라고 볼 수 있다. 이는 어떤 기술적 요소나 측정 가능한 결과뿐만 아니라, 성인과

---

2) (역자 주) 콜 앤 리스폰스(call and response): 이 형식의 노래는 한 사람이(또는 그룹이) 먼저 음이나 가사를 부르면, 다른 사람이(또는 다른 그룹이) 이에 호응하거나 답변하는 형태의 노래 또는 음악적 진행 방식을 말함.

아동, 청소년이 맺는 관계, 동기 부여, 정서적 반응 등을 살펴봄으로써 학습과 성장을 이끄는 학교 문화를 탐구하는 데 도움이 될 수 있다.

> 우리가 필요로 하는 것은 학교 조직의 수면 아래로 들어가, 학교를 개별 구성원의 집합체이자 다양한 하위문화가 공존하는 공동체로 인식하는 관점이다. 이는 학교 혁신을 위한 모든 계획이 이러한 복잡한 대인관계를 이해하는 데 기반해야 함을 의미한다. …… 그리고 이를 가장 잘 이해하고, 이를 토대로 변화와 혁신을 위한 전략적 행동을 취할 수 있는 주체가 바로 교사들 자신이다(Frost et al., 2000, p. 7).

이처럼, 학교 혁신의 중심에는 교사(나아가 학생과 기타 학교 구성원)의 실제 경험, 생각, 행동 그리고 대인관계를 되찾아 놓는 과정이 있어야 한다. 정부가 제시하는 거창한 구호나 지침들이 비효과적이라는 사실에도 불구하고, 개인의 행동은 실제적이고 긍정적인 변화의 이야기를 만들어 낸다. 교사들을 다시 중심으로 불러들이는 것은 단순히 정해진 목표 달성을 위한 것이 아니라, 교육의 목적에 대한 논의에도 교사가 주도적으로 참여해야 함을 의미한다(Hargreaves & Evans, 1997).

6. 교육인가, 생산인가? 목적의 위기

성과 중심적이고 신자유주의적인 교육 문화에서는 인간적 상호작용이라는 소프트 서비스마저 표준화, 수량화, 측정 가능한 하드 서비스로 전환할 것을 요구한다(Ball, 2003). 권력자들이 국제 경쟁력 강화, 이윤 창출, 규율 확립을 목표로 교육 환경을 조성하려 할 때 볼(Ball, 2003)

은 이러한 전략들이 조직과 공동체를 분열시키고 파괴적인 결과를 초래할 수 있다고 경고한다. 물론, 학문적 우수성 자체를 부정할 필요는 없지만, 이러한 신자유주의적 교육정책이 강조하는 교육의 목적과 과정이 과연 올바른 방향으로 설정되었는지는 분명히 따져 볼 문제다. 교육이 탐구와 해방보다는 실용적 최적화와 통제의 논리로 정당성을 부여받게 되면, 결국 이는 의존적 학습문화를 조장하고 시민으로서의 역량을 약화시키며, 더 나아가 교육 자체의 위기로 이어질 수 있다(Bernstein, 1996; Lingard, 2009). 지나친 규정과 통제 중심의 시스템은 지식과 정보가 핵심 자원인 현대 사회에서 필수적인 폭넓고 자발적인 학습 참여를 끌어내지 못한다(Fielding, 2006). 결과 중심으로 목표를 정하고, 교육과정을 통제하며, 위험 감수와 선택의 기회가 사라지는 이런 방식은 교육의 본질을 훼손한다(Biesta, 2014). 동시에 교사의 전문성 개발 및 위상 제고 방안조차 성과 관리에 밀려 제대로 실행되지 못하는 문제를 낳는다.

교육과정이 점차 협소해지고 중앙집중적으로 재편될수록, 비판적 사고와 높은 수준의 인지적 요구 및 지적 깊이 역시 감소하는 경향이 나타난다(Apple, 1995). 이는 특히 보편적이고 제국주의적인 방식으로 정책을 일괄 적용함으로써, 지역적이고 맥락적인 교수·학습 특성과의 괴리가 심화되었기 때문이다. 로빈슨(Robinson, 2011)에 따르면, 정책 입안자들은 교육과정과 평가에 대해서는 강력한 통제를 행사하면서도, 교수법에 대해서는 상대적으로 교사들에게 더 많은 재량권을 남겨 두었다고 한다. 한편, 강도 높은 규제와 통제하에서도 개별화가 성과를 높이려는 전략의 일환으로 활용되었다(DCSF, 2008). 하지만 급변하는 지식 사회의 요구는 예측 불가능하며, 경제적 효과성에 대한 지속적인 압박은 인간 중심의 교육을 위태롭게 한다. 필딩(Fielding, 2007)은 이러한 외부적 개혁이 인간 존재의 위기를 초래한다고 주장한다. 성과 중심 체제에서 강조하는 개별화는 사실상 군사적 혹은 기업적 목표 설정과 다를 바 없는 방식으로 이루어지고 있다고 비판한다. 성과주의는 학교 조직과 개별 교사들에게 지속적인 압박을 가하면서 신뢰를 약화시킨다(Ranson, 2008). 이는 대중과 정부가 교사를 신뢰하지 않게 만들고, 교사들 역시 정부를 신뢰하지 않게 되는 악순환을 불러일으킨다. 이러한 상황에서 추진되는 개혁은 근본적으로 취약할 수밖에 없다. 외적인 지표에만 집중하는 시스템은 교육의 사회적 성과도 왜곡하기 마련이다. 군터(Gunter)는 학교가 기계가 아닌 과정 중심의 구조임을 강조하며, 이를 기계처럼 통제하려 들면 전문가들은 끊임없이 반복되는 업무와 극심한 스트레스에 시달리고, 이는 아이들의 교육에까지 부정적인 영향을 미친다고 설명한다(Wheatley, 1994; Gunter, 1997). 로빈슨(Robinson, 2011, p. 14)은 이것을 더 직접적인 비유로 설명한다.

> 사람들은 흔히 조직이 기계처럼 작동한다고 생각하지만 …… 실제로 인간 조직은 기계와는 전혀 다르다. 오히려 생물체에 가깝다. 생물체는 어떤 환경에서는 성장하고 번성하지만, 다른 환경에서는 시들고 말라버린다. 다양성을 기반으로 번성하는 교육을 획일화하는 방식으로는 학교 교육을 혁신할 수 없다.

이는 정부 정책의 수사나 미디어가 선호하는 이분법적 이데올로기(전통적/진보적, 사실적/창의적, 강의식/구성주의적, 교사 주도/학생 중심, 개별주의/협력주의, 좋은 교육/나쁜 교육 등)에서 벗어나야 한다는 주장과 맥락을 같이한다. 앞서 언급했듯이, 효과성에 기반한 정책 덕분이 아니라 오히려 정책의 한계를 뛰어넘을 때 성과가 향상될 수 있다는 관점도 있다(Fielding, 2007). 웨스트-번햄(West-Burnham, 2009, p. 19) 또한 학교가 이러한 획일적 시스템에도 불구하고, 학생들에게 안정감, 안전, 희망을 제공하여 이들의 삶을 더 나은 방향으로 변화시켜 왔다고 강조한다.

7. 학교 혁신 역량

하그리브스(Hargreaves, 2001)가 제안한 학교 효과성과 혁신을 위한 자본 이론은 학교 효과성을 추구하는 방법론적 · 정치적 접근과 학교 혁신 과정을 이해하는 데 필요한 이론적 연결고리를 제공한다. 여기에서 학교 효과성은 지식을 창출하고 전수하는 지적 성과 그리고 신뢰 및 협업(전문적 네트워크 등)에 기반한 도덕적 성과를 모두 창출해 낼 수 있는 능력을 의미한다. 하그리브스(Hargreaves, 2001)는 학업 성과가 주로 학업적 지식의 결과물로 축소되어 온 사실을 지적하면서, 인지적 성과(학업적, 성과 중심적)와 시민성을 함양하는 도덕적 성과 및 덕목의 균형이 얼마나 중요한지를 강조한다. 제1장에서 논의했듯이, 학교 혁신이란 이러한 인지적 · 도덕적 성과의 질을 높이는 과정으로, 이는 고정된 효과성 상태가 아니라 역동적인 변화 과정이다. 학교 혁신 역량, 즉 변화를 성공적으로 이끌어 갈 수 있는 능력은 전문가들의 근무 환경 여건과 그들이 변화에 기여할 수 있는 역량을 어느 정도 갖추고 있는지 간의 상호작용에 달려 있다(Priestley et al., 2015). 따라서 역량 개발은 구성원과 조직 환경 간의 생태학적 관계를 반드시 고려해야 한다(MacBeath et al., 2018). 하그리브스(Hargreaves, 2001)는 학교 효과성을 정의할 때, 역량을 별도로 구분하기보다 학교 효과성 개념 안에 역량을 내재화하는 편이 더 타당하다고 주장한다. 여기에는 이른바 지렛대 개념이 적용되며, 이는 교사들이 변화에 투입하는 에너지(input)를 산출(output)의 질과 양에 비유하여 설명하는 것이다. 만약 교사나 학교가 이 지렛대를 효과적으로 관리하지 못하면 학교 혁신이 저해될 수 있음을 보여 준다(Hargreaves, 2001). 이 논의에서 핵심 개념인 자본(capital)은 학교 혁신 역량의 기반이 되는 주요 자원이다.

세르지오바니(Habermas, 1987: Sergiovanni, 2000에서 재인용)는 학교 안에서 물질적 자본과 문화적 자본이 서로 다른 방식으로 재생산되는 두 가지 순환 과정을 제시한다. 시스템세계에서 이루어지는 물질적 재생산 과정은 관리 및 재정 자본을 발전시켜 물질적 자본의 형성에 기여한다. 반면, 생활세계 내에서 일어나는 문화적 재생산 과정은 지적 및 사회적 자본을 포함하는 인적 자본(human capital)을 형성한다. 이렇듯 학교라는 조직의 관리 · 조직 자본으로 대표되는 시스템세계는 문화적 자본으로 대표되는 생활세계에 의해 균형을 이루며, 이 두 요소가 적절히 조화를 이루어야 한다. 이처럼 이 두 세계의 상호작용이 학교 운영에 중요한 영향을 미치며, 이 둘 간의 순환적 관계는 [그림 2-1]과 같이 도식화할 수 있다.

하그리브스(Hargreaves, 2001)에 따르면, 학교 혁신의 과정에서 사회적 자본(즉, 신뢰 구축과 직업적 측면에서의 전문적 네트워크 형성)은 지식

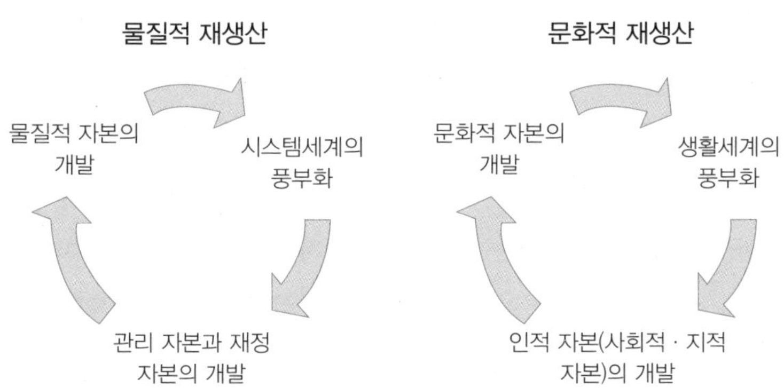

[그림 2-1] **물질적 재생산과 문화적 재생산의 순환**

창출과 전수 과정을 원활하게 하는 윤활제 역할을 하며, 이는 궁극적으로 지적 자본을 형성하는 데 기여한다. 이는 곧 교사들이 자신의 가치관을 내면화하고 전문적 정체성에 의미를 부여하는 데 필수적인 자원인 문화적 자본의 발달로 이어진다. 시스템세계와 생활세계 모두 중요한 가치를 지니며 상호 보완적으로 균형을 이루어야 한다. 그러나 세르지오바니(Sergiovanni, 2000)는 생활세계가 시스템세계를 이끄는 주된 동력 혹은 토대가 되어야 한다고 주장한다. 다시 말해, 학교 조직의 구조, 과정, 정책에 대한 의사결정이 학교가 지향하는 목적과 가치에서 비롯되어야 하며, 단순히 외부에서 일방적으로 강제되어서는 안 된다는 뜻이다. 이는 기업적 자본은 잘못된 변화의 동인인 반면, 사회적 자본이야말로 올바른 변화를 이끄는 동인이 되어야 한다는 하그리브스와 풀란(Hargreaves & Fullan, 2012)의 주장과 맥락을 같이한다.

8. 교육 현장에서의 증거와 경험

교육 개혁을 위한 기술적 해법이 생산성을 높이기 위한 인적 자본 증대라는 개념에 기반할 때, 대규모 실험 결과에 근거한 증거 기반 실천에 대한 강조가 두드러진다. 이는 학생의 학업성취 향상을 위한 최적의 방법을 찾고, 이를 확산시키려는 시도이다. 그러나 이러한 접근 방식에 대해 무조건적인 신뢰보다는 신중한 해석이 요구된다(Durant, 2016). 특히 단순한 인과관계로 보이는 연구 결과일지라도, 학습이라는 비선형적(non-linear) 과정이 이루어지는 실제 교육 현장에 그대로 적용할 수 없다는 한계가 존재한다(Day, 2017). 정책 입안자뿐만 아니라 교사들 역시 이러한 연구 결과가 갖는 한계를 명확하게 인식해야 할 필요가 있다. 하그리브스와 풀란(Hargreaves & Fullan, 2012)이 언급했듯이, 연구 결과를 교육 현장에 적용할 때에는 여러 가지 주의해야 할 점이 있다. 예컨대, 연구 결과가 특정 정치적 목적이나 이해관계에 따라 선별적으로 적용하거나 해석될 가능성, 변화 과정 자체보다 결과에만 집중하는 경향, 충분한 자원과 지원이 있었던 소규모 연구 프로젝트의 성공 사례를 그대로 대규모 개혁으로 확장하기 어려운 현실, 연구보다 교사의 경험과 교육 활동 과정이 중요한 역할을 한다는 점을 간과하는 문제 등이 대표적이다. 이처럼 특정 연구 결과가 효과적이라고 여겨진다 해도, 실제 교실 현장에서는 별다른 효과를 내지 못할 수 있다(Durant, 2016).

물론 학교 현장에서는 '과학을 어떻게 잘 가르치는가'나 '형성평가를 어떻게 도입하는가'처럼 연구 기반 접근에 관심을 가져야 하는 것은 분명하다. 그러나 교육의 본질은 단순한 기술적 접근을 넘어서는 문제이다. 교사들에게 있어 교육적 실천이란 단순히 증거 기반 연구에서 제시된 교과 지침을 그대로 따라가는 것보다 훨씬 복잡한 과정이다. 따라서 거시적(macro) 규모의 연구 근거에만 의존하기보다는 학교 조직의 구조와 문화 그리고 조직 내・외부의 동향을 양적 차원과 질적 차원에서 함께 파악하는 중간(meso) 규모 정도의 연구에 대한 이해가 필요하다. 또한 학교 현장에서는 단순한 학업성취를 넘어 사회 정의와 형평성 그리고 인간적 성장에 대한 기대가 실제로 구현되어야 한다. 이는 정량화하기 쉽지 않은 깊이 있는 즐거움, 창의성, 몰입, 적극적인 참여와 상호작용과 같은 측면과 직결된다(Csikszentmihalyi, 2008). 교실에서 실제로 그 경험이 이루어졌을 때만 분명히 드러나는 이러한 요소들은 사전에 계획하거나 매뉴얼로 고정하기 어려운 특성을 지닌다. 교사의 실제 수업은 공식이나 절차적 지침을 따르는 것이 아니라, 오케스트라의 지휘자처럼 즉흥성, 세련된 감각, 재치, 유머 감각, 관계 형성, 리듬과 타이

밍, 공감 등 직관적인 능력과 기술을 조율하는 과정에 가깝다(Maingay, 2000; Saunders, 2002, pp. 12-13). 또한 필요할 땐 유연하면서도 경계가 필요한 순간엔 단호해지는 맥락에 맞춘 역할 수행, 맥락에 따른 나를 보여 줄 수 있어야 한다. 이처럼 교육 활동에는 정량화하거나 일률적으로 규정하기 어려운 감각, 감성 지능과 같은 것에 대한 이해가 필요하다. 따라서 거시적(macro) · 중간적(meso) 규모의 연구 결과(근거)는 교사들이 실제로 접하는 미시적(micro) 경험(교사 개인이 교육 활동 중 맞닥뜨리는 세밀하고도 특수한 경험)과 결합하여 이해해야 한다. 이는 교육 활동의 세부 맥락과 특수성을 반영하는 핵심이며, 이러한 다층적인 상호 보완적 분석 범위와 근거의 수준을 〈표 2-1〉에 제시하였다.

앞의 제1장에서도 언급했듯이, 미시적 규모의 증거는 그 나름의 고유한 타당성을 지닌다. 이는 교사나 학생을 단순히 학교 효과성을 달성하기 위한 자원이나 기제가 아니라, 인간적 참여, 역량 강화 그리고 관계 형성 자체를 학교 혁신의 본질적인 목표로서 인간의 참여와 역량 강화, 관계적 협력을 통해 자신의 잠재력을 발휘하는 주체로 인식된다. 학생과 교사의 생각, 경험, 의견 그리고 바람은 교육 변화를 가능케 하는 근본적인 토대이다. 동시에 우리는 소셜 미디어의 시대에 살고 있다. 교사들은 트위터, 블로그, 유튜브 등으로 전 세계와 연결되어 있으며, 무수히 많은 아이디어, 의견, 사례가 인터넷에 축적된다. 또한 Teachmeet과 같은 행사에서는 교사들이 서로 짧은 팁과 경험담을 공유하는 장도 확산하고 있다. 이러한 환경에서는 어떤 주장이든 면밀한 검토하고, 비판적 사고를 실천하는 태도가 그 어느 때보다 중요하다. 다시 말해, 증거를 맹목적으로 받아들이기보다 교육 활동의 본질과 인간적 가치를 존중하는 균형 잡힌 접근이 필요하다는 것이다.

〈표 2-1〉 근거와 분석의 규모와 수준

거시적 규모	세계적 · 시스템적 수준: 국가 · 국제적 단위	• 국제 비교 연구 데이터(예: PISA, TALIS) • 메타 분석, 무작위 통제 실험(RCT) 효과성 연구 • 문화 · 맥락을 가로지르는 국제 연구
중간적 규모	조직적 수준: 학교 · 교육 기관 단위	• 질적 및 양적 데이터(예: 조직 및 팀 성과 등) • 학교 자체 평가 데이터 • 학교 평가 보고서
미시적 규모	개인적 수준: 개인 · 집단 단위	• 학생들의 학습 결과물 • 학업성취도 평가 데이터 • 실행 연구 • 개별 질적 자료 • 수업 · 교육 현장의 이야기 • 성찰 일지 • 대화 기록 • 필기 메모 등

9. 변혁을 저해하는 요인

학교 혁신이라는 개념의 의미는 시공간적 맥락에 따라 다르게 해석할 수 있으나, 전반적으로는 학교 내 시스템세계의 우위를 강화하는 방향으로 작용해 왔다. 홉킨스와 레이놀즈(Hopkins & Reynolds, 2001, p. 463)에 따르면, 학교 혁신의 제3의 물결이 학생 성과에 더욱 초점을 맞추었다. 학교의 구조적 · 문화적 발전을 고려하되, 교실 수준에서 이루어지는 수업과 교사의 교수 행동에 집중하며, 이를 위해 연구 결과와 최적의 수업 사례를 활용하여 조직 모든 구성원에게 이를 적용 · 확산하는 방식을 택했다고 설명한다. 이는 비에스타(Biesta)가 말하는 교육의 학습화(learnification)를 단적으로 보여 준다(Biesta, 2014). 즉, 학생과 교사를 각각 전문적 지식과 기술을 담는 그릇처럼 객관화하며, 교육의 목적과 내용에 대한 질문을 회피하는 특징을 지닌다. 이처럼 자본과 역량에 대한 이런 담론은 자산과 생산성의 측정에 초점을 맞추는 기계적 분석 모델에 더 가까우며, 지식의 생성, 평가, 재생산을 강조함으로써 기능주의적 목표를 달성하는 일종의 인식론적(epistemological) 강조점을 포함한다. 그러나 비에스타(Biesta, 2016, p. 83)가 제안한 교육의 목적은 지식·기술·태도의 습득, 삶의 방식에 대한 사회화, 책임감과 주도성을 기르는 주체화라는 세 가지 영역의 균형에 있다. 그는 실패가 용인되지 않는 문화 속에서 학업성취에 대한 과도한 강조가 청소년들에게 심각한 심리적이고 사회적인 문제를 유발한다고 지적한다.

학교 혁신의 과정을 사람과 관계의 관점에서 이해하는 것이 중요하다는 점은 여러 연구에서 확인할 수 있으며(Day, 2017; Hopkins & Reynolds, 2001), 이는 현재의 책무성 체제에도 반영되어 있다. 하지만 민주적·분산적·변혁적 리더십 문화를 통해 신뢰를 구축하고 공동체 의식을 함양한다고 할지라도, 그러한 임파워먼트(empowerment)가 실제로는 외부 기준에 부합하는 효과적인 교수·학습을 수행하게 하는 수단으로 여겨지는 경우가 많다. 쉽게 말해, 교사와 학생들은 시키는 대로 잘할 수 있게 권한을 부여받는 상태에 머물기 쉽다(Gunter, 2001). 협업과 공동 리더십과 같은 질적 요소도 결국은 경직된 성과라는 결과를 통해 책임을 요구받기 때문이다. 때로는 정책적 요구로 인해 보다 폭넓은 교육적 성과조차 더 나은 문해력 성취나 학업 능력 제고와 같은 성과 중심의 논리로 포장되는 경우도 많다(Hopkins & Reynolds, 2001). 예를 들어, 창의적 교육과정을 운운하면서도 결과적으로는 문해력 향상 또는 마음챙김 활동을 통해 학업성취를 최대화한다는 식으로 설명하는 경우이다. 물론 실제로 창의성이나 마음챙김이 성과를 높이는 데 도움이 될 수는 있지만, 의도와 동기가 무엇인지가 중요하다.

수십 년간 이어진 교육 개혁 시도 속에서 정작 교육의 목적 자체에 관한 질문은 사실상 사장되어 왔다. 관리주의적 접근에 기반한 학교 혁신 방안은 사회 정의와 민주적 시민성에 대한 헌신을 토대로 열정을 쏟는 교육자들에게 별다른 해답을 주지 못한다(Wrigley, 2009, p. 7). 이러한 흐름 속에서 학교 조직과 교육 시스템이 맞물려 일으키는 복잡한 변화 과정, 사회적 · 정치적 맥락에서의 형평성과 다양성 문제, 특정 학교 현장의 지역적 특수성 등은 습관적으로 간과된다. 한편, 교실 현장에서 벌어지는 세밀한 맥락이나 교사들이 매일 부딪치는 현실적 고민 역시 소홀히 취급된다. 필딩(Fielding, 2011)은 이런 현실을 다음과 같이 제시한다.

> 우리가 역사를 잊거나 교육의 목적을 소외시킨다면, 어딘가로 빨리 갈 수는 있겠지만 정작 가야 할 곳에는 도달하지 못할 것이다.

10. 교육의 본래 목적 되찾기

오늘날의 복잡한 사회적 · 경제적 · 정치적 환경은 학생들이 비판적이고 능동적인 태도를 갖추도록 요구하며, 이는 교사의 적극적 실천과 모범을 통해서만 실현 가능하다. 학생의 주도성, 참여 그리고 목소리는 교육과정에서 중요한 요소이자, 학교 교육이 궁극적으로 달성해야 할 핵심 결과이기도 하다. 지속 가능한 미래를 만들어 가기 위해서는 학교가 학생들이 더 나은 환경을 조성하여 그들의 삶과 학습의 질을 높이는 데 기여할 수 있게 준비시켜야 한다. 이는 기존에 다루어 온 학생들의 웰빙, 자신감, 회복탄력성과 같은 영역을 넘어, 학생들이 자신이 속한 환경에 직접적으로 영향을 미친다. 더 나아가 그러한 영향력을 키울 수 있는 조건을 개선하는 활동을 강조하는 방향으로 확장되어야 한다. 곧 학교 교육은 사회적 변혁과 공동체 발전을 향한 첫걸음이다.

미첼과 새크니(Mitchell & Sackney, 2009)는 학교 혁신의 핵심 전략으로 인식되어 온 전문적 학습공동체(professional learning community)가 지난 20여 년간 기대만큼의 결과를 내지 못했다고 지적한다(Clarke, 2009). 이들의 연구에 따르면, 학습공동체라는 수사가 현실로 구현되는 데 한계가 있으며, 깊이 있고 진정성 있는 학습을 기대했으나 여전히 기존과 같은 방식과 결과로 이어지는 경우가 많다는 것이다. 과거에는 전문적 학습공동체를 통해 근본적인 학교 혁신을 실현할 수 있다고 주장했지만(Mitchell & Sackney, 2000), 최근에는 이러한 개념이 효율과 생산성 중심의 관리주의 틀에 갇혀 본래 의도에서 멀어졌다고 비판한다. 대신, 이들은 교육을 살아 있는 유기적 시스템으로 바라보며, 생태적 관점에서 서로 연결되고 지속 가능한 성장을 중시해야 한다고 주장한다(Clarke, 2009). 그러나 이는 단순히 제도나 구조를 바꾸는 수준을 넘어, 교육의 목적과 과정에 대한 사람들의 가치, 신념, 가정을 근본적으로 재고해야 하는 어려운 과제이다.

스톨(Stoll, 1998)은 정책 입안자, 연구자, 실천가, 교육 개혁자들에게 주목해야 한다고 촉구했던, 학교 혁신의 수면 아래에 존재하는 핵심 영역에 주목해야 한다고 역설한다. 이는 눈에 보이는 지표나 측정 가능한 지표처럼 쉽게 정량화할 수 없는 영역이지만, 조직과 개인의 학습에 지대한 영향을 미친다. 기존의 학교 효과성 논의가 주로 무엇을 아느냐는 인식론적(epistemology) 관점에 치중했다면, 여기서는 '우리는 어떤 존재인가'라는 존재론적(ontology) 측면을 강조한다. 이러한 질문에 답하기 위해서는 단순히 기존 시스템을 약간 조정하거나 새로운 이름을 붙여서 다시 적용하는 방식이 아닌, 말 그대로 새로운 관점으로 사안을 바라보는 진정한 의미의 변혁이 필요하다(Clarke, 2009). 이는 전 지구적 · 국가적 수준의 다양한 변수와 비교 요소에서부터 국가 교육정책을 통한 제도적 개혁, 그리고 학교라는 조직 단위에서의 변화와 역량 구축에 이르기까지 다층적인 수준에서 더 나은 결과를 향한 끊임없는 경쟁을 잠시 내려놓고, 교육과 학교가 지향해야 할 근본적인 목적이 무엇인지 다시 묻는 작업이다. 웨스트-번햄(West-Burnham, 2018)은 이를 다음과 같은 은유로 표현한다.

> 우리는 때때로 애벌레를 키우는 데만 집중한 나머지, 결국 이 애벌레가 나비가 되어야 한다는 사실을 잊게 된다. 애벌레가 더 커지거나 더 튼튼해지는 것 자체가 목적이 아닌데도 말이다. 다시 말해, 변혁이란 기존 체제를 조금 더 효율적으로 만드는 것이 아니라, 완전히 다른 방식으로 접근하고, 더 나은 미래를 위해 새로운 길을 모색하는 것이다.

웨스트-번햄(West-Burnham, 2009)은 우리가 19세기의 지능, 학습, 규율, 발달 개념에 여전히 사로잡힌 채, 한편으로는 이러한 낡은 틀을 깨뜨리려 하면서도 지칠 대로 지쳐서 그냥 변화를 멈추고 싶어 하는 모순적 상태에 놓여 있다고 말한다. 그러나 진정한 변혁이란 기존의 방식을 조금 더 개선해 성과를 높이는 데서 그치는 것이 아닌, 사회의 변화 속도와 흐름에 발맞추어 교육의 형식과 내용 자체를 재구성하는 과정이다. 흥미롭게도 웨스트-번햄(West-Burnham, 2009)은 교육과정이나 교수법이 아니라, 교사 개인의 진정성(integrity)이야말로 학생들에게 가장 큰 영향을 미친다고 주장한다. 그리고 학교가 학생들에게 가장 기억에 남고 의미 있는 순간은 정규 교육과정이 아닌, 비교과 활동이나 교실 주변부에서 일어나는 비공식적 경험에서 비롯되는 경우가 많다고 말한다. 학교 혁신이란 단순히 효율성을 높이기 위한 도구가 아니라, 교육 본연의 목적을 되찾고 학생과 교사 모두가 함께 성장할 수 있는 환경을 만드는 데 목표가 있다. 이는 기존의 제도와 관행을 답습하는 것이 아니라 새로운 시각과 방식으로 교육을 재구성함으로써 끊임없이 변화하는 사회에 올바르게 대응하기 위함이다.

11. 학교 혁신을 위한 새로운 시나리오

미첼과 새크니(Mitchell & Sackney, 2009)가 제시한 대안적 시나리오는 학교처럼 살아 있는 유기적 시스템에 매력적으로 다가온다. 이 관점의 변화란, 이른바 최고의 사례를 실행하는 문제가 아니라, 의미 있는 교란(meaningful disturbances)이 개인을 행동으로 이끌어 조직의 공동의 이익을 향해 나아가는 과정이다. 이것이 바로 여러 개혁의 시도나 정책적 변화가 제대로 성과를 내지 못하는 데서 비롯되는 실망감과 환멸을 설명하는 근거가 될 수 있다. 중요한 것은 어떤 개혁 정책의 성공 또는 실패여부가 아니다. 또한 학교의 구조를 재편하거나 문화를 바꾸는 재문화화의 문제도 아니다. 오히려 핵심은 사람들이 어떤 결정을 내리고, 무엇을 실천하며, 세상을 더 의미 있게 이해할 수 있도록 만들어 가느냐에 있다. 다시 말해, 사람들은 서로 이야기를 나누고, 그다음에 무언가를 실천한다는 것이다(Clarke, 2009). 이는 지역 수준에서 민주적 방식으로 이루어지는 방해를 통한 개입으로 이뤄진다(Hannon, 2009). 교사들은 교육정책이나 내부 요구에 대응하면서 동시에 교육 변화의 주체로서 자신의 역할과 정체성을 새롭게 정립할 수 있는 것이다.

교사와 학생들이 단순히 환경에 적응하며 살아가는 게 아닌 자신의 교육적 상황과 환경을 직접 구성해 나간다는 점에서 기존의 인간 중심 학습(Fielding, 2007)을 넘어선 새로운 순환 과정이다. 이는 개인적·대인 관계적 역량을 키워 나가는 과정으로, 기든스(Giddens, 1984)가 제시한 구조화(structuration) 이론과 연결된다. 다시 말해, 사람이 단순히 시스템 속에서 살아가는 것이 아니라, 개인과 공동선을 위해 자기 영향력을 행사하며 능동적으로 변화를 만들어 내는 것을 의미한다. 이 순환 과정은 앞에서 제시한 물질적 자본과 문화적 자본의 재생산([그림 2-1] 참조)에 덧붙여, 사람들이 환경을 구성하면서 역량을 키워 가는 또 다른 차원을 보여 준다([그림 2-2] 참조).

생활세계(lifeworld)에서 문화적 자본이 인간 자본을 통해 재생산된다는 기존의 관점과는 다르다. 구조화 과정에서는 사람 자체가 변화의 목적이자 수단이 되며, 개인이 주체적 의사결정권자로서 자신과 타인의 삶에 영향을 미치도록 역량을 키워 나간다. 즉, 교사와 학생들은 자신의 가치와 신념에 따라 비판적이고 능동적으로 변화를 주도한다(Frost et al., 2000). 이러한 변화 과정에서 주도성과 리더십은 깊이 연관되어 있지만, 두 개념을 동일시해서는 안 된다. 교사들은 단순히 정책에 따라 움직이는 것이 아니라, 자신의 전문 지식과 경험에서 비롯된 관심사와 교육적 가치에 기반하여 보다 진정성 있는 방식으로 영향력을 행사할 수 있다(Durant & Holden, 2006).

이는 공식적 리더십이든, 그렇지 않은 비공식적 리더십이든, 공식 직위가 있는 리더든 아니든 교사 개인이 자신의 주도성을 통해 교육적 목표를 달성할 수 있다는 의미이다. 풀란(Fullan, 1994)은 이러한 상향식(bottom-up) 개혁과 하향식(top-down) 변화 사이의 균형을 유지하는 방식을 강조했으며, 이는 중앙집권식과 분산적 개혁을 대조한 실증적 연구의 결과이다. 중요한 점은 이 순환이 단순히 기존 체제를 더 잘 작동

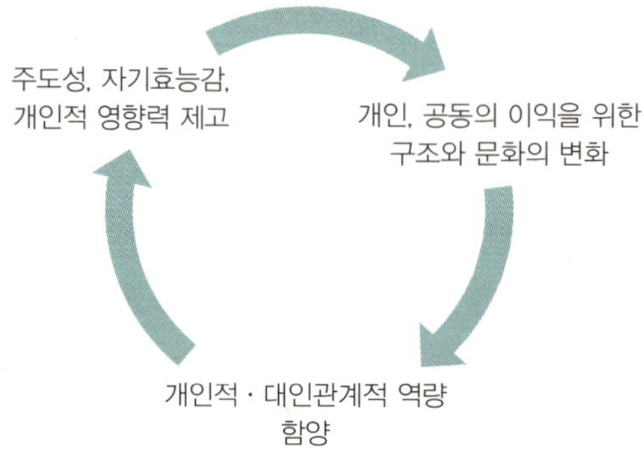

[그림 2-2] **주체적 재생산에 의한 순환 구조**

시키는 것을 넘어, 구성원들이 스스로 환경을 형성하고 변화시킬 수 있는 기회를 제공하여 조직 전체가 변혁적 동력을 갖게 한다는 것이다. 즉, 변화란 단순히 기존 방식을 개선하는 것이 아니라 새로운 교육 환경을 창조하는 과정이어야 한다.

이 순환 과정이 어느 정도 발전되고 유지될 수 있는지는 교사에게 일반적으로 기대되는 전문성과 개인이 지닌 신념과 가치관에 기반한 전문적 정체성이라는 두 가지 측면에 달려 있다. 이는 교사 개인의 배경과 전문적 경험에 영향을 받고(Beijaard et al., 2004), 나아가 조직과 시스템의 맥락과 리더십 문화 등의 직접적인 환경에 의해 크게 좌우된다. 이러한 맥락은 이후 장에서 구체적으로 살펴볼 것이다.

이 새로운 시나리오는 변화의 과정만이 아니라 변화의 목적 또한 새롭게 정의한다. 따라서 이러한 관점이 교사들의 인식과 경험에 얼마나 부합하는지 검토할 필요가 있다. 이 접근법은 단순히 지식의 창출 · 전수하는 차원을 넘어, 구성원들이 변화를 얼마나 의미 있게 이해하고 해석하느냐에 중점을 둔다(Mitchell & Sackney, 2009; Sergiovanni, 2000). 여기서 학교 혁신을 위한 역량은 구성원들이 이 의미 형성에 얼마나 적극적으로 참여하고, 조직의 성장을 지속적으로 추구하여 공동체 전체에 상호 이익이 되도록 기여할 수 있느냐에 달려 있다. 이는 획일적인 개선이라는 명분에 맞춰 따르기보다는 개개인의 도덕적 목적과 창의성 그리고 주도성을 인정하고 지원하는 데서 비롯된다. 물론 이러한 과정은 사회적 맥락 속에서 관계 맺음을 통해 구현된다. 다음 장에서는 이러한 관점이 교직 전문성과 교사 역할에 어떤 함의를 갖는지 좀 더 구체적으로 살펴본다.

성찰 질문

- '학교 혁신'이란 말은 일반적으로 어떤 의미로 사용되는가? 그리고 그것은 실제로 어떤 의미여야 하는가?
- 지금 맡고 있는 역할과 책임에서 잠시 벗어난다면, 새롭게 던져 보고 싶은 질문은 무엇인가?
- 최근에 당신에게 가장 큰 용기와 영감을 주었던 사건, 시도 또는 프로젝트는 무엇이었는가? 그리고 그것이 특별한 인상을 남긴 이유는 무엇인가?
- 교육과 관련하여 무엇을 바꾸고 싶은가? 그리고 실제로 당신이 바꿀 수 있는 것은 무엇이며, 바꿀 수 없는 것은 무엇인가?

참고문헌

Apple, M. W. (1995). *Education and Power*. (2nd edn.) New York: Routledge.

Ball, S. J. (2001). 'Labour, leaming and the economy: a 'policy sociology' perspective', In Fielding, M. (Ed.), *Taking Education Really Seriously: Four Years' Hard Labour*. London: FalmerRoutledge.

Ball, S. J. (2003). 'The teacher's soul and the terrors of performativity',

Journal of Educational Policy, 18(2), 215-228

Ball, S. J. (2016). 'Neoliberal education? Confronting the slouching beast', *Policy Futures in Education, 14*(8), 1046-1059.

Bangs, J., MacBeath, J., & Galton, M. (2011). *Reinventing Schools, Reinventing Teachers*. London: Routledge.

Barber, M. (1997). *The Learning Game: Arguments for an Education Revolution*. London: Indigo.

Barth, R. (1990). *Improving Schools from Within*. San Francisco: Jossey Bass.

Bascia, N., & Hargreaves, A. (Eds.). (2000). *The Sharp Edge of Educational Change*. London: Routledge/Falmer Press.

Beijaard, D., Meijer, P., & Verloop, N. (2004). 'Reconsidering research on teachers' professional identity', *Teaching and Teacher Education*, 20, 107-128.

Biesta, G. (2014). *The Beautiful Risk of Education*. London: Paradigm Publishers.

Biesta, G. (2016). 'Good education and the teacher: reclaiming educational profesionalion', In Evers, J., & Kneyber, R., *Flip the System: Changing Education from the Ground Up*. London: Routledge, pp. 79-90.

Carnoy, M., & Castells, M. (2001). Globalization, the knowledge society, and the Network State: Poulantzas at the millennium', *Global Networks, 1*(1), 1-18.

Clarke, P. (2009). *Sustainability and improvement: a problem of and for education; Improving Schools, 12*(1), 11-17.

Coffey, A. (2001). *Education and Social Change*. Maidenhead: Open University.

Creative Partnerships (2008). Available at: http://www.creative-partnerships.com/ (accessed 2008).

Csikszentmihalyi, M. (2008). *Flow: the Psychology of Optimal Experience*.

London: Harper Colins.

Day, C. (2017). *Teachers' Worlds and Work: Understanding Complexity, Building Quality*. London: Routledge.

Day, C., Kington, A., Stobart, G., & Sammons, P. (2006). 'The personal and professional selves of teachers: stable and unstable identities', *British Educational Research Journal, 32*(4), 601-616.

DCSF (2008). 'Personalised learning: a guide. Publication reference DCSF-00844-02008. Available at: https://www.education.gov.uk/publications/standard/_arc_SOP/Page9/DCSF-00844-2008 (accessed 2011).

DCSF (2009). 'Your child, your schools, our future: building a 21st century schools system' Department for Children, Families and Schools White Paper. London: DCSF. Available at http://www.dcsf.gov.uk/21stcenturyschoolssystem/ (accessed 2009).

DCSF (2010). *National Challenge website*. Available at: http://www.dcsf.gov.uk/nationalchallenge/ (accessed 2010).

DfE (2010). 'The importance of teaching: the schools white paper 2010'. Available at: https://www.education.gov.uk/publications (accessed 2011).

DfE (2011). 'Building schools for the future. Available at: http://www.education.gov.uk/schools/adminandfinance/schoolscapital/funding/bsf (accessed 2011).

Durant, J. (2016). 'What is evidence-based practice, and why does it matter?', In Austin, R. (Ed.). *Researching Primary Education*. London: Sage, pp. 9-24.

Durant, J., & Holden, G. (2006). *Teachers Leading Change: Doing Research for School Improvement*. London: Paul Chapman.

Every Child Matters (2010). *Every Child Matters: Change for Children*. Available at: http://everychildmatters.gov.uk (accessed 2010).

Fielding, M. (2006). 'Leadership, personalization and high performance schooling: naming the new totalitarianism', *School Leadership and Management, 26*(4), 347-369.

Fielding, M. (2007). 'Community, philosophy and educational policy: against effectiveness ideology and the immiseration of contemporary schooling', In Ball, S. J., Goodson, I. F., & Maguire, M. (Eds.), *Education, Globalisation and New Times*. London: Routledge, pp. 183-204.

Fielding, M. (2011). University of London Institute of Education: Professor Michael Fielding. Available at: http://www.ioe.ac.uk/staff/EFPS/EFPS_30.html (accessed 2011).

Fink, D. (2000). *Good Schools/Real Schools: Why School Reform Doesn't Last*. New York/ London: Teachers College Press.

Frost, D., Durant, J., Head, M., & Holden, G. (2000). *Teacher-Led School Improvement*. London: RoutledgeFalmer.

Fullan, M. (1994). 'Coordinating top-down and bottom-up strategies for educational reform. systemic reform: perspectives on personalizing education'. Available at: http://www.michaelfullan.com/media/13396035630.pdf (accessed 2012).

Galton, M., & MacBeath, J. (2008). *Teachers Under Pressure*. London: Sage/National Union of Teachers.

Giddens, A. (1984). *The Constitution of Society: Outline of the Theory of Structuration*. Cam-bridge: Polity Press.

Gunter, H. (1997). 'Chaotic reflexivity', In Fullan, M. (Ed.), *The Challenge of School Change*. Arlington Heights, IL: Skylight Professional Development, pp. 87-114.

Gunter, H. (2001). *Leaders and Leadership in Education*. London: Sage.

Hannon, V. (2009). 'Innovative systems: an international perspective.' Keynote address, *International Congress for School Effectiveness and School Improvement*, Vancouver, BC, Canada, January.

Hargreaves, A. (2003). 'Professional learning communities and performance training sects: the emerging apartheid of school improvement', In Harris, A., Day, C., Hopkins, D., Had-field, M., Hargreaves, A., & Chapman, C. (Eds.), *Effective Leadership for School Improvement*. London: RoutledgeFalmer, pp. 180-195.

Hargreaves, A., & Evans, R. (1997). *Beyond Educational Reform: Bringing Teachers Back In*. Maidenhead: Open University Press.

Hargreaves, A., & Fullan, M. (2012). *Professional Capital: Transforming Teaching In Every School*. New York and London: Teachers College Press / Toronto, Canada: Ontario Principals' Council.

Hargreaves, A., & Shirley, D. (2009). *The Fourth Way*. Thousand Oaks, CA: Corwin Press.

Hargreaves, A., Earl, L. Moore, S., & Manning, S. (2001). *Learning to Change: Teaching Beyond Subjects and Standards*. San Francisco: Jossey Bass.

Hargreaves, D. H. (2001). 'A capital theory of school effectiveness and improvement', *British Educational Research Journal, 27*(4), 487-503.

Hopkins, D., & Reynolds, D. (2001). 'The past, present and future of school improvement: towards the third Age', *British Educational Research Joumal, 27*(4). 459-476.

Lingard, B. (2009). 'Pedagogizing teacher professional identities', In Gewitz, S., Mahony, P., Hextall, I., & Gibb, A. (Eds.), *Changing Teacher Professionalism: International Trends, Challenges and Ways Forward*. Oxford: Routledge. Ch. 7.

MacBeath, J., Dempster, N., Frost, D., Johnson, G., & Swaffield, S. (2018). *Strengthening the Connections between Leadership and Learning: Challenges to Policy, School and Classroom Practice*. London: Routledge.

MacBeath, J., Gray, J., Cullen, J., Frost, D., Steward, S., & Swaffield, S.

(2006). *Schools on the Edge: Responding to Challenging Circumstances*. London: Sage.

Mitchell, C., & Sackney, L. (2000). *Profound Improvement: Building Capacity for a Learning Community*. Lisse, The Netherlands: Swets and Zeitlinger.

Mitchell, C., & Sackney, L. (2009). *Sustainable Improvement: Building Learning Communities that Endure*. Rotterdam, NIL: Sense Publishers.

Morley, L. (2008). 'The micropolitics of professionalism: power and collective identities in higher education', In Cunningham, B. (Ed.), *Exploring Professionalism*. Bedford Way Papers (33). London: Institute of Education, University of London Publications, pp. 99-120.

Partnerships for Schools (2011). website. Available at: http://www.partnershipsforschools.org.uk/ (accessed 2011).

Price, D. (2010). 'BBC's excluded school drama in true portrayal shock', Innovation Unit website. Available at: http://innovationunit.org/blog/201009/bbcs-excluded-school-drama-true-portrayal-shock (accessed 2011).

Priestley, M., Biesta, G., & Robinson, S. (2015). *Teacher Agency: An Ecological Approach*. London: Bloomsbury.

Priestley, M., Miller, K., Barrett, L., & Wallace, C. (2011). 'Teacher learning communities and educational change in Scotland: the Highland experience', *British Educational Research Journal, 37*(2), 265-284.

Ranson, S. (2008). 'The changing governance of education', *Educational Management Administration and Leadership, 36*(2), 201-219.

Robinson, K. (2011). 'Profile: creative thinking. *Report: Journal of the Association of Teachers and Lecturers, 6*, 14-15.

Sachar, L. (2000). *Holes*. London: Bloomsbury.

Sahlberg, P. (2016). 'Finnish schools and the global education reform movement', In Evers, J., & Kneyber, R. (Eds.), *Flip the System:*

Changing Education from the Ground Up. London: Routledge, pp. 162-174.

Saunders, L. (2002). 'What is research good for? Supporting integrity, intuition and improvisation in teaching', *The Enquirer, Summer*, 5-22. Canterbury: Canterbury Christ Church University.

Sergiovanni, T. (2000). *The Lifeworld of Leadership: Creating Culture, Community and Personal Meaning in our Schools*. San Francisco: Jossey Bass.

Stoll, L. (1998). 'School culture'. *School Improvement Network Bulletin*, 9, Autumn. London: University of London Institute of Education.

Times Educational Supplement (2010). 'Outstanding school is a national challenge failure, *Times Educational Supplement*, 28 May. Available at: http://www.tes.co.uk/article.aspx?storycode=6045164 (accessed 2010).

Warren-Little, J. (1997). "Teachers' professional development in a climate of educational reform', in Fullan, M. (Ed.). *The Challenge of School Change*. Arlington Heights, IL: Skylight Professional Development, pp. 137-178.

West-Burnham, J. (2009). *Rethinking Educational Leadership: From Improvement to Transforma-tion*. New York: Bloomsbury.

West-Burnham, J. (2018). *Seven Propositions about Educational Leadership*. Available from http://www. johnwest-burnham. co. uk/ index. php/seven-propositions-about-educationa1-leadership (accessed 2018).

Whitty, G. (2006). 'Teacher professionalism in a new era. Paper presented at General Teaching Council for Northern Ireland Annual Lecture, Belfast, March.

Wrigley, T. (2009). 'The state of England's schools: critical voices. Editorial, *Improving Schools, 12*(1), 3-9.

제 3 장

전문성 개발, 정체성 그리고 주도성

> 이 장에서는 학교 혁신의 과정에서 교사가 수행하는 역할을 실제 교육 현장의 관점에서 다루고자 한다. 특히 교사와 교육 전문가들이 학교라는 위계적이고 관리 중심적 조직 내에서 성과 중심 체제에 의해 영향을 받으면서도 어떤 방식으로 자신들의 전문적 환경을 조정하고 해석하는지에 주목한다. 교육의 목적과 과정이 불확실한 사회적 · 정치적 맥락에서 전문성(professionalism)이란 개념은 끊임없이 논쟁적이며, 그것이 교사 개인에게 구현되는 모습(professionality)에 대한 논의는 더욱 중요해진다. 이런 맥락에서, 클라크(Clarke, 2000)가 제시한 '교육 현장의 열정과 현실적 위기를 어떻게 직관과 통찰력으로 조화시킬 것인가?' '교사와 교육 전문가들은 교육의 변화를 위해 어떤 역할을 하며, 그 변화의 방향을 결정하는 과정에서 그들의 목소리는 얼마나 반영되는가?'라는 질문이 떠오른다.

1. 학교 혁신의 중심에 교사를 두기

오늘날 교직 세계가 더욱 불안정해짐(Lunt, 2008)에 따라, 학교 변화에 있어 교사의 역할은 여러 관점에서 중요하게 거론된다. 커닝햄(Cunningham, 2008)과 동료 연구자들은 여러 측면에서 교사를 설명한다. 예컨대, 교사를 다학문적 접근을 통해 학습을 전문적으로 안내하는 학습 전문가(Whitty, 2008), 비판적 창조자이자 교육적 기업가(Barnett, 2008), 동시에 정책 변화에 적극적으로 대응하며 개혁의 주체(Ball, 2008)이자 창의적 역량을 갖춘 전문가(Power, 2008)로 묘사한다. 반면, 교사의 전문성이 부족하다고 규정하고, 이를 처방적 접근을 통해 보완해야 한다고 보는 결정론적 시각도 있다. 이는 흔히 통제와 억압을 강조하며, 교사의 직업적 여건 자체를 문제 삼아 교사를 쉽게 피해자로 위치시킨다는 비판이 제기된다(Power, 2008). 이와 달리, 하그리브스와 풀란(Hargreaves & Fullan, 2012)은 교사의 질에만 집착하는 방식이 학교 혁신에 실질적인 도움이 되지 않는다고 말한다. 이는 마치 잃어버린 열쇠가 어둠 속에 있는데도 가로등 아래만 찾아보는 것과 같아서, 겉으로는 쉬워 보이지만 근본적으로는 문제 해결에 큰 도움이 되지 않는다는 것이다. 이에 대한 대안으로 제시되는 것이 교사 리더십이다. 여기서 좋은 교사란 자신의 주도성, 주체성, 자기효능감을 키워 나갈 수 있는 존재로 정의한다(Galton & MacBeath, 2008). 이는 교사가 학생들의 학습 경험과 성과에 긍정적인 변화를 일으키고자 하는 의지를 지니는 동시에 학교 혁신이라는 조직 및 정책적 지향과 연결되어야 함을 강조한다.

교사는 학생들의 학습과 민주적 경험을 위해 헌신하는 잠재적 행동가로서(Sachs, 2003a) 교육 변화를 선도하는 최전선에 서 있다(Bascia & Hargreaves, 2000). 다만 행동가라는 표현이 격렬한 저항이나 급진적인 시위를 떠올리게 하지만, 실제 교사들이 수행하는 변화는 작고 점진적인 실천의 연속이다. 이는 주도성이 전문적 정체성의 핵심으로 통합되는 변화된 의식의 흐름에 응답하는 것이다. 이러한 주도성이 특정 개인이나 장소에 국한되지 않고 널리 확산되기 위해서는 교사 스스로가 개혁을 주도하는 집단적 변혁(collective transformation)이 필요하다

(Hargreaves & Fullan, 2012). 이는 기존의 교육정책이나 학교의 구조 및 리더십 방식에 대해 비판적으로 문제를 제기함으로써, 교사들이 변화를 직접 이끌어 내는 과정을 의미한다. 흔히 '교사 전문성 개발'은 교사가 수동적으로 역량과 기준에 맞춰 평가받거나, 개혁을 기술적으로 실행하도록 훈련받는 과정으로 간주되어 왔다. 이런 맥락에서 교사는 받아들이고 따라야 할 대상으로 보았다. 그러나 이 장에서는 전문성 개발을 새로운 시각으로 바라보고자 한다. 즉, 교사가 주도성을 발휘하여 자신의 전문성을 강화하고, 개별적으로나 협력적으로 자신의 영향력을 발휘하여 원하는 교육 비전을 실현할 수 있는 전문적 교육 환경을 조성해 나가는 과정으로 재개념화하고자 한다.

2. 새로운 전문성, 여전히 낡은 틀에 갇혀 있나

2003년 영국 정부는 신 전문성(new professional)을 교사의 전문 기준, 성과관리, 지속적 전문성 개발(CPP), 신규교사 연수 체계에 관한 것으로 정의했다(Walker et al., 2011). 정부의 지원을 받아 실시된 평가 결과(응답률 20% 기준)에 따르면, 대다수 학교가 이 기준을 충실히 실행하고 있으며, 이를 교수 · 학습의 질 및 학업 성취 기준과 연결 짓고 있는 것으로 나타났다(Walker et al., 2011). 여기서 전문성은 사실상 정부가 설정한 책무성 기준에 따라 정의되고 평가되는 일종의 자기충족적 순환체계로 기능하고 있었다. 그러나 서로 다른 정치적 성향의 정부들이 연이어 들어서면서도, 교사 전문성을 위한 일관된 국가 전략이 부재했다는 사실은 영국 정치인들과 정책 입안자들 스스로도 인정한 바 있다. 뱅스 등(Bangs et al., 2011)은 이러한 점에서 OECD의 교수 · 학습 국제조사

(Teaching and Learning International Survey: TALIS)[1] 연구(OECD, 2009)와 영국 정부의 태도를 대조하여, 전문성 개발을 교사의 자기효능감, 자신감, 자존감 향상과 연계한 방식이 필요함을 역설한다.

교사 전문성은 그 정의가 쉽지 않음에도 불구하고, 개념을 명료화하고자 하는 시도는 가치 있는 일이다. 에반스(Evans, 1999, p. 39)가 제시한 정의가 그 출발점이 될 수 있다. 에반스는 전문성이란, 한 개인이 자신의 직업적 실천과 관련하여 갖는 이념적 · 태도적 · 지적 · 인식론적 기반의 입장이라고 하였다. 이 정의는 전문성을 실천 그 자체가 아니라, 그것에 영향을 미치는 개별적 신념 체계로 간주함으로써 개념적 구분을 명확히 한다. 교육 분야에서 전문성에 대한 역사적 시각을 검토한 크룩(Crook, 2008, p. 16)과 하그리스브 및 풀란(Hargreaves & Fullan, 2012)은 전문성의 결정적 특징을 다음과 같이 제시한다.

- 고도의 지적 요소를 포함하는 확장적이고 체계적인 사전 교육 및 지속적인 전문적 학습을 통한 교사의 역량과 질 유지
- 규범과 윤리 강령 준수
- 개인적 보상보다 타인과 공동체를 위한 봉사를 우선시함
- 높은 수준의 개인적 성실성 및 도덕성
- 자율적이고 전문적인 판단 능력
- 복잡한 문제를 협력적으로 해결하는 능력

1) (역자 주) TALIS(Teaching and Learning International Survey): OECD에서 수행 중인 교수 · 학습 국제조사로서, 세계 주요국의 교원과 교직 환경에 대한 비교 · 분석 자료를 바탕으로 효과적인 교원 정책을 수립하고 교육체제를 개선하려는 목적으로 추진되고 있는 대규모 조사임. TALIS 2008을 시작으로 5년 주기로 실시되고 있으며, 우리나라는 지난 조사에 모두 참여하였고, 3주기 조사인 TALIS 2018에서는 중학교와 초등학교 교원으로 조사 대상을 확장하여 참여함.

교육 분야에서 전문성(professionalism)의 본질과 그 개인적 구현 형태(professionality)를 둘러싼 담론은 오랜 기간 이어져 왔으며(Evans, 2008; Hoyle, 1975), 이는 개념의 인위성에서 비롯된 측면도 있다. 이러한 논쟁은 다양한 이해와 정의를 낳았고, 크룩(Crook, 2008)은 전문성은 끊임없이 변화하는 현상이라는 것 외에는 일관된 합의가 없다고 결론지었다. 교사에게 부여되는 자율성, 권한, 판단력의 범위에 대한 논쟁은 교사에게 주어진 권한이 교실 안에 한정되는지 혹은 그 범위를 넘어서는지에 관한 문제와 맞물려 있다. 또한 이는 상대적 권력 관계의 문제이기도 하다. 예를 들어, 교육과정, 교수법, 평가 등 교직의 핵심 요소를 결정하는 것이 학교 단위에서 이루어지는지, 국가 차원에서 이루어지는지, 그리고 그 과정에 다양한 이해관계자가 참여할 여지를 허용하는지 등이 쟁점이 된다.

이 연구가 진행되던 시기 영국 신노동당 정부의 정책 설계자들은 교직이 이전 보수당 정부의 무비판적 정책에서 벗어나 증거 기반 실천을 통한 비판적 전문성으로 전환할 필요가 있었다(Barber, 2005). 그러나 휘티(Dainton, 2005: Whitty, 2006에서 재인용)는 이를 지나치게 단순화된 접근이라며, 교사들에게 지식과 기술이 부족하다는 결핍론적 시각을 조장했다고 비판했다. 즉, 교사들은 국가 교육과정을 전달하도록 훈련받고, 외부에서 부과된 성과 기준을 달성해야 한다는 것이다. 호일(Hoyle, 1975)이 제시한 전문성 연속선(professionality continuum)에서 제한된(restricted) 형태는 교사를 교실의 기술자로 보는 반면, 확장된(extended) 모습은 비전, 탐구, 지적 노력을 포함하는 실천에 참여할 것을 강조한다. 그러나 맥베스 등(MacBeath et al., 2018)이 지적하듯, 이는 아직 해결되지 않은 많은 과제를 안고 있다. 호일(Hoyle)이 활동하던 시기는 교사역량 기준(DfE, 2018)과 같은 표준화된 체제가 등장하기 전이었다. 현대적 역량 기반의 교사 기준(DfE, 2018)은 교사를 교실 밖의 광범위한 전문활동에 참여하게 확장시키는 듯 보이지만, 실제로는 규정적이고 제한적인 방식으로 이루어져 호일(Hoyle)이 의도한 바와는 다르게 배치될 수 있다.

더 나아가, 교육 영역을 넘어서는 여러 의제가 교직 현장에 스며들기도 한다. 예를 들어, 영국의 근본적 가치를 준수해야 한다는 교사 의무는 테러 방지 입법에서 비롯된 것이다(Bryan, 2012). 또한 영국 학교 운영위원회(이사회)는 신체적 · 정신적 건강 문제를 가진 모든 아동이 적절한 지원을 받아 건강을 유지할 수 있도록 보장해야 하며(DfE, 2016b), 교사들은 정신 건강 관련 연수를 의무적으로 이수하고있다.

핀란드나 싱가포르처럼 국제비교에서 높은 성과를 내는 국가들이 교사의 지위와 전문성을 중시한다는 점에서, 영국 정부는 세계적 수준의 교육체계로 발전할 수 있는 핵심 요소가 교사 전문성이라고 인식했다(DfE, 2010). 그러나 하그리브스와 풀란(Hargreaves & Fullan, 2012)은 자율성과 자기성찰 없이 위로부터의 통제와 제한된 자원만으로는 그러한 전문성이 실현될 수 없다고 경고한다. 특히 교사를 위한 석사 · 박사 과정 같은 고등교육 투자에 인색하면서, 제한된 전문성 체계를 도입하고 교사들이 연구, 성찰, 협업할 수 있는 시간과 공간에 대한 지원은 없고, 서류 업무만 하라는 것으로는 교사의 지위와 인정이 높아지지 않는다는 것이다.

볼(Ball, 2003, 2016)에 따르면, 교사들은 단순한 감시의 문제가 아니라, 상충되는 가치와 목적 속에서 '나는 지금 제대로 하고 있는가?'라는 근본적 질문에 흔들리게 된다. 이는 교사에게 스트레스와 과도한 업무로 이어져 자기효능감과 자존감을 훼손할 수 있다. 사기를 떨어뜨려 교사가 의지해 온 가치 기준이 흔들리며, 가치분열이나 이중화된 의식에 시달리고 분리된 자아로 전락할 위험이 커진다(Ball, 2003; Smith, 1987; Miller, 1983). 교육의 본질적 논의는 사라지고, 성과주의나 보여 주기식의 교육만 남게 된다. 가령, 수업 자체를 개선하기보다 수업 계획서 같은 문서화 작업에 더 힘을 쏟는 식이다. 일부 교사는 이러한 모순에 만족하며 나름 잘 조정해 수업의 진정성을 달성할 수 있겠으나, 다른 교사들은 스트레스나 질병 및 소진으로 인해 힘겨워진다. 이는 많은 연구(Galton & MacBeath, 2008; Day et al., 2007 등)에서 확인할 수 있다.

교육과정에서 지식이 핵심 자원으로 여겨지는 상황(제2장에서 언급함)에서 교사는 지식 노동자로서의 정당성을 해방적 관점과 같은 거대 담론을 통해 확보하는 것이 아니라, 실용적 최적화라는 틀 안에서만 정당성을 갖게 된다. 이때 전문적 작업은 이상 추구가 아니라 기능적이고 도구적인 목적을 위한 기술 창출로 규정되며, 이는 볼(Ball, 2003)과 필딩(Fielding, 2006)이 주장하는 바와 맥락을 같이한다. 정부는 학교가 내부로부터 성장해야 한다고 주장하지만(Barth, 1990), 실제 현장에서는 외부 개혁에서 비롯된 동력과 자원을 끌어와 외부적 목표 달성에 맞춰야 한다는 압력을 받기 쉽다. 즉, 강제된 전략을 효과적으로 이행함으로써 성과 향상을 이루라는 요구를 받게 되는 것이다. 한편, 영국 정부는 교사들에게 교사 중심 수업을 강조하고, 교사의 전문적 기술과 교과 지식을 소셜미디어를 통해 널리 공유하도록 장려한다(Gibb, 2017). 이 정책들은 대체로 성과 중심 담론 속에서 별다른 이의 제기 없이 그대로 수용되기 쉽다. 이러한 환경 속에서는 교사들의 가치관, 비판적 사고, 혁신, 창의성, 주도적 목소리는 성과, 기준 준수, 효율성에 밀려 우선순위에서 배제될 위험에 처하게 된다. 결과적으로, 교육의 목적에 대한 교사들의 논의는 국가적 목표 달성을 위한 학습 및 교수법 개선에 국한된다. 이러한 기준은 앞에서 논의했듯이 지역적 맥락이나 개별 학습자의 요구를 충분히 반영하지 못하며, 특히 취약 계층이나 사회적 약자에게는 도움이 되지 않는 경우가 많다. 이러한 현실 속에서 형성되는 교사의 전문성은 단절되고, 비인격적이며, 소외된 전문성이다. 위티(Whitty, 2006)는 이런 것은 전문성이라고 보기 어렵다고 강하게 비판한다.

교사들은 자신의 정체성이 재구성되고, 직업적 특성이 특정 방향으로 규정되는 새로운 전문성을 달가워하지 않을 수 있다(Lingard, 2009). 그것이 정책에 의해 주도되고, 사실상 직업 통제 형태의 재구성이라면 더욱 그렇다. 환원주의적 · 기술주의적 접근 방식은 학교 교육을 지식 경제라는 협소한 목표에 따르도록 만들었다. 교육과정과 교실 수업이 정부에 의해 규정되는 신자유주의적 책무성의 환경에서는 정책이 교사의 핵심 업무까지 영향을 주게 된다(Ranson, 2003).

이러한 흐름은 지금도 이어지고 있다. 국가별로 우선순위는 다르지만, 예컨대 영국 정부는 최근에 『교사 전문성 개발을 위한 표준(Teachers' Professional Development Standard)』을 발표했고(DfE, 2016a), 신설된 교사 대학(Chartered College of Teaching, 2018)은 '공인된 교사(Chartered Teacher)를 위한 75가지 전문적 원칙을 담은 프레임워크'를 개발했다. 이는 학생 성취 향상을 위해 교사의 수업을 개선한다는 목표를 위해 만들어진 것으로, 그 내용 중에는 필수적이고 훌륭한 요소도 많다. 그러나 2018년 발표된 '교원 자격 강화 및 교사 경력 개발 개선' 정책안처럼, 업무 관리 방식과 교사 효율성 증진 측면에 크게 벗어나지 못할 가능성이 있다는 지적도 있다(DfE, 2018). 교사의 업무 경감은 당연히 중요한 측면이나, 교직 자체를 더 매력적이고, 영감을 주는 방향으로 이끌어야 교사 유입과 유지를 극대화할 수 있다. 즉, 중요한 것은 교직의 본질인 것이다.

크룩(Crook, 2008)이 언급한 관리주의적 전문성은 여전히 진화 중이며, 이는 교사의 자율성과 주체적 목소리를 약화하는 방식으로 작용할 우려가 크다. 그 의도가 어떻든 결과적으로는 그렇다는 것이다. 그 안에서는 열정과 창의성 그리고 즐거움이 자리 잡을 여지가 많지 않다. 교육의 목적을 재고하거나 질문하는 것 자체가 사실상 배제된다. 교사의 역할은 여전히 성과 향상을 실현하는 책임자로 중요시되나, 실제로는 관리적 역할로 제한될 소지가 있다. 교사들에게 비판적 질문을 던지거나 과감한 시도를 해 보라는 격려도 찾아보기 어렵다. 그들은 깨우침 혹은 문제 제기를 통해 변화를 만들어야 한다는 카프라(Capra, 2011)의 제안을 실천하기 쉽지 않다. 성과 중심 체제는 대체로 지금 하는 일을 더 잘하는 것에 치중하여, 대전환의 변화를 이끄는 창의적 시도나 이견이 개입할 여지를 소멸시키기 때문이다.

3. 교사: 행동가이자 변화의 주체

앞에서 논의한 교사의 전문성 담론에서 교사는 변화의 주체(Fullan, 1993; Day, 2017) 또는 행동가(Sachs, 2003a)로 묘사된다. 이러한 개념을 바탕으로 크룩(Crook, 2008)은 민주적 전문성(democratic professionalism)이라는 새로운 관점을 제안하며, 교사가 교육적 변화를 위해 다양한 이해관계자와 협력해야 한다고 주장한다. 이는 미첼과 새크니(Mitchell & Sackney, 2009)가 제2장에서 논의한 대안적 교육체제와도 연결되며, 자발적인 동기에서 비롯된 유기적이고 인간 중심적인 교육 시스템을 강조하는 관점과도 일맥상통한다. 삭스(Sachs, 2003b)는 관리주의적 전문성(managerialist professionalism)과 민주적 전문성(democratic professionalism)을 대비하여 설명한다. 관리주의적 전문성은 책무성과 효율성을 중시하는 정책에서 비롯되며, 교사들에게 기업가적 정체성을 부여한다. 반면, 민주적 전문성은 교사들이 주도적으로 만들어 내는 것으로 교사들에게 행동가적 정체성을 부여한다. 이는 단순히 정부의 성과 중심 구조에 종속되는 것이 아니라, 외부의 개혁과 내부의 변화 요구를 주체적으로 해석하고 조정하는 과정에서 더욱 긍정적인 영향을 미칠 수 있다는 것이다. 그러나 교사들은 상황에 따라 두 가지 정체성을 함께 가져가거나 강조점을 달리할 수 있다. 하지만 삭스(Sachs, 2003a)는 경제적 효율성과 인적 자본 증대를 강조하는 관리주의적 체제 속으로 교사의 행동가적 면모가 흡수될 위험이 있다고 경고한다. 교사와 교육 기관이 이러한 긴장을 조율하는 과정에서 전체적인 교육의 질보다 순위 상승을 위한 경쟁에만 신경을 쓰거나, 과중한 업무를 수행하면서도 수업보다는 평가 자료 제출을 위한 행정 업무에 더 많은 시간을 할애한다. 실제 교수법 개선보다는 외부 평가에서 좋은 점수를 받기 위해 보여 주기식 행사나 프로그램을 운영하는 등 대표성 게임[2)]에만 몰두하는 결과를 초래할 수 있다(Sachs, 2003a, p. 244). 프리스틀리 등(Priestley et al., 2015)은 '변화의 주체'라는 개념이 외부에서 주어진 변화를 단순히 수행하는 존재로 오해될 여지가 있다고 지적한다. 이는 풀란(Fullan, 1993)이 비전 설정을 교사의 중요한 역할 중 하나로 포함했음에도 불구하고, 여전히 교사들은 정책적 목표 달성을 위한 실행자로만 여겨질 수 있음을 시사한다. 현실적으로 교사들은 자신의 목표를 실현하려 하면서도, 조직 내 우선순위와 외부에서 부

2) (역자 주) 대표성 게임: 개인이나 조직이 외부에서 요구하는 기대나 기준에 맞춰 자신을 특정한 방식으로 표현하거나 포장하는 과정을 의미함. 즉, 실제 내용이나 본질보다 보이는 이미지나 평가 기준에 맞추려는 전략적 대응을 가리킴. 다시 말해, 실질적인 개선보다는 겉으로 드러나는 성과나 평가에 초점을 맞추는 현상을 의미함. 예를 들어, 학교나 교사가 성과를 평가받을 때, 단순히 교육의 질을 높이려 하기보다는 외부에서 중요하게 여기는 기준(시험 점수, 순위, 평가 지표)에 맞춰 자신을 과장하거나 조작하는 경향을 보이는 것을 말함.

과한 정책을 조율해야 하는 복합적인 상황에 놓인다. 교사들이 이러한 과정에서 얼마나 효과적으로 자신의 교육적 비전을 실현할 수 있는지는 그들 각자의 역량과 조직의 문화 및 생태적 환경과의 관계에 따라 달라진다(Durrant & Holden, 2006; Frost & Durrant, 2004; MacBeath et al., 2018; Priestley et al., 2015).

이와 관련하여 에반스(Evans, 2008)는 매우 유익한 관점을 제시한다. 에반스(Evans, 2008)는 크룩(Crook, 2008)과 마찬가지로 전문성이라는 개념이 끊임없이 변화하고 재정의되며, 과거 방식의 해석이나 전문성 개발이라는 명목하에 특정 방식으로 정의되는 것을 거부하였다. 포스트모던적 접근을 수용하면서, 에반스는 교사 전문성이 개인적 · 조직적 · 정치적 맥락 속에서 전문가로서 존재하고 행동하는 데 적용될 수 있는 규범을 강조하며(Evans, 2008, p. 25), 호일(Hoyle, 1975)이 언급한 교사 전문성의 지위와 관련된 측면도 부각한다. 여기서 전문성(professionalism)은 총체적 개념으로, 그 기본 단위를 전문적 태도(professionality)로 제시한다. 즉, 교사가 실제로 수업하고 실천하는 데 필요한 지식, 기술, 절차를 반영함으로써, 집단적으로 정의된 전문성에 대해 개인이 어떠한 입장을 갖는지를 결정한다는 것이다. 이에 에반스(Evans, 2008)는 교사의 입장과 학교 조직의 요구 및 외부적 요건의 균형을 맞추어야 하는 현실을 바탕으로 요구된, 규정된, 실천된 전문성으로 설명할 수 있다고 전문성 개념을 새롭게 정의한다. 그리고 실제 교육 현장에서 의미를 지니는 것은 실천된 전문성이라고 강조한다. 한편, 제4장과 제5장에서 등장하는 교사들의 이야기는 학교 변화에 대한 그들의 인식, 정체성, 태도, 생각, 대응 전략을 보여 주며, 여기에서 앞서 언급된 전문성의 세 가지 측면을 모두 확인할 수 있다. 특히 교사들이 학교 혁신의 과정에서 자신에게 기대되는 역할을 어떻게 이해하고 정의하는

지, 그리고 조직의 요구가 각 개인의 전문성 속에서 어떻게 실천되고 강화되거나 혹은 전복되는지를 살펴봄으로써, 교사 전문성의 개념을 더 구체적으로 파악할 수 있게 된다.

하그리브스와 풀란(Hargreaves & Fullan, 2012)은 교사의 기본 역량 수준을 넘어 고도로 발전된 전문성과 높은 사회적 지위를 확보하며, 학생들의 역량을 최대한 이끌어 낼 수 있는 핵심 요소로 전문적 자본(professional capital)을 강조한다. 즉, 전문적 자본은 교사의 전문성과 학생들의 학업성취를 연결하는 중요한 개념인 것이다. 이들은 전문적 자본을 세 가지 유형으로 설명한다.

- **인적 자본**(human capital): 효과적인 교수 활동을 위해 필요한 지식, 기술, 열정, 헌신 등 교사의 개인적 역량
- **사회적 자본**(social capital): 교사들 간의 협력과 관계를 통해 서로의 인적 자본을 공유하고 활용할 수 있는 능력
- **의사결정 자본**(decisional capital): 불확실한 상황에서 경험을 기반으로 한 자율적이고 전문적인 판단 능력으로, 데이(Day, 2017)는 이를 교사 주도성(agency)과 연결함

이 세 가지 자본의 상호작용으로 개인적 및 대인 관계적 역량을 구축하며, 이는 교사가 주도하는 학교 변화의 필수 조건이자 결과물로서 서로 긴밀하게 순환한다. 실제로 교사들이 학교 변화 과정에 적극적으로 기여하는 과정에서 자신과 조직의 역량을 강화하게 되고, 이는 다시 학교 발전에 더 큰 영향을 미치는 순환 구조를 형성한다(Fullan, 1993).

'개인적 역량(personal capacity)'은 전문적 지식과 기술, 자기성찰과 정서적 인식, 자기개념과 자신감 같은 개인적 특성 그리고 분명한 목적의

식과 의지를 포함한다(Frost & Durrant, 2002). 이는 존재하기(being)[3)]를 배우고(Point, 2009), 자신이 누구인지를 배우는 것을 넘어, 어디로 나아갈 것인가를 학습하는 과정과 맞닿아 있다. 즉, 지식(인식론적 관점)과 정체성(존재론적 관점)의 문제라 할 수 있다. 이에 비해 대인 관계적 역량(interpersonal capacity)은 어떻게 거기에 도달할 것인지에 관한 것으로, 참여, 대인관계 형성 기술과 전략, 리더십 역량 등을 포함한다(Frost

3) (역자 주) 존재하기(being): OECD 교수 나침반의 중심에는 견고한 자기개념이 자리 잡고 있으며, 이는 교사가 자신의 전문적 주도성, 역량, 웰빙을 탄탄하게 구축할 수 있게 해 주는 내면의 닻(anchor)과도 같음(Beauchamp & Thomas, 2009; Day & Gu, 2010). 이러한 자기개념은 디지털 전환과 AI 통합 등 급격한 변화의 흐름 속에서 교사들이 방향을 잃지 않고 앞으로 나아갈 수 있게 도와주는 견고한 닻과 같음. 교수 나침반은 교사가 단지 지식의 전달자가 아니라 멘토이자 혁신가이며 평생학습을 이끄는 주체로서 역할을 하게 도움. 교사들이 존재하기(진정한 자기 인식), 소속되기(상호지원적 관계), 되어 가기/성장(지속적인 성장과 변혁)에 뿌리를 내릴 때 복잡한 교육 환경 속에서도 회복탄력성, 혁신성, 명확한 목적의식을 유지할 수 있게 됨(Palmer, 1997; Viac & Fraser, 2020). 이러한 요소를 견고한 자기개념으로 통합하면 교사는 전문적 주도성과 웰빙을 위한 총체적 기반을 형성하며, 자신의 전문성, 경험, 지식, 기술, 태도를 지속적으로 발전시킬 수 있음. 교수 나침반의 핵심에는 진정성에 기반한 끊임없이 진화하는 자기 인식, 즉 존재하기(being)가 놓여 있음. 외부 압력과 급격한 기술 변화가 끊임없이 다가오는 시대에, 이러한 내적 기준은 안정의 등대가 되어 교사가 솔직한 성찰과 의미 있는 상호작용을 통해 자신의 전문적 가치를 지속적으로 다듬을 수 있도록 함. 존재는 고정된 정체성이 아니라 복잡한 도전 앞에서 끊임없이 자신을 성찰하고 깊이 간직한 신념과 윤리적 원칙에 따라 행동을 조율하는 과정임(Viac & Fraser, 2020; Palmer, 1997).

구분	존재하기(being)	소속되기(belonging)	되어 가기/성장(becoming)
정의	시간이 흐르며 교사가 형성해 가는 깊고 진정성 있는 자기 인식	학교 공동체의 필수적이고 소중한 일원으로 존중받고 지지받으며, 공동체에 의미 있게 기여하고 있다는 소속감	평생학습과 성찰적 실천을 통해 전문적 정체성을 지속적으로 발전시키고, 새로운 도전을 수용하며 기회를 창출해 가는 역동적 상태
핵심 개념 및 구성 요소 예시	• 전문적 정체성, 존엄성, 윤리성 • 명확한 목적의식 • 의미 구성 및 이해(의미 만들기)	• 심리적 안정감 • 돌봄과 역량 강화의 관계 형성 • 학교 문화와 공동체 간 연결감	• 지속적인 전문성 학습 • 자기주도적 · 협력적 학습 • 예측 · 실행 · 성찰의 순환적 학습 주기

*자료출처: OECD (2025), "OECD Teaching Compass: Reimagining teachers as agents of curriculum changes", OECD Education Policy Perspectives, No. 123, OECD Publishing, Paris, https://doi.org/10.1787/8297a24a-en.

& Durrant, 2002). 이는 곧 주도적 관점에 해당한다.

이렇게 지식(인식론), 정체성(존재론), 주도성(행위주체론)이라는 세 관점은 비에스타(Biesta, 2016)가 제시한 교육의 세 가지 영역, 즉 자격(지식, 기술, 태도), 사회화(구조와 관계 속에서 형성하는 행동 양식), 주체화(능동적 시민으로서의 주도성과 책임)와도 일맥상통한다. 이는 학생들의 학습 경험과 교사의 전문성 개발을 유기적으로 연결해 줄 수 있으며, 전문적 학습을 통해 교육의 세 영역 모두를 뒷받침할 수 있는 진정성 있는 전문성을 구축할 수 있다.

스톨 등(Stoll et al., 2012)의 「훌륭한 교수법으로 이어지는 교사 전문성 개발」 연구에서는 전문적 학습은 학교 중심적이어야 하며, 외부의 전문성을 적절히 활용하되, 탐구 기반의 장기적이고 심도 있는 전문적 학습 경험이 이루어져야 한다고 강조한다. 여기서 전문성 개발과 전문적 학습을 구분하는 것이 주목할 만하다. 단순히 능력 향상에만 초점을 두는 개발이라는 용어는 학교 교육의 질을 높이기 위한 리더십 역량 구축이라는 측면에서 다소 한정적인 표현이 될 수 있으며, 실제로는 지혜 함양과 지속적 학습이 요구된다는 것이다. 즉, 전문적 학습은 분명한 교육적 성과를 지향하면서도 교사의 필요에 기반하여 협력적으로 이루어져야 하며, 사고를 촉진하고 행동으로 연결될 수 있어야 한다. 이는 비에스타(Biesta, 2016)가 경고한 학습 자체만을 목적으로 하는 이른바 학습화(learnification), 즉 단순히 학습 그 자체만을 강조하여 내용이나 목적이 결여되거나 교사에게만 책임 과도한 책무성을 부여하는 학습을 방지할 수 있다. 또한 스톨 등(Stoll et al., 2012)은 전문성 개발이 훈련의 형식으로 교사에게 일방적으로 시행되는 연수로 상품화되는 단편적 접근으로 전락할 위험이 있음을 경고한다. 후속 지원이 부족하거나 학습 효과가 조직적으로 연계되지 않으면, 표면적이고 형식적인 변화에 그칠 수 있기 때문이다. 따라서 전문적 학습은 학생 성취 향상만이 아닌, 확장적인 개념에서 지속적으로 논의되어야 한다.

맥베스 등(MacBeath et al., 2018, p. 149)은 용어가 바뀐다고 해서 근본적인 문제가 저절로 해결되는 것은 아니라고 언급하며, 교사들이 전문적 정체성, 전문성 개발, 학습의 본질에 대한 논의에 능동적으로 참여해야 한다고 강조한다. 이는 상호작용으로 이해되는(Simpson, 2016) 주도성과 관련된 집단적 목소리와 실천 및 리더십을 통해 적극적으로 변화에 기여해야 한다는 의미로, 호일(Hoyle, 1975)이 제시한 확장된 전문성 개념을 한층 발전시키는 것이다. 오랫동안 하트캠 네트워크(HertsCam network)[4]에서 교사 주도성 기반의 전문성 개발을 지원해 온 풍부한 경험을 바탕으로, 힐(Hill, 2014)은 교사의 전문적 정체성에 필수적인 인간적 차원의 요소로서 교사 리더십을 강조한다. 같은 맥락에서 볼 등(Ball et al., 2017)은 교육 활동의 도덕적 목적과 자율성 강화를 강조했다. 따라서 교사들이 학교 발전에 의미 있는 변화를 이끌어 내기 위해서 인식론적 · 존재론적 · 주도적 관점, 즉 알기(knowing), 존재하기(being), 실천하기(doing)를 통합해 개인적 역량과 대인 관계적 역량을 구축해야 한다. 이 내용을 요약 정리하여 〈표 3-1〉에 제시했으며, 이 틀을 구체적인 실천과 분석에 어떻게 적용할 수 있는지는 이후 장에서 자세히 다룰 예정이다.

---

4) (역자 주) 하트캠 네트워크(HertsCam network): 하트캠 네트워크는 영국 하트퍼드셔(Hertfordshire) 지역을 기반으로 한 교사 주도성 기반의 전문성 개발 네트워크로, 교사들이 스스로 학교 발전을 이끌어 갈 수 있도록 서로 협력하고 지원하는 구조를 갖추고 있음. 프로스트 등(Frost et al., 2000)이 주축이 되어 설립하고 운영하면서 교사 전문성 존중(중앙집중식이나 외부 주도형이 아닌, 교사가 현장에서 필요로 하는 실제적인 학습 기회를 만들어 감), 집단적 역량 강화(수업 사례를 공유하고, 협업을 통해 학교 혁신 아이디어를 실천해 봄으로써 교사 집단 전체의 역량을 높임), 지속 가능한 변화(일회성 워크숍이나 단기 연수로 그치지 않고, 교내외 네트워크를 통해 전문적 학습공동체를 꾸준히 유지, 발전시킴)라는 가치를 강조함.

〈표 3-1〉 **다양한 교육적 관점이 전문성과 교수법에 미치는 영향**

교육적 관점	직업적 역할	전문성 개발	교수이론
알기(knowing) –인식론적	기술적 실행자로서 역량 개발과 규정 준수에 조점	훈련, 기술적 문제 해결, 요구사항 충족	지식 구축을 위한 전달식 교수이론
되기(being) –존재론적	성찰적 실천자로서 과정과 정체성을 중시	성찰적 실천, 지적 · 사회적 자본을 통한 역량	자아실현을 위한 구성주의적 교수이론
하기(doing) –행위주체적	변화의 주도자로서 도덕적 목적과 변혁을 추구	참여, 역량 강화, 실천적 행동(행동주의).	주도성과 해방을 위한 비판적 교수이론

4. 탈전문화 시대의 교사

신자유주의 정책의 방향성을 결정하는 환경에서, 교직은 단순히 전통적인 전문성의 외형을 넘어 국가 주도형 전문성으로 발전해 왔다(Lingard, 2009). 이런 구조에서 개인은 조직의 발전을 위한 도구적 존재로 여겨지며, 윤리적 책무성은 경제적 책무성에 종속되기 쉽다. 그러나 볼(Ball, 2003)은 성과주의가 전문성과 교사의 전문적 태도에 긍정적이거나 부정적인 영향을 미칠 수 있다고 주장한다. 성과주의는 교사들이 개인의 신념과 헌신을 배제하고 외부에서 부과된 요구에 따라 행동하게 만들며, 이는 갈등, 진정성 상실, 저항 등으로 이어질 수 있다. 이러한 맥락에서 볼(Ball, 2003)은 모든 상황과 외부적 요구에 대응하려는 전략과 공식을 갖춘 탈전문화로 개념화했다. 그는 전문성의 정점이 정책의 필요와 변화에 적응하는 능력으로 전환되었다고 주장한다.

이처럼 복잡하고 고도화된 환경에서 교육 전문가들은 새로운 윤리적 규범을 채택해야 한다. 기존의 실증주의적 · 합리주의적 패러다임만으로는 초복잡성(supercomplexity)[5] 시대의 요구를 충족시키기에는 한계가 있기 때문이다(Lunt, 2008). 이에 보터리(Bottery, 2004)가 제안한 교육자를 위한 여섯 가지 전문적 요건은 교사와 다른 교육 전문가들이 변화의 과정에 능동적으로 참여하기 위한 발판을 형성하는 데 유용한 통찰을 제공한다. 즉, 교사들이 변화의 중심에서 역할을 수행하기 위해 필요한 여섯 가지 핵심적인 전문적 요건은 다음과 같다(Bottery, 2004, pp. 189-195에서 발췌하여 요약).

- **생태적 및 정치적 인식**: 교사는 교육이 사회 및 환경과 어떤 관계를 맺고 있는지를 인식해야 한다.
- **공공선의 실현**: 도덕적 목적, 사회적 책임, 시민적 의식을 바탕으로 교육을 수행해야 한다.
- **능동적이고 성찰적인 책임감**: 교육을 단순한 성과 중심의 개념이 아니라, 더 풍부하고 포괄적인 개념으로 이해하고 실천해야 한다.
- **공동비전 설정**: 교육 이해관계자들과 협력하여 공동의 비전을 수립하고 실현해야 한다.
- **인식론적 유연성**: 절대주의나 상대주의에 갇히지 않고, 지식과 학문의 유동성을 이해하며 변화에 대응해야 한다.
- **자기성찰 및 비판적 사고**: 자신의 교육 실천을 지속적으로 검증하고, 변화에 기여하기 위해 필요한 능력이다.

이러한 전문적 요건은 호일(Hoyle, 1975)이 제시한 확장된 전문성 개

5) (역자 주) 초복잡성(supercomplexity): 초복잡성은 교육학자 로날드 바넷(Ronald Barnet, 2000)이 제시한 개념으로, 현대 사회에서 지식과 현실이 점점 더 복잡해지고 불확실성이 증대하는 상황을 설명하는 용어임.

념을 포스트모던 시대의 맥락에 맞게 재해석한 것이라 볼 수 있다. 이는 교사들에게 다소 도전적이고 부담스러울 수 있으나, 신선한 통찰을 제공하고 깊은 사고를 자극한다는 점에서 의미가 있다. 특히 기존의 경직된 지식 체계와 비교했을 때, 보터리(Bottery, 2004)가 제안한 요소들은 객관적으로 측정할 수 없다는 점에서 더욱 주목할 만하다. 이러한 요건들은 교사들이 교육의 과정뿐만 아니라 교육의 본질적 목적에 대해 깊이 고민하고, 필요한 경우 기존의 관행에 도전하거나 비판적인 시각을 가질 수 있게 한다. 또한 교사들이 개인으로서 자신이 속한 조직과 사회적 맥락에서 자신의 역할을 탐색하며, 교육 환경과 상호작용하고, 전문지식과 기술을 스스로 검증하고 평가한다. 교사는 이 과정에서 교사들이 단순히 정책을 실행하는 기계의 부품이 아닌, 공동체 내에서 적극적으로 사고하고 행동하는 전문가, 즉 교육 공동체의 주체적 전문가로 자리매김하게 된다(Wenger, 1998). 이는 보다 생태적 관점을 반영한 것으로 미첼과 새크니(Mitchell & Sackney, 2009)의 연구와도 맥락을 같이한다. 교사가 단순히 조직 일부로 기능하는 것을 넘어, 변화하는 사회 속에서 조직의 역할을 지속적으로 재정립하는 과정에 적극적으로 참여하는 존재로 그려진다. 따라서 교사들은 단순한 정책 실행자가 아니라 정책을 해석하는 존재이다.

이를 위해 교사들은 절대적 기준이 난무하는 교육 환경에서 불확실성을 인정하고 열린 태도로 진리를 탐색하는 윤리적 자세를 갖출 필요가 있다. 즉, 절대적 지표와 기준이 제시되는 상황에서도 진리를 추구하고, 예측 불가능한 상황 앞에서도 인간다움을 실천해야 한다. 교사들은 문화적 맥락과 가치가 얽힌 다양한 판단을 내리는 과정에서 다층적인 의견을 이해하고, 타인을 존중하며, 공감하는 능력을 키워야 한다(Lunt, 2008). 오늘날 교사들에게 요구되는 것은 확실한 답을 제시하는 것이 아니라, 불확실성을 인정하고 탐색하는 태도이다. 이는 불확실성을 인정하는 것이 학습의 시작이라는 클락슨(Claxton, 2008)의 주장과 맥락을 같이한다. 이처럼 탈전문화 속 교사는 생활세계의 존재론 속에서, 단순한 정답을 찾기보다 불확실한 현실 속에서 의미를 탐색하고 해석하는 존재이다. 하지만 교육을 둘러싼 책무성과 제도적 구조는 여전히 측정 가능하고 정량화할 수 있는 지표를 중시하는 시스템세계의 인식론 방향으로 교사를 움직이고 있다. 이것은 외부에서 요구되는 전문성과 실제 현장에서 구현되는 전문성 간의 괴리를 심화시키는 원인이 될 수 있다(Evans, 2008). 이러한 현실 속에서 교사들은 개인적 신념과 직업적 요구 사이에서 균형을 맞추려 노력해야 하며, 자신의 교육 철학을 기존의 제도적 틀 속에서 재해석해야 하는 상황에 놓이게 된다(O'Hanlon, 1993).

교사의 역할과 정체성은 시간과 상황에 따라 변할 수밖에 없다. 그리고 교사들이 자신들의 역할을 어떻게 인식하는지는 질문하는 사람이 누구인지, 그리고 그 질문의 목적이 무엇인지에 따라 다르게 표현될 수 있다. 이 과정에서 교사들은 정책이 요구하는 사항을 적절히 조정하여 학생들의 필요에 맞춰 나가는 적응의 아이러니를 보이기도 한다. 또한 교사들은 외부 평가 기준을 충족하는 것처럼 보이면서도, 실제로는 이를 유연하게 해석하는 표현의 아이러니를 만들어 내기도 한다(Evans, 2008). 이러한 복합적인 역할 속에서 교사들이 학교 혁신에 기여할 수 있게 지원하는 방법은 단순한 규칙과 기준으로는 해결할 수 없으며, 반드시 그 복잡성을 인정하고 포용하는 방식으로 접근해야 한다. 다음 장에서는 이러한 지원 방식에 대한 구체적인 논의를 이어 갈 것이다.

5. 순응할 것인가, 아니면 주도적으로 변화시킬 것인가

학교 변화에 있어 교사가 얼마나 주도적으로 영향을 미치고 기여하는지, 아니면 변화에 의해 얼마나 영향을 받고 단순히 순응만 하는 존재인지를 논의할 때, 미첼과 새크니(Mitchell & Sackney, 2009)는 조직 내 지배적인 서사가 객관적 현실처럼 받아들여질 위험이 있다고 경고한다. 따라서 교사들은 무의식적으로 조직의 지배적 담론에 편입되고, 이는 부르디외(Bourdieu)가 제안한 학교라는 장(field)에서의 아비투스(habitus) 개념과 연관된다(Margolis, 1999). 교사들은 끊임없이 변화하는 역할과 관계 및 정당한 의견이라는 사회적 틀에 맞추며, 조직 내에서 기대되는 관계와 규범을 내면화하게 된다. 그 결과, 조직 내에서의 행동과 관점에 대한 게임 감각(sense of the game)을 익히게 된다. 따라서 조직 내 지배적인 사고방식은 사회적 통제의 수단으로 교육 시스템과 조직 내에서 끊임없이 재생산된다.

이러한 발전 과정은 교사들이 알고 있으나 말로는 설명하기 어려운 암묵적인 이해 수준에서 이루어질 수 있으며(Hargreaves, 1999), 이는 기든스(Giddens, 1984)가 제시한 암묵적 의식(실천적 의식)[6]을 통해 시스템이 유지되는 현상과 일맥상통한다. 그러나 이러한 순응이 교사 개인의 신념 및 가치관과 충돌할 때, 교사들은 내적 갈등과 죄책감을 경험할 수

6) (역자 주) 암묵적 의식과 성찰적 의식: 기든스(Giddens, 1984)의 구조화 이론에서 암묵적 의식(혹은 실천적 의식)은 사람들이 일상적인 행동을 수행하면서 자연스럽게 알고 있지만, 명확하게 언어화하거나 설명하지 않는 지식이나 인식을 의미하며, 성찰적 의식(혹은 담론적 의식)은 사람들이 자신의 행위나 신념에 대해 명확하게 언어화하고 설명할 수 있는 인식 수준을 의미함. 예를 들면, 전자는 교사들이 학교에서 특정 규범이나 문화를 암묵적으로 따르면서도 그것을 구체적으로 설명하지 못하는 경우, 후자는 교사들이 학교 정책이나 교육 철학에 대해 비판적으로 사고하고 이를 토대로 자신의 교수법을 설명하는 경우임.

있다(Elliott, 1998). 교사들은 시스템을 유지하면서도 정책적 틀 안에서 최상의 교육 활동을 추구하는 방식으로 추구할 수도 있다. 하지만 동시에 자신이 점점 조직의 일원으로 사회화되고 있음을 인식하게 되며, 이는 성찰적 의식(담론적 의식)의 발달과 연결된다(Giddens, 1984). 교사들이 이러한 성찰적 의식을 확장할수록 기존의 암묵적 의식에 변화를 주는 계기가 될 수 있다(Elliott, 1998). 즉, 자신이 속한 조직적 맥락 속에서 자신과 타인의 역할을 더 깊이 이해하게 되며, 이를 통해 개별 교사로서의 주도성을 실천할 새로운 방식을 모색할 수 있게 되는 것이다. 때로는 교사들이 자신의 가치와 신념 및 성향 그리고 행동 방식을 고수할수록 기존의 사회적 규범에 덜 얽매이고, 심지어 급진적이고 비순응적인 태도를 보일 수도 있다. 이에 대한 갤튼과 맥베스(Galton& MacBeath, 2008, p. 15)의 주장은 다음과 같다.

> 훌륭한 교사들은 언제나 교육적으로 전복적(subversive)인 방법을 알고 있는 사람들이다. 그들은 자신의 주도성을 과소평가하지 않으며, 교실과 학교 내에서 급진적 변화를 만들어 낼 가능성을 인식하고 실천해 왔다. 그들은 자신이 희생자인 것처럼 행동하며 주도권을 포기하거나, 자기 신념과 주도성을 버리는 태도를 거부한다.

교사들이 조직에 영향을 미치는 방식은 단순한 순응과 저항의 이분법적 구조로 설명하기에는 무리가 있다. 교사들은 상황에 따라 이러한 요소들을 조합하여 반응하며, 학교 조직과 교사들 간의 관계는 상호의존적이고 순환적인 구조를 갖는다. 즉, 학교 조직의 구조는 교사들의 지식과 의식에 영향을 주는 매개체이자 결과물이며(Elliott, 1998), 교사들은 자신이 처한 환경 속에서 끊임없이 조정과 변화를 시도하게 된다. 그리고 이러한 주체적인 실천이 가능하도록 지원하는 것은 결국 학교의 리더십에 달려 있다. 갤튼과 맥베스(Galton & MacBeath, 2008, p. 115)는 "학교는 위로부터가 아니라 아래에서부터 학습하고 변화해야 한다."라고 강조하며, 교사들의 주도성이 발현될 수 있는 환경을 만들어 가는 것이 학교 리더십의 중요한 역할임을 시사한다.

6. 학교 변화의 수면 아래: 교사 주도성과 사회적 구조

아처(Archer, 2003)는 개인의 주도성과 사회적 구조가 내면적 대화(internal conversation)를 통해 매개된다고 설명한다. 그는 사회가 개인의 행동을 촉진하거나 제한할 수 있으며, 이는 개인이 계획한 목표의 성취 또는 좌절로 이어진다고 보았다. 이러한 내적 · 성찰적 대화를 통해 개인은 자신을 조직의 단순한 구성 요소로 여기지 않고, 주변 구조와 존재론적으로 구별되는 독립적 주체로 자신을 인식하게 된다. 이로써 개인은 사회적 구조 속에서 자신만의 주도성을 발휘할 수 있는 것이다.

주도성 개념을 탐구하는 데 있어, 밴듀라(Bandura, 2001)가 제시한 인간 존재의 본질에 대한 의미를 가장 먼저 살펴볼 필요가 있다. 그는 인간을 스스로 행동을 조직하고, 실행하며, 조절함으로써 원하는 결과를 성취할 수 있는 존재로 정의한다. 프리스틀리 등(Priestley et al., 2015)이 제시한 행동할 수 있는 능력이나 잠재력이라는 초기 정의를 넘어, 원하는 결과를 이루기 위한 과정이라는 보다 복합적이고 중요한 개념을 포함하고 있다. 밴듀라(Bandura, 2001)는 가치와 개인적 목표(교육적 목표를 포함할 수 있음)와 연계된 명확하고 계획적이며 평가적인 과정을 가진 인간 주도성의 핵심 특징을 네 가지로 제시하였다. 또한 이 네 가지 특징은 이후 논의와 분석의 주요 준거로 활용되었다.

- **의도성(intentionality)**: 원하는 결과를 달성하기 위해 주도적으로 행동하려는 의지
- **예측력(forethought)**: 행동의 결과를 예측하고, 원하는 결과를 얻거나 원치 않는 결과를 피할 수 있도록 스스로 동기 부여하는 능력
- **자기조절(self-reactiveness)**: 목표를 달성하기 위한 진행 과정을 모니터링하고, 이에 따라 행동을 조절하는 능력
- **자기성찰(self-reflectiveness)**: 자신의 동기와 행동을 가치와 삶의 목표에 비추어 평가하는 과정

그러나 교사가 원하는 결과를 달성하는 과정은 단순하지 않다. 교사의 목표와 기대는 필연적으로 주변 환경의 영향을 받기 때문이다. 따라서 현실적으로 달성할 수 있고, 현재의 정치적 · 조직적 우선순위에 부합하는 결과를 추구하는 편이 더 효과적일 수 있으나, 이는 교사의 개인적 · 교육적 목표와 긴장 관계에 있을 수 있다. 따라서 프리스틀리 등(Priestley et al., 2015)이 강조했듯이 교사들과 그들이 처한 환경은 상호작용적 관계에 있으며, 이는 이후 장에서 더 심도 있게 다룰 것이다. 교사들이 이러한 환경을 어느 정도까지 변화시킬 수 있는지, 그리고 이를 통해 교사 주도성을 강화하는 것이 그들이 추구하는 목표가 될 수 있는지에 대한 질문들로 이어진다. 또한 이러한 주도성이 개인이 아닌 집단적 접근으로 실현될 때 그 영향력은 더욱 강력해질 수 있다.

교사의 전문적 정체성과 관련된 연구(Beijaard et al., 2004)에서는 교사들의 삶과 정체성이 갖는 복잡성과 이들이 처한 상황의 여러 측면이 교사의 주도성, 웰빙, 회복탄력성, 성과와의 관계가 비교적 잘 분석되어

있다. 데이 등(Day et al., 2007)은 교사의 정체성이 목적의식, 자기효능감, 동기 부여, 헌신에 영향을 미치는 핵심 요인으로 보았다. 이들은 니어스(Nias, 1998)와 함께 교육 이론에서 자아와 개인적 정체성 개념이 사용되고 있음에도 불구하고, 교사의 인지적 · 정서적 측면을 비판적으로 탐구하는 사례는 드물다고 주장한다. 그러나 이러한 탐구는 교육의 질을 높이고 이를 지속하기 위해 그리고 교사 전문성을 강화하기 위해 반드시 필요하다. 이 논의의 방향은 제2장에서 설명했듯이, 학교 혁신과 관련된 조건과 요인들이 효율성이라는 좁은 목적으로 귀결된다는 관점과도 맥을 같이한다. 이에 교사 주도성이 본래 의미를 잃고 외부에서 정해진 목표를 달성하기 위해 길들여지거나 혹은 동원될 위험이 있다. 교사의 자존감과 웰빙을 높여 더 순응적이고 효율적으로 일하게 하는 수단으로 보는 접근을 취함으로써 교사 주도성이 지닌 주체적 측면을 무색하게 만들 수 있다.

교사가 자신의 전문성을 조직 내 주도성으로 구현하는 과정은 단순히 교실에서의 교수 · 학습 과정을 다루는 것 이상을 의미한다. 이는 교육의 목적을 비판적으로 검토하고, 학교 공동체에서의 존재와 행동 양식을 근본적으로 재고하며, 이를 의식적으로 표현하는 과정과도 관련이 있다. 교사들은 자신의 경험과 전문성을 바탕으로 모순되고 긴장되는 요소들을 조정해야 한다. 동시에 기본적인 교사의 역할뿐만 아닌 전문성을 기르고 유지해야 한다. 또 다른 중요한 문제는 교사들이 학교 혁신의 방향 설정부터 실행 과정에 이르기까지 어떻게 기여할 수 있으며, 이를 위한 어떤 지원이 이루어져야 하는가이다. 아처(Archer, 2003)는 사회와 구조가 객관적 요소라고 주장하지만, 실제로 주체인 교사는 자신이 속한 환경과 유기적이고 상호의존적인 관계를 맺는다. 조직 이론은 구조, 역할, 공식적 정보, 책임 체계, 위계와 같은 시스템세계

(systemsworld)의 구성 요소를 다룬다. 그러나 조직 환경에는 사람들의 상호 인식과 영향력, 그리고 겉으로 드러나지 않는 사회적 · 정서적 · 문화적 요인처럼 주관적인 측면도 포함한다고 볼 수 있다. 조직 이론은 이상적으로 추구하는 것은 상호 합의, 공유된 가치와 비전, 의사결정의 확실성 등이다. 그러나 앞의 제2장에서 논의했듯이, 실제 학교 변화 과정에서는 미시 · 정치적 관점이 개입하여, 불확실성, 다양성, 갈등, 논쟁이 필연적으로 발생한다(Morley, 2008).

실천가인 교사들에게 주도성이란 개념은 특히나 모호할 수 있다. 프로스트(Frost, 2006)는 교사 주도성을 리더십과 학습의 관계로 설명한다. 아처(Archer, 2003)가 말한 바와 같이, 개인이 조직과 존재적으로 분리되어 있는 것이 아닌, 오히려 교사는 학교 변화의 핵심 위치에 있다는 것이다. 이는 교사를 단순한 조직의 구성 요소가 아닌, 변화의 주체로 바라보아야 한다는 주장으로 공식적 직책과는 무관하게 학교 내부의 리더이자 학교 혁신 과정에서 핵심 역할을 한다고 보았다(Bangs & Frost, 2016; Frost, 2004, 2006).

교사의 전문 지식과 성찰은 행동을 관찰 · 평가하고 실천적이고, 도덕적 선택을 내리는 데 매우 중요하다. 이는 곧 교사들이 조직 내에서 명시적이든 무의식적이든 자신을 주체로 규정하는 과정이다. 밴듀라(Bandura, 2001)가 제시한 주도성의 핵심 요소 네 가지를 토대로, 프로스트(Frost, 2006)는 사람의 내면적 조절 작용이 조직 구조라는 외부적 요인과 상호작용할 수 있다고 설명한다. 그렇기에 교사들은 자신이 속한 조직 구조를 정치적 · 물질적으로 변화시키면서 자신의 주도성을 키울 수 있다. 동시에 자신의 긍정적인 정서적 반응과 회복탄력성을 기르면서 자기효능감과 자신감을 강화함으로써, 실패와 좌절 속에서도 지속적으로 성장할 수 있다는 것이다(Bandura, 1989: Frost, 2006에서 재인용).

다시 말해, 교사들은 자신의 주도성을 발휘하여 더 많은 영향력을 행사하고 행동력을 높일 수 있는 기회를 만들어 낼 수 있다. 이는 구조가 인간의 행위를 형성하면서 동시에 인간의 행위에 의해 형성된다는 기든스(Giddens, 1984)의 구조의 이중성(duality of structure) 개념을 그대로 보여 준다. 프로스트 등(Frost et al., 2000)은 주도성과 자기효능감을 강화하여 교사의 사기를 북돋울 수 있다는 것이 교사 정체성의 한 형태일 수 있다고 주장한다. 이는 교육의 효과성을 높이고, 학교 혁신을 위한 문화와 전략 그리고 환경을 조성하는 데 기여할 수 있다.

이처럼 주도성은 어느 한 개인이나 특정 시점으로만 이해될 수 없는 복합적인 개념이다. 주도성은 사회적 맥락 속에서 형성되고 발현되며, 협력적으로 구축될 때 더 강력해질 수 있고, 과거 경험과 미래 전망을 함께 고려하는 시간적 속성 또한 지니고 있다(Priestley et al., 2016). 조직 내에서 여러 사람이 함께 발휘하는 공동 주도성은 리더십으로 불릴 수도, 아닐 수도 있다(Gronn, 2003). 이는 활동이 의도적이나 전략적이지는 않을 수도 있기 때문이다. 반면, 리더십이 반드시 주도성을 전제로 하는 것은 아니다. 이는 해당 개인의 목표나 기대하는 결과가 실제로 리더십 활동에 반영되는지에 달려 있다. 대체로 공동의 영향력은 방향성이 명확할 때 더욱 강력해지며, 이 과정에서 교장의 역할이 중요하게 작용한다(Angus, 1989). 따라서 교사의 주도성과 학교 조직 내 리더십 그리고 교육 공동체(동료 교사, 교직원, 학부모, 학생 등) 간의 관계를 신중하게 고려해야 함을 시사한다. 연구에 따르면, 학교 내에서 리더십이 분산될수록 효과성이 높아지고 조직의 역량도 강화된다(Harris & Muijs, 2003). 세르지오바니(Sergiovanni, 2006)는 이를 리더십 밀도(leadership density)라는 개념으로 설명하며, 학교 조직 내에서 리더십이 폭넓게 분산될수록 효과성이 증가한다고 주장한다. 프로스트와 듀란트(Frost &

Durrant, 2002, 2004)의 연구에서도 교장의 역할은 교사 리더십을 촉진하는 방향으로 전환될 때 더욱 강력한 효과를 발휘하며, 이는 단순한 정책 집행이 아니라 교사 주도성 그 자체를 적극적으로 존중하고 반영하는 방식으로 이루어질 때 가장 효과적임을 보여 준다.

7. 창의적 리더십과 비판적 교수이론

볼(Ball, 2008)이 제시한 직업적 헌신과 신뢰, 전문적 기술과 같은 옛 가치는 오늘날 표준화와 성과관리에 초점을 둔 새로운 전문성 개념과는 긴장 관계를 이루고 있다. 효과적인 교육을 위해서는 창의적 리더십이 필요하다. 이는 모든 구성원이 자유롭게 새로운 관점을 제시하고 아이디어를 낼 수 있으며, 그 성과를 역시 함께 공유하는 문화를 만드는 것을 의미한다. 로빈슨(Robinson, 2011)은 이러한 접근이 교육 현장에서의 참여도를 높이고, 미래에 필요한 역량을 함양할 수 있다고 주장한다. 그러나 높은 책무성의 성과주의 문화가 자리 잡은 상황에서 이를 실천하기는 쉽지 않다. 골먼(Goleman, 2011)에 따르면 창의성은 방해받지 않는 공간에서 함양될 수 있고, 꾸준히 길러져야만 한다. 창의성은 억지로 불러내거나 짜내듯이 뽑아낼 수 있는 것이 아니다. 실제로 정치적 압박이나 문화적 제약이 있는 학교 환경에서 이러한 방해받지 않는 공간을 확보하기 어렵다. 창의성 신장을 위한 핵심 요소 중 하나는 교사, 학생, 학교관리자 상관없이 누구든 자신이 어느 환경에서 어떻게 일할 때 가장 잘할 수 있는지를 스스로 파악할 수 있도록 돕고, 통제하지 않고 적절하게 자율성을 부여함으로써 주도성을 발휘하게 하는 것이다. 이로써 학교 공동체 구성원들이 변화를 이끌며, 혁신의 과정에 참여할 수 있다. 이 시점에 반드시 되짚어 봐야 할 중요한 질문은 바로 그 변화가 실제로 무엇을 위한 것인가하는 점이다. 로빈슨(Robinson, 2011)이 주장한 바와 같이, 학생들의 학습 수준과 삶의 기회를 개선하는 변화는 교사들이 교육 현장에서 모든 학생을 참여시키고 활력을 불어넣을 때 이루어질 수 있다는 견해를 반박하기는 쉽지 않을 것이다. 그러나 그 최종 목표는 무엇이어야 하는가? 교사가 움직이지 않으면 학교의 변화는 없다. 따라서 그 변화의 범위가 중요하다. 일부 사람들은 교사의 영향력과 실행 범위를 교실 안으로만 제한해야 한다고 보거나, 아니면 학교의 구조, 절차, 문화 등을 바꾸는 수준으로 확장할 것을 제안한다. 그러나 교사는 더 나아가 성찰적 의식을 바탕으로(Giddens, 1984; Elliott, 1998) 교육 시스템 전반의 목적과 목표 그리고 우선순위에 관한 논의와 결정 과정에 참여하고 이를 주도할 수도 있다(Clarke, 2000).

조직과 시스템을 변혁하는 접근은 가장 큰 권한을 가진 이들이 학교 공동체 구성원들의 집단적 열망을 불러일으키도록 그 권한을 활용하는 것이 필수이다(Durrant & Holden, 2006). 즉, 학교의 고위 리더들은 학교 구성원 모두가 변화 과정에 참여할 수 있게 독려하고, 그들이 그러한 열망을 실현하기 위해 필요한 역량을 개인적 · 집단적으로 숙달할 수 있게 돕고자 할 것이다(Leithwood et al., 1999, p. 9). 이러한 노력은 바넷(Barnett, 2008)이 말한 유동성의 시대, 즉 주변 조직과 시스템이 끊임없이 변화하고 불확실성과 예측 불가능성이 일상화된 환경에서 창의적으로 일해야 하는 상황 속에서 이루어진다. 이런 상황에서 교사들은 단순히 성과를 내야 하는 사람이나 개인적 삶과 직업이 있는 사람(Hargreaves & Fullan, 2012) 혹은 훌륭한 교수법을 좇는 학습자(Stoll et al., 2012)로만 여겨져서는 안 되며, 존엄성과 존중을 받는 존재여야 한다. 지루(Giroux, 1985, p. 71)가 제안한 '변혁적 지식인(transformatory intellectual)'으로서의 교사 개념은 주도성의 차원을 한층 더 확장한다. 다시 말해, 학생뿐 아니라 교사 자신에게도 권위적 담론과 기계적 반복을 자기 목소리를 내며, 다른 사람의 목소리에도 귀 기울이고, 지식과 권력의 토대를 비판적으로 성찰하는 목소리로 대체한다는 것이다. 여기서 교사 교육과 학생 교육이 긴밀히 연결되는 점이 핵심이다. 이렇게 밀접하게 연결되는 까닭은 이들이 비에스타(Biesta, 2016)가 말하는 교육의 목적론적 성격, 즉 교육의 본질적 의도와 방향성을 함께 고민해야 하기 때문이다. 단순히 기술적 접근만으로는 교사가 비판적 논의에 참여하고, 성찰하고, 협업하며 리더십을 발휘할 수 있는 환경을 직접 확보해야 한다는 요구를 충분히 충족하기에는 어려움이 있다. 그 결과, 교사는 교수법 자체를 바꾸는 데 그치지 않고, 그러한 교수 활동을 가능하게 하거나 제약하는 조건들 자체를 바꾸기 위해 정치적 활동에도 참여해야 한다. 지루(Giroux, 1985, p. 75)는 이 과업이 매우 방대하다는 점을 인정하면서도, 교사들이 자신이 속한 교육 현장에서 창의적이고 성찰적인 담론과 실천을 위한 새로운 공간을 열어 갈 수 있는 발판을 마련하는 것이 그 길이라고 보았다. 이와 같은 과정이야말로, 교사 스스로가 주체가 되는 진정한 전문성 개발이라 할 수 있다.

다음 장에서 다뤄질 교사 사례는 영국 정부의 가르침의 중요성이라는 정책(DfE, 2010) 배경 속에서, 즉 표면적으로는 교사가 학교 혁신의 중심에 놓여 있는 듯한 상황에서 이루어진다. 개혁 과정에서 교사 역량의 저하와 전문성 축소라는 학계 담론에서 지나치게 부각되어 왔다는 주장도 있다. 오히려 일부 경우에는 교사의 전문성이 제한되기보다 확장될 여지도 있음(Whitty, 2006)을 시사한다. 프리스틀리 등(Priestley et al., 2015)은 영국의 정책에서 최근 교사 주도성의 중요성을 점차 인식하고 있다고 보지만, 이를 뒷받침할 문화적 변혁이 충분히 이루어졌는지에 대해 의문을 제기한다. 여러 국가의 정부는 전문직을 표준화된 기준을 효율적으로 충족하고, 학교의 책무성에 기여하는 사람으로 간주하는 경향을 보였다. 에반스(Evans, 2011, p. 851)는 이것이 교사의 태도나 지적 활동을 배제한 채, 오직 교사의 행동 측면에만 치중한 편향된 전문성이라고 비판하였다. 이처럼 제4장에서 살펴볼 교사들의 구체적 이야기는 다양한 긴장 관계를 배경으로 전개될 것이다.

8. 포스트모던적 해석: 교사 전문성과 초상화 기법

교육 이론과 실제는 근대주의 전통에 기반을 두고 있지만(Usher & Edwards, 1994), 학교 변화 속에서 교사의 역할과 정체성을 분석하려 할 때 이것을 하나의 명확한 틀로 단순화하거나 범주화하기는 어렵다. 제1장에서 언급했듯이, 교사의 전문성 개발과 정체성에 대한 논의에는 포스트모던(postmodern)과 포스트구조주의(post-structuralist)의 관점이 필요하다. 교사는 고정된 자아(fixed selves)가 아니라 다른 전문직 종사자들처럼 상황적 자아(situated selves)로서, 그들의 정체성과 행동은 대인관계, 환경, 상황, 조건 등에 따라 유연하게 변화한다(Gee, 1997; Stark & Stronach, 2005). 이러한 이유로 교사의 역할을 분석하는 데 있어 환원적이거나 선형적 혹은 인과적 접근 방식으로 분석하는 것은 적합하지 않다(Usher & Edwards, 1994; Apple, 1995). 다시 말해, 기존의 명확한 개념적 틀이나 전형적인 범주화 방식으로 교사 전문성을 규정하는 것은 지양해야 한다는 것이다.

로렌스-라이트풋과 데이비스(Lawrence-Lightfoot & Davis, 1997)가 제시한 초상화 기법은 교사들의 이야기를 탐구하여 구조화하고 표현하는 데 적합한 방법으로 주목받아 왔다. 초상화 기법은 고정된 경계를 넘나들고, 변화하는 역할과 정체성을 탐색하며, 다층적 자아를 조명하는 과정에 중점을 둔다(MacLure, 1996; Somekh & Thaler, 1997). 이는 곧 교사들의 삶과 업무의 핵심 요소이기도 하다. 본질적으로 초상화는 사회·문화적 맥락에서 인간 경험이 지닌 풍부함, 복잡성, 다차원성을 포착하고, 그 경험 속에서 길을 찾아가고 있는 당사자들의 관점을 전하는 데 목적이 있다(Lawrence-Lightfoot & Davis, 1997, p. 3).

초상화 기법은 교사의 경험을 단순히 기술하는 것이 아니라, 그들이 변화하는 조직 환경 속에서 어떻게 살아가고 있는지를 입체적으로 그려내는 방법이다(Beijaard et al., 2004). 그리고 개별 교사가 변화하는 교육 환경 속에서 어떻게 역할을 수행하고 있는지를 미세하게 포착하는 데 효과적인 방법이다. 이 접근법은 사례 연구의 특정한 표현 방식과 분석적 기법을 반영하면서도 내러티브 요소를 포함한다. 이를테면, 트립(Tripp, 1993)이 제시한 중요 사건(critical incidents)을 식별하는 방식과 같은 방법론을 활용하여 교사 개개인의 역할, 경험, 관점, 정체성을 탐색하고 해석한다. 이 과정에서 교사와 연구자는 단순한 관찰자가 아니라 상호작용하며 공동으로 의미를 만들어 가는 존재이다. 이러한 연구 방식은 학교 현장의 복잡성과 변화 과정을 있는 그대로 반영하며, 그 결과물은 역동적이고 문제적이며,[7] 열린 결말 그리고 복합적인 특징을 지니게 된다(Guba & Lincoln, 2008, p. 279). 이러한 접근은 학교 현장에서 일어나는 실제 모습과 학교의 변화 과정을 그대로 반영한다고 할 수 있다.

---

7) (역자 주) 문제적(problematic): 단순하거나 명확하게 해결하기 어려운 성격을 지니며, 논의나 분석을 통해 더욱 깊이 이해해야 하는 상태라고 볼 수 있음. 즉, 이미 답이 정해져 있지 않고, 여러 가지 해석과 관점이 얽혀 있어 논란의 여지나 해결 과제가 많음을 의미함.

성찰 질문

- 교사가 자기개념을 높이는 것이 조직 변화에 어떤 이점을 가져올 수 있으며, 반대로 어떤 위험 요소가 있을 수 있는가?
- 자신의 학교나 기관에서 스스로의 목소리로 의견을 표현하기 위해 지금보다 더 적극적으로 할 수 있는 일은 무엇인가?
- 당신이 달성하고자 하는 구체적인 변화의 목표는 무엇이며, 그로 인해 예상되는 부정적인 결과나 우려 사항은 무엇인가?
- 당신의 학교 또는 기관에서 학생과 교사의 창의성과 혁신을 발휘할 수 있는 기회는 구체적으로 각각 얼마나 주어지고 있는가?

참고문헌

Angus, L. (1989). 'New leadership and the possibility of educational reform', In Smyth, J. (Ed.), *A Socially Critical View of the Self-managing School*. London: Falmer Press, pp. 63-92.

Apple, M. W. (1995). *Education and Power*. 2nd edn. New York: Routledge.

Archer, M. S. (2003). *Structure, Agency and the Internal Conversation*. Cambridge: Cambridge University Press.

Ball, S. J. (2003). 'The teacher's soul and the terrors of performativity', *Journal of Educational Policy, 18*(2), 215-228.

Ball, S. J. (2008). 'Performativity, privatisation, professionals and the state', In Cunningham, B. (Ed.), *Exploring Professionalism*. Bedford Way Papers (33). London: Institute of Education, University of London Publications, pp. 50-72.

Ball, S. J. (2016). 'Neoliberal education? Confronting the slouching beast', *Policy Futures in Education, 14*(8), 1046-1059.

Ball, S., Lightfoot, S., & Hill, V. (2017). 'A breakthrough in support for school and teacher development: A profession-led masters programme', In Frost, D. (Ed.), *Empowering Teachers as Agents of Change: A Non-positional Approach to Teacher Leadership*. Cambridge: LfL: the Cambridge Network.

Bandura, A. (2001). 'Social cognitive theory: an agentic perspective', *Annual Review of Psychology, 52*, 1-26.

Bangs, J., & Frost, D. (2016). 'Non-positional teacher leadership: distributed leadership and self-efficacy', In Evers, J., & Kneyber, R., *Flip the System: Changing Education from the Ground Up*. London: Routledge, pp. 92-107.

Bangs, J., MacBeath, J., & Galton, M. (2011). *Reinventing Schools, Reinventing Teachers*. London: Routledge.

Barber, M. (2005). 'Informed professionalism: realising the potential'. Presentation to a conference of the Association of Teachers and Lecturers, London, 11 June.

Barnett, R. (2008). 'Critical professionalism in an age of supercomplexity' In Cunningham, B. (Ed.), *Exploring Professionalism*. Bedford Way Papers (33). London: Institute of Education, University of London Publications, pp. 190-207.

Barth, R. (1990). Improving Schools from Within. San Francisco: Jossey Bass.

Bascia, N., & Hargreaves, A. (Eds.). (2000). *The Sharp Edge of Educational Change*. London: Routledge/Falmer Press

Beijaard, D., Meijer, P., & Verloop, N. (2004). 'Reconsidering research on teachers' professional identity', *Teaching and Teacher Education, 20*, 107-128.

Biesta, G. (2014). *The Beautiful Risk of Education*. London: Paradigm Publishers.

Biesta, G. (2016). 'Good education and the teacher: reclaiming educational professionalism', In Evers, J., & Kneyber, R., *Flip the System: Changing Education from the Ground Up*. London: Routledge, pp. 79-90.

Bottery, M. (2004). *The Challenges of Educational Leadership*. London: Paul Chapman Publishing.

Bryan, H. (2012). 'Reconstructing the teacher as a post secular pedagogue: a consideration of the new Teachers' Standards', *Journal of Beliefs and Values: Studies in Religious Education(Special Edition: Post-Secular Trends-Issues in Education and Faith). 33*(2), 217-228.

Capra, F. (2011). Fritjof Capra website. Available at: http://www.fritjofcapra.net/seminars.html (accessed 2011).

Chartered College of Teaching (2018). Chartered Teacher Professional Principles. Available at: https://chartered.college/chartered-teacher/professional-principles (accessed 2018).

Clarke, P. (2000). *Learning Schools, Learning Systems*. London: Continuum.

Claxton, G. (2008). *What's the Point of School? Rediscovering the Heart of Education*. Oxford: OneWorld.

Crook, D. (2008). 'Some historical perspectives on professionalism', In Cunningham, B. (Ed.), *Exploring Professionalism*. Bedford Way Papers (33). London: Institute of Education, University of London Publications, pp. 10-27.

Cunningham, B. (2008). (Ed.). *Exploring Professionalism*. Bedford Way Papers (33). London: Institute of Education, University of London Publications.

Day, C. (2017). *Teachers' Worlds and Work: Understanding Complexity, Building Quality*. London: Routledge.

Day, C., Sammons, P., Stobart, G., Kington, A., & Gu, Q. (2007). *Teachers Matter: Connecting Work, Lives and Effectiveness*. Buckingham: Open University Press.

DfE (2010). *The Importance of Teaching: The Schools White Paper 2010*. Available at: https://www.education.gov.uk/publications (accessed 2011).

DfE (2016a). *Standard for Teachers' Professional Development*. Availableat: https://www.gov.uk/government/publications/standard-for-teachers-professional-development (accessed 2018).

DfE (2016b). *Supporting Pupils At School With Medical Conditions: Statutory Guidance*. DFE00393-2014. London: Department for Education.

DfE (2018). *Strengthening Qualified Teacher Status and Improving Career Progression for Teachers' Consultation*. Available at: https://consult.education.gov.uk/teaching-profession-unit/strengthening-qts-and-improving-career-progression/ (accessed 2018).

Durrant, J., & Holden, G. (2006). *Teachers Leading Change: Doing Research for School Improvement*. London: Paul Chapman.

Elliott, J. (1998). *The Curriculum Experiment: Meeting the Challenge of Social Change*. Buckingham: Open University Press.

Evans, L. (1999). *Managing to Motivate: A Guide for School Leaders*. London: Cassell.

Evans, L. (2008). 'Professionalism, professionality and the development of education professionals', *British Journal of Educational Studies, 56*(1), 20-38.

Evans, L. (2011). 'The "shape" of teacher professionalism in England: professional standard, performance management, professional development and the changes proposed in the 2010 White Paper', *British Educational Research Journal, 37*(5), 851-870.

Fielding, M. (2006). 'Leadership, personalization and high performance schooling: naming the new totalitarianism', *School Leadership and Management, 26*(4), 347-369.

Frost, D. (2004). 'Resisting the juggernaut: building capacity through teacher leadership in spite of it all', *Leading and Managing, 10*(2), 70-87

Frost, D. (2006). 'The concept of "agency" in leadership for learning', *Leading and Managing, 12*(2), 19-28.

Frost, D., & Durrant, J. (2002). 'Teachers as leaders: exploring the impact of teacher led development work', *School Leadership and Management, 22*(2). 143-161.

Frost, D., & Durrant, J. (2004). 'Supporting teachers' leadership: what can principals do? A teacher's perspective from research', In Chrispeels, J. (Ed.), *Learning to Lead Together: The Promise and Challenge of Sharing Leadership*. London and New York: Sage, pp. 307-326.

Frost, D., Durrant, J., Head, M., & Holden, G. (2000). *Teacher-Led School Improvement*. London: RoutledgeFalmer.

Fullan, M. (1993). *Change Forces: Probing the Depths of Educational Reform*. London: Falmer Press.

Galton, M., & MacBeath, J. (2008). *Teachers Under Pressure*. London: Sage/ National Union of Teachers.

Gee, J. P. (1997). 'Foreword: a discourse approach to language and literacy', In Lankshear, C. & Gee, J. P., Knobel, M., & Searle, C., *Changing Literacies*. Buckingham: Open University Press.

Gibb, N. (2017). The Power and Autonomy of Greater Freedom for Schools. Available from: https://www.gov.uk/government/policies/school-and-college-accountability (accessed 2018).

Giddens, A. (1984). *The Constitution of Society: Outline of the Theory of Structuration*. Cambridge: Polity Press.

Giroux, H. (1985). 'Teachers as transformative intellectuals', *Social Education, 49*(5), 376-379.

Goleman, D. (2011). 'Want creative workers? Loosen the Reins, Boss'. Available at: http://danielgoleman.info/2011/06/02/want-creativeworkers-loosen-the-reins-boss/ (accessed 2011).

Gronn, P. (2003). *The New Work of Educational Leaders: Changing Leadership Practice in an Era of School Reform*. London: Sage.

Guba, E. G., & Lincoln, Y. S. (2008). 'Paradigmatic controversies, contradictions and emerging confluences', In Denzin, N. K., & Lincoln, Y. S. (Eds.), *The Landscape of Qualitative Research*. London: Sage, pp. 255-286.

Hargreaves, A., & Fullan, M. (2012). *Professional Capital: Transforming Teaching In Every School*. New York and London: Teachers College Press; Toronto, Canada: Ontario Principals' Council.

Hargreaves, D. H. (1999). 'The knowledge creating school', *British Journal of Educational Studies, 47*(2), 122-144.

Harris, A., & Muijs, D. (2003). *Teacher Leadership: Principles and Practice (A Review of Research)*. National College for School Leadership. Available at: http://www.nationalcollege.org.uk/media-dc8-33-teacher-leadership.pdf (accessed 2011).

Hill, V. (2014). 'The HertsCam TLDW programme', In Frost, D. (Ed.). Transforming Education through Teacher Leadership. The LfL Teacher *Leadership Series*. Cambridge: University of Cambridge, pp. 73-83.

Hoyle, E. (1975). 'Professionality, professionalism and control in teaching', In Houghton, V., McHugh, R., & Morgan, C. (Eds.), *Management in Education: The Management of Organisations and Individuals*. London: Ward Lock Educational in association with Open University Press.

Lawrence-Lightfoot, S., & Davis, J. H. (1997). *The Art and Science of Portraiture*. San Francisco: Jossey Bass.

Leithwood, K., Jantzi, D., & Steinbach, R. (1999). *Changing Leadership for Changing Times*. Buckingham: Open University Press.

Lingard, B. (2009). 'Pedagogizing teacher professional identities', In Gewitz, S., Mahony, P., Hextall, I., & Gibb, A. (Eds.), *Changing Teacher*

Professionalism: International Trends, Challenges and Ways Forward. Oxford: Routledge, pp. 81-93

Lunt, I. (2008). 'Ethical issues in professional life', In Cunningham, B. (Ed.), *Exploring Professionalism*. Bedford Way Papers (33). London: Institute of Education, University of London Publications, pp. 73-98.

MacBeath, J., Dempster, N., Frost, D., Johnson, G., & Swaffield, S. (2018). *Strengthening the Connections between Leadership and Learning: Challenges to Policy, School and Classroom Practice*. London: Routledge.

MacLure, M. (1996). 'Telling transitions: boundary work in narratives of becoming an action researcher', *British Educational Research Journal, 22*(3), 273-286.

Margolis, J. (1999). 'Pierre Bourdieu: habitus and the logic of practice', In Shusterman, R. (Ed.), *Bourdieu: A Critical Reader*. Oxford: Blackwell, pp. 64-83.

Mitchell, C., & Sackney, L. (2009). *Sustainable Improvement: Building Learning Communities that Endure*. Rotterdam, Netherlands: Sense Publishers.

Morley, L. (2008). 'The micropolitics of professionalism: power and collective identities in higher education', In Cunningham, B. (Ed.), *Exploring Professionalism*. Bedford Way Papers (33). London: Institute of Education, University of London Publications, pp. 99-120.

O'Hanlon, C. (1993). 'The importance of an articulated theory of professional development', In Elliott, J. (Ed.), *Reconstructing Teacher Education*. London: Falmer Press, pp. 243-256.

OECD (2009). *Creating Effective Teaching and Learning Environments: First Results from TALIS*. OECD Publishing.

Point, S. (2009). Welcome Address, International Congress for School Effectiveness and School Improvement, Vancouver, BC, Canada,

January.

Power, S. (2008). 'The imaginative professional', In Cunningham, B. (Ed.), *Exploring Professionalism*. Bedford Way Papers (33). London: Institute of Education, University of London Publications, pp. 144-160.

Priestley, M., Biesta, G., & Robinson, S. (2015). *Teacher Agency: An Ecological Approach*. London: Bloomsbury.

Priestley, M., Biesta, G., & Robinson, S. (2016). 'Teacher agency, what is it and why does it matter?' In Evers, J., & Kneyber, R., *Flip the System: Changing Education from the Ground Up*. London: Routledge, pp. 134-148.

Ranson, S. (2003). 'Public accountability in the age of neo-liberal governance', *Journal of Educational Policy, 18*(5), 9-28.

Robinson, K. (2011). 'Profile: creative thinking', *Report: Journal of the Association of Teachers and Lecturers*, June, 14-15.

Sachs, J. (2003a). 'Teacher professional standards: controlling or developing teaching?', *Teachers and Teaching: Theory and Practice, 9*(2), 175-186.

Sachs, J. (2003b). 'The activist professional', *Journal of Educational Change, 1*(1), 77-94.

Sergiovanni, T. (2006). 'Leadership and excellence in schooling', *Educational Leadership, 41*(5), 6-13

Somekh, B., & Thaler, M. (1997). 'Contradictions of management theory, organisational cultures and the self', *Educational Action Research, 5*(1), 41-60.

Stark, S., & Stronach, I. (2005). 'Nursing policy paradoxes and educational implications', In Warne, T., & McAndrew, S. (Eds.), *Using Patient Experience in Nurse Education*. Basing stoke: Palgrave Macmillan, pp. 63-85.

Stoll, L., Harris, A., & Handscomb, G. (2012). Great Professional Development Which Leads to Great Pedagogy: Nine Claims From

Research. Nottingham: National College for School Leadership.

Tripp, D. (1993). *Critical Incidents in Teaching: Developing Professional Judgement*. London: Routledge.

Usher, R., & Edwards, R. (1994). *Postmodernism and Education: Different Voices, Different Worlds*. London: Routledge.

Walker, M., Jeffes, J., Hart, R., Lord, P., & Kinder, K. (2011). 'Making the links between teachers' professional standards, induction, performance management and continuing professional development'. NFER Research Report DFE-RR075. London: Department for Education. Available at: https://www.education.gov.uk/publications (accessed 2011).

Wenger, E. (1998). *Communities of Practice: Learning, Meaning and Identity*. Cambridge: Cambridge University Press.

Whitty, G. (2006). 'Teacher professionalism in a new era'. Paper presented at first General Teaching Council for Northern Ireland Annual Lecture, Belfast, March.

Whitty, G. (2008). 'Changing modes of teacher professionalism: traditional, managerial, collaborative and democratic', In Cunningham, B. (Ed.), *Exploring Professionalism*. Bedford Way Papers (33). London: Institute of Education, University of London Publications, pp. 28-49.

제 4 장
학교 변화를 이끄는 교사의 역할

이 장에서는 학교 혁신 과정에서 교사들이 어떤 경험을 하고 어떻게 행동하고 대응했는지를 그들의 생생한 이야기를 통해 제시한다. 연구 참여 교사들은 캐슬게이트 교장과 아카데미 고위 관리자에 의해 선정되었으며, 한두 차례 진행된 인터뷰에 적극적으로 응했다. 교사 여섯 명은 역할, 성별, 연령, 경력 면에서 다양성을 확보하도록 선정되었다. 인터뷰와 해석 과정을 통해 교사들이 내면적으로 쌓아 온 암묵적 지식을 가시화하고(Holly, 1989), 이를 진정성 있고, 현실적이며 지속적인 기록으로(Schostak, 2006) 주목할 만한 가치가 있는 이야기를 담고자 하였다(Ely et al., 1991, p. 156).

서로 다른 맥락의 대조를 효과적으로 보여 주기 위해 각 학교에서 세 명씩 총 여섯 명의 교사 초상화를 하나의 중첩(nested) 사례 연구 구조로 구성했다. 다음과 같이 인터뷰에 참여한 학교와 교사의 이름은 모두 가명을 사용했다.

- **뉴 퓨처스 아카데미**(New Futures Academy, 이하 '아카데미'): 로나(Lorna), 팸(Pam), 제임스(James)
- **캐슬게이트 학교**(Castlegate School, 이하 '캐슬게이트')(심각하고 복합적인 학습 요구가 있는 초 · 중등 학생들을 대상으로 하는 학교): 크리스틴(Christine), 마이클(Michael), 제스(Jess)

1. 초상화 기법의 예술성과 과학성

초상화 기법(portraiture)은 교사들의 이야기를 탐구하고 구조화하여 표현하는 효과적인 방법으로 주목받아 왔다. 이는 학교라는 복잡하고 다면적인 교육 현장이자 정치적 환경 속에서 교사들의 전문적 삶을 본질적으로 조명하는 방식이라고 볼 수 있다. 초상화 기법은 단순히 이야기를 수집하는 것이 아니라, 교사들의 이야기를 들으며 이를 하나의 의미 있는 글로 엮는 데 주안점을 둔다. 이러한 글쓰기에 활용할 질적 데이터를 수집하기 위해, 세 가지 도구를 포함한 반구조화된 인터뷰를 실시하였다. 연구 설계에 특히 영감을 준 두 가지 연구 사례가 있다. 삭스(Sachs, 2007)가 엽서 이미지를 활용하여 교사들의 전문성 개발 과정을 연구했으며, 스트로낙(Stronach, 2007)은 신규교사들의 경험을 저글링, 시간 왜곡과 같은 이미지를 활용하여 분석했다. 이 선행 연구의 사례에서 영감을 얻어 '서커스 묘기'를 묘사한 12장의 이미지를 만들고, 교사들에게 학교 혁신의 과정에서 자신의 역할을 가장 잘 표현한다고 느끼는 이미지를 고르도록 하였다. 볼턴(Bolton, 2014)에 따르면, 은유적 표현은 현실보다 감정을 덜 자극하여 자유롭게 생각과 느낌을 표현할 수 있도록 하고, 이를 통해 내면에 숨겨진 경험의 영역을 탐색할 수 있게 한다. 이러한 은유는 분석 과정에서도 지속적으로 사용되었다. 이 밖에도 두 가지 도구가 더 활용되었다. 첫째, 카드 분류로 교사의 전문성 우선순위에 대한 진술이 담긴 카드를 '내 실천의 핵심' '내 실천의 일부' '내 실천과 무관'이라는 간단한 기준에 따라 분류하고, 각 진술이 얼마나 중요한지 계량적으로 파악 가능한 방법이다. 둘째, 교수 활동의 현재와 이상 비교이며, 이는 '현재의 수업'과 '내가 희망하는 수업'을 표기한 두 개의 교차 원에 교사가 떠오르는 단어나 구를 적도록 하고, 이 자료를 활용하여 워드 클라우드를 생성하는 방법이다(Durrant, 2013).

교사들은 인터뷰에서 학교 변화에 대한 자신의 반응과 기여, 동기와 행동 그리고 영향력에 대해 성찰하였다. 연구 설계는 연구자의 이론적 민감성(theoretical sensitivity)에 기반하였으며(Strauss & Corbin, 1990), 연구자의 교사 경험과 교사 교육자로서의 전문성을 바탕으로 신뢰할 수 있는 해석과 서술을 가능하게 하였다. 녹취록을 일일이 작성하기보다는 인터뷰 내용의 핵심 주제들을 정리하여 각 교사의 이야기를 전체적으로 보여 주는 초상화 텍스트(portrait text)를 작성함으로써, 해당 교사가 지닌 고유한 이야기를 최대한 온전히 살리고자 했다. 또한 베르메르(Vermeer)의 그림 〈진주 귀걸이를 한 소녀〉에서 영감을 받아 각 내러티브의 핵심을 포착하는 데 주력하였다(Chevalier, 1999). 작성된 초상화 텍스트는 교사들에게 전달하여 내용의 진정성을 확인받았다. 로나는 초상화가 매우 상상적이고 성찰적인 여정을 불러일으킨다며, 이를 현재 시제로 표현했다.

> 마치 복도를 걸으며 그들(학생, 동료 교사)의 목소리를 듣는 느낌이에요.

마이클은 자신의 초상화를 긍정적으로 평가하면서도, 반성적이고 감정적인 반응을 보였다.

> 제 이야기를 이렇게 여러 페이지로 읽는 건 꽤 자기도취적인 경험이네요. 이렇게 내 모습이 고스란히 드러난 걸 보니 정신이 번쩍 들기도 했고요! …… 이 글을 보내 주셔서 정말 고맙습니다. 다시 한번 생각해 볼 것이 정말 많았어요!

한편, 크리스틴은 자신이 인터뷰에서 말한 내용에 여전히 강한 확신을 가지고 있음을 강조했다. 이러한 감정적이고 개인적인 반응들은 일반적인 인터뷰 분석보다 초상화 기법이 교사들의 실제 삶과 경험을 보다 생생하고 온전하게 반영함을 보여 준다. 일부 교사에게는 자신의 이야기를 전하는 과정에서 생기는 상호적 주도성이 느껴지기도 했다. 한편, 초상화 원문의 분량은 매우 길기 때문에, 본문에서는 각 교사의 이야기를 간략한 '미니어처' 형태로 주요 내용을 전달하고자 한다(Durant, 2013).

2. 미니어처: 교사 인터뷰

뉴 퓨처스 아카데미

팸(Pam)은 아카데미에서 36년간 근무하며 수많은 변화를 직접 경험한 인물이다. 현재는 가정·식품 과목 책임자지만, 예전에 교무부장 역할을 하며 상당히 까다로운 생활지도 업무를 맡기도 했다. 그녀는 교육이 더 나은 삶과 지속 가능한 미래를 여는 여권과 같다는 굳은 믿음을 갖고 있다. 어려운 도심 중등학교가 초임지였으며, 그곳에서 생활지도에 흥미를 갖게 되어 학업에 어려움을 겪는 학생들에게 각별한 관심을 기울였다. 팸은 힘든 노력을 마다하지 않는 태도를 지니고 있으며, 학교 리더십을 적극 지지하는 것이 자신의 역할이라고 생각한다. 가정, 지역사회 등과 폭넓게 협력하여 교육과 건강 및 웰빙을 증진하고자 애쓰며, 국제 봉사 활동에서도 자신의 전문성을 발휘해 왔다.

제임스(James)는 아카데미에서 영어부장을 맡고 있는데, 이는 스스로 협상을 통해 얻어 낸 직책이다. 열정적인 교과 전문가로, 수업에서 학생들을 몰입하게 만드는 새로운 아이디어와 혁신적 방식을 시도하는 것을 좋아한다. 그러나 국가 교육과정이 주는 제약을 강하게 느끼며, 자신도 학생이 즐기지 않는 내용을 가르쳐야 할 때 불만을 품곤 한다. 학교가 아카데미로 전환되는 과정에서 업무가 과중해져 건강이 안 좋아졌던 경험을 털어놓기도 했다. 그 이후로는 시간을 들이는 우선순위를 신중히 결정하며, 학생들에게 실제 이점을 주는 일과 불가피한 의무 사이를 균형 있게 조율하려고 노력한다. 두 가지가 늘 일치하는 것은 아니라고 생각하기 때문이다.

로나(Lorna)는 아카데미가 된 학교의 교사들이 전문성 개발을 할 수 있도록 지원하는 역할을 맡고 있다. 과거에는 교사와 교육 자문, 다양한 교육 관련 업무 등을 두루 경험했다. 리더의 입장에서 아카데미 이사회가 요구하는 변화를 실행해야 하는 임무가 주어졌지만, 이는 본인이 선호하던 인간관계 구축, 전문적 학습을 고무시키기, 지원 제공 등의 방식과 충돌을 일으키곤 한다. 때때로 의사소통이 제대로 이루어지지 않아, 자신의 리더십이 약화되는 상황을 겪기도 했다. 학교가 충분한 계획이나 명확한 근거 없이 변화를 추진하는 모습을 보며 우려하기도 한다. 그러나 주변 사람들은 로나가 언제나 긍정의 에너지를 퍼뜨리는 사람이라는 점을 높이 평가한다고 한다.

캐슬게이트 학교

마이클(Michael)은 일반 학교에서의 특수교육 담당 교사를 비롯한 여러 직무를 수행한 뒤, 현재 여기에서는 학년 부장을 맡고 있다. 보조 인력의 업무를 관리·조율하며, 학생들을 지키고 지원해 주는 것을 중요하게 여긴다. 교장이 자신의 자율성을 존중해 준다고 느끼고 있으며, 도입된 여러 변화가 실질적으로 학생들에게 도움이 될지 확신하지 못하는 편이다. 가족들과 긴밀히 협력해 학생들이 학교 이후의 삶으로 원활하게 넘어갈 수 있도록 돕고 있다. 학습에 어려움을 겪는 학생들에게 맞춤 전략을 마련해 주고, 장기 병가를 낸 동료의 업무를 대신하며 분투 중이다.

제스(Jess)는 참여 교사 중 가장 젊은 인물이다. 연구 초기에는 자신이 기여할 만한 것이 있을지 모르겠다며 고민했지만, 연말이 되자 스스로 업무량을 파악하고 추가적인 과목 책임까지 맡게 되었다. 그녀가 이끄는 팀은 함께 크게 웃으면서 일하는 것을 중요한 분위기로 삼고 있다. 주말 수영 수업에도 자원봉사자로 참여하고, 이전에 근무했던 특수학교 학생들도 계속 찾아가곤 한다. 그곳이 신체적으로 너무 힘들어 더 일하기 어려웠다고 하나, 제스는 앞으로도 특수교육 분야에서 경력을 이어 갈 것이라는 확신이 있다.

크리스틴(Christine)은 유아교육을 전공하여, 학생들의 초기 학습 요구를 평가하고 다양한 전문가, 가족, 기관과 협력해 지원 방안을 마련한다. 리더십 스타일은 단호하면서도 다가가기 어렵지 않은 편으로, 무슨 일이 벌어지고 있는지 제대로 파악하고, 동료와 함께 앉아 대화하는 것을 중요하게 여긴다. 새로운 접근법을 직접 시범 보이고 시도하면서, 동료들이 그 뒤를 따를 수 있도록 길을 닦아 준다. 매우 바쁜 일상을 보내지만, 점차 업무 위임에 익숙해지고 있다. 그녀가 가장 사랑하는 일은 아이들과 함께하는 순간이며, 창의적 프로젝트나 교실에서 일어나는 가슴 뭉클한 장면들에 대해 열정적으로 이야기한다. 연구가 끝난 직후, 더 높은 관리직으로 진급했다.

초상화 이야기를 살펴보면, 공식적인 학교 혁신 의제와 교사들이 실제로 필요하다고 느끼는 개선점 사이에서 교사들의 시각과 경험이 일치하지 않는 부분이 드러난다. 초상화 기법에 이어, 이 장에서는 교사들이 학교 변화와 관련해 자신의 역할을 어떻게 인식하는지 서로 다른 관점을 보여 주는 두 개의 갤러리로 내용을 구성했다. 이어지는 제5장에서는 학교 환경 및 문화와 교사들의 상호작용에 대한 세 번째 갤러리를 다룬다.

3. 갤러리 1: 학교 혁신에 대한 교사의 전문적 태도

교사들이 공식적인 학교 혁신 의제에 대해 교사들이 어떻게 반응하고 기여하는지를 살펴보면, 여러 유형의 태도를 확인할 수 있다. 스트로나 등(Stronach et al., 2002)이 경고했듯이, 교사들의 복잡한 경험을 단순히 특정한 유형으로 규정하는 것은 지양해야 하나, 교사들이 설명한 다양한 관점과 태도를 예시적으로 설명하기 위한 유형화를 시도할 수는 있다. 연구 참여자들이 서커스 이미지를 활용한 은유에 크게 공감했기에, 이 은유를 활용하여 교사들이 학교 변화와 관련해 취할 수 있는 태도를 아래와 같이 다섯 가지 범주로 분류했다.

- 관망하기
- 외줄타기와 공중그네
- 저글링, 곡예 및 접시 돌리기
- 탈출 묘기와 인내
- 가면 쓰기

관망하기

지속적인 변화 앞에서 교사들이 취한 태도 중 하나는 무관심이나 수동적인 태도로서의 관망이었다. 이런 태도를 보인 교사들은 변화가 자신과 직접 관련이 없다고 느끼거나 그 가치에 확신을 갖지 못했으며, 자신이 기여할 수 있는 부분이 없다고 생각했다. 그 결과, 이들은 변화에 적극적으로 관여하기보다는 수동적인 관람자(spectator)의 역할을 선택했다. 교사들이 이러한 태도는 업무 부담과 시간 부족, 이해 부족, 확신 부족, 변화 자체에 대한 반감 등 다양한 원인에서 비롯될 수 있었으며, 명백한 변화 저항의 한 형태였다.

캐슬게이트 특수학교에서 가장 젊은 교사인 제스는 주로 학생들의 필요와 자신의 교실 관리에 집중했기 때문에 공식적인 학교 혁신 계획과의 연결성을 찾지 못해 수동적으로 변화에 순응했다. 그녀는 학교 혁신 계획과 자신의 수업이 직접적으로 연결되지 않는다고 느껴 무엇으로 결정되든 그냥 따를 뿐이라는 입장을 취했다. 그녀는 관리자들이 변화를 좋아한다고 느꼈지만, 자신은 검증된 방식을 선호했다. 제스와 마이클 모두 회의에 참석해도 머릿속으로는 '이 시간에 다른 일을 할 수 있을 텐데.'라고 생각했다. 이들은 변화에 대해 냉소적이거나 적대적이지는 않았지만, 학생들에게 실질적인 이점이 명확하지 않을 경우에는 에너지를 아끼고 판단을 유보했다. 그는 공식적인 학교 혁신의 계획을 책장에 쌓아둔 매뉴얼들처럼, 한 번도 펼쳐보지 않은 것이라고 표현했다. 그는 대부분의 회의와 서류 작업이 실제 수업과는 무관한 행정 업무로 여겼다. 또한 일부 관리자들이 반드시 해야 하는 변화 조치들을 그냥 형식적으로 수행하는 것 같다며 말하고, 학교가 진정한 확신 없이 변화를 강요하는 상황을 지적했다. 하지만 흥미로운 점은 교장이 정책을 해석하고 실행하는 방식에 대해 교사들이 신뢰하고 있었다는 것이다. 캐슬게이트 교장은 외부 정책과 내부 실행 사이에서 교사들이 신뢰할 수 있는 조정자 역할을 했다. 실제로 제스와 마이클 모두 처음에는 학교 혁신에 회의적이었으나, 교장의 신뢰를 바탕으로 점차 변화의 가치를 인정하게 되었다. 이처럼 교사들은 수동적인 관람자로만 머물러 있지 않으며, 신뢰할 수 있는 리더십이 개입한다면 참여자로 변할 가능성이 충분히 있다는 것을 보여 준다.

반면, 아카데미에서는 강제적 순응 중심의 리더십이 오히려 교사들의 수동적 태도를 유도했다. 제임스는 아카데미 체제로 전환되는 과정에서 리더십과의 거리감을 강하게 느꼈다. 그는 아카데미 출범 초기에 잘못된 의사소통으로 인해 고위 리더십과 자신 사이에 거리가 생겼다고 느꼈으며, 이런 불신으로 조심스럽게 행동할 수밖에 없었다. 회의에 참석하면서도 그냥 앉아 있을 뿐, 아무런 발언도 할 수 없는 무력감만 느껴졌다고 한다. 또한 고위 리더들에게 일방적으로 지시를 받으며 무시당하는 느낌을 받았고, 이는 그를 변화 과정에서 더욱 소외시켜 변화를 위한 주체적인 역할은 없다고 느꼈다. 특히 그는 새로운 정책들이 연구 기반의 교수법과 모순된다고 여겼지만, 이를 표현할 기회는 없었다. 심지어 로나 역시 고위 리더의 일원임에도 불구하고, 학교 혁신이라는 이름 아래 이루어지는 변화 정책들이 명확한 근거 없이 추진되는 경우가 많았다고 지적했다. 그녀는 이러한 변화가 긴급성에 의해 추진되거나, 중앙에서 교사들을 불신하고 통제하려는 움직임으로 보였다. 그녀는 점점 소외되는 느낌을 받았으며, 자신의 역할이 변화를 지원하는 것인지 그저 지시에 따르는 것인지 혼란을 겪었다. 반면, 제임스는 학생들과의 관계와 수업 운영에 집중하며, 필요할 때는 의도적으로 거리를 두는 전략을 선택했다. 완전히 소진되지 않기 위해 때로는 일부러 무관심한 태도를 유지하기도 한다고 말했다. 그는 공식적인 역할과 책임을 넘어 학교 운영에 대한 비판적 의견을 제시할 자신이 없었고, 결국 변화 과정에서 소극적인 관람자로만 남게 되는 경우가 많았다. 그러나 그는 학교 혁신의 방향과 목표를 이해하고 있었으며, 때로는 변화 과정에 참여하기도 했다. 이처럼 그는 언제나 관람자로만 머물렀던 것은 아니었지만, 때때로 강요받거나 혹은 자기 보호를 위해 스스로 관람자의 위치를 선택했다.

이 연구에서는 교사들이 공식적인 학교 혁신의 과정에서 수동적 관람자로 머물러 있는 경우를 확인할 수 있었다. 하지만 중요한 것은 교사들이 변화 자체를 거부하는 것이 아니라, 변화의 필요성과 실질적 가치가 명확하지 않을 때 소극적으로 대응한다는 점이다. 신뢰할 수 있는 리더십이 개입할 경우, 교사들이 보다 적극적으로 참여할 가능성이 높아질 수 있다는 점도 주목할 만하다. 제스와 마이클은 교장을 신뢰하면서 점차 변화를 수용했고, 제임스 역시 변화에 대해 비판적 태도를 유지하면서도 학생과의 관계를 중심으로 자신만의 방식으로 혁신 과정에 기여했다.

외줄타기와 공중그네

이 범주에 속하는 교사들은 마치 외줄타기를 하듯 매일 신중한 판단과 결정을 내리며 균형을 유지해야 하는 상황에 놓여 있다. 복잡한 상황 속에서 위험을 감수하면서도, 작은 실수조차 허용되지 않는 환경에서 일해야 했다. 마이클과 제임스는 각각 전혀 다른 환경에서 일하면서도, 단 한 순간도 방심할 수 없는 현실을 경험하고 있다. 특히 캐슬게이트에서는 학생과 교직원의 안전을 위협하는 사건이 빈번하게 발생하며, 그

심각성도 컸다. 이러한 환경 속에서 마이클은 취약 계층 학생들과 함께 일하는 것에 대한 책임감을 강하게 느꼈다. 이 학교에서는 다행히도 고위 리더들이 교사들의 전문적 판단을 신뢰하며, 어떤 부분에서 유연성을 발휘할지 혹은 엄격하게 규정을 준수해야 할지 교사가 판단할 수 있도록 적극적으로 지원했다. 그러나 모든 규칙이 교사의 전문성을 존중하는 것은 아니었다. 예를 들어, 팸은 오랜 생활지도 경험을 바탕으로 불안해하는 학생을 안아 주는 것이 정서적으로 도움이 된다고 생각했으나, 불안한 학생을 안아 주는 것이 아동 보호 규정에 위반이 될 수 있다는 현실이 터무니없다고 여겼다. 이처럼 일부 규정은 비인간적이고 현실과 동떨어져 있으며, 교사들의 직접적인 판단과 배려를 무시하는 방식으로 운영되고 있었다.

업무량이 과중할수록 개인적인 삶과의 균형을 유지하는 것은 또 다른 도전 과제였다. 팸과 크리스틴 같은 경험 많은 중간 리더는 이러한 균형을 자연스럽게 유지하는 듯 보였지만, 제임스는 신규교사로서의 부담과 가정(어린 자녀) 사이에서 균형을 잡다가 결국은 건강을 해치게 되었다. 그는 일과 삶의 균형을 찾기 위해 노력했지만, 고위 리더들로부터 받는 지원과 압박이 뒤섞이면서 혼란과 스트레스를 가중시켰다. 한편, 로나와 제임스 모두 업무 역할이 확대되는 부담을 겪었고, 상부로부터 학교가 당신에게 투자한 만큼의 가치를 뽑아내야 한다는 말을 들었다. 이러한 압박 속에서도 교사로서의 신념과 윤리를 유지하며 신의 있게 처리하는 것이 큰 도전이 되었다.

제스 역시 처음에는 자신의 삶을 '일하고, 일하고, 또 일하고, 또 일하는 과정'으로 묘사했지만, 연말이 되면서 조금씩 균형을 찾아갔다. 이 과정에서 캐슬게이트 교장은 제스와 크리스틴에게 현재 맡은 역할을 내려놓고, 새로운 혁신 프로젝트에 도전하도록 격려했다. 이후, 제스는 가족과 경력 모두 고려하는 방향으로 자신의 목표를 조정하기 시작했으며, 크리스틴도 더 이상 모든 일을 스스로 해결하려 하지 않고 대신 업무 위임을 배우기 시작했다. 캐슬게이트 교장은 교사들이 장기적인 전문성 개발을 할 수 있게 효과적으로 방향을 잡아 주는 리더십을 보여주었다.

모든 교사는 학생들의 성장을 지원하고 필요를 충족하기 위해 헌신적으로 일해야 한다는 사실에 대해 의심의 여지가 없다. 그러나 가장 견디기 힘든 압박은 단순히 업무량 때문이 아닌, 요구되는 업무의 본질 자체가 부조리하게 느껴질 때였다. 아카데미 체제에서는 중앙집권적이고 평가 중심적인 시스템이 강화되었고, 학교의 생존이 더 나은 성과에 달려 있다는 분위기가 형성되었다. 이에 따라 교사들은 끊임없이 수치를 증명해야 하는 부담을 안게 되었다. 캐슬게이트에서도 일반 학교에서 적용되는 외부 기준이 이곳 학생들에게는 맞지 않은 경우가 많았다. 교사들은 학생의 필요와 외부 요구 사이에서 불합리한 갈등을 경험해야 했고, 이는 과도한 긴장을 초래했다. 예를 들어, 마이클은 실제 학생의 성취도를 정확하게 보고할 것인가 아니면 성장을 입증하기 위해 점수를 부풀릴 것인지에 대한 윤리적 딜레마에 빠졌다. 솔직하게 성취도를 보고하면 학생들의 성과가 낮아 보일 가능성이 있고, 학교의 공식 평가에도 부정적인 영향을 미칠 수 있으며, 성장을 입증하기 위해 점수를 조작하면 양심상 받아들이기 어렵기 때문이다. 결국 그는 자신이 느끼기에 부당하고 결함이 많은 책무성 시스템으로부터, 학생과 학교를 보호하기 위해 진실을 희생하는 선택을 했다. 그러나 이러한 선택은 매년 그를 분노하고 괴롭게 만들었다.

아카데미의 경우, 외부에서 부과된 압박보다는 내부의 혼란스러운 변화 관리가 더 큰 문제로 작용했다. 로나는 이사회의 정책을 현장에서 실행하는 책임자였지만, 내부 정책들이 정의, 공정성, 존중이라는 자신의 핵심 가치와 충돌하는 것에 좌절감을 느꼈다. 또한 자신이 신뢰하던 동료들에게 약속했던 것들을 어길 수밖에 없는 상황이 생기면서 내부적으로 심각한 갈등을 경험했다. 그녀는 사람들을 존중하는 태도를 중요하게 여겼고, 그 가치가 훼손되는 타협을 받아들일 수 없었다. 양심과 가치관이 계속해서 침해되면서 조직적 의사결정이 동료들의 삶을 악화시키는 것을 지켜보며 외줄타기를 해야 하는 상황이 버거워졌고, 결국 퇴사를 결심했다. 처음에는 보다 긍정적인 방식으로 조직 내 변화를 만들어 내려 했으나, 끝내 스스로 수용할 수 있는 균형점을 찾지 못했다.

아카데미와 캐슬게이트 두 학교의 교사들은 모두 하루하루가 윤리적 딜레마와 실무적 위험으로 가득 차 있는 외줄타기와 같다고 묘사했다. 이들의 가장 중요한 차이점은 고위 리더들이 교사들과 협력하여 변화에 대한 부담을 조정하고 참여할 기회를 제공하는지, 아니면 일방적인 통제 방식으로 더 많은 갈등과 압박을 초래하는지에 따라 교사들이 느끼는 스트레스와 대응 방식이 달라진다는 점이다. 이처럼 교사들은 학생들을 지원하고 변화를 수용하려는 강한 의지를 가지고 있지만, 조직이 그것을 어떻게 뒷받침하는가에 따라 그 과정이 균형 잡힌 외줄타기가 될 수도 있고 위험천만한 곡예가 될 수도 있다.

저글링, 곡예 및 접시 돌리기

이 범주에 속하는 교사들은 여러 가지 역할과 업무를 동시에 수행하며 균형을 유지해야 하는 도전에 직면해 있다. 교사들의 태도는 다양한 역할을 동시에 수행해야 하는 현실 그리고 교육과 학교 운영의 모든 요소를 한꺼번에 유지해야 하는 부담감을 반영한다. 즉, 교사들은 수업,

학생 지도, 평가, 교직원 협업, 정책 이행, 전문성 개발 등 다양한 과업을 동시에 수행하며, 모든 것을 놓치지 않고 유지해야 하는 부담을 안고 있다. 특히 교사들은 수업과 학교 운영을 일종의 퍼포먼스로 인식하며, 학생과 학교의 기대치를 충족하기 위해 높은 수준의 전문성과 헌신이 필요하다는 점을 분명히 인식하고 있었다.

아카데미에서는 국가 차원의 교육 성과 지표에 따라 학교 성과를 높이는 것을 최우선 과제로 삼을 수밖에 없는 상황이었다. 팸, 제임스, 로나는 모두 아카데미 출범 초기부터 학교 혁신을 위해 학생들의 규율 강화와 상호 존중 문화 조성, 출석률 향상 및 학생들의 공동체 의식 강화, 지역사회와의 협력 확대, 우수한 교수 · 학습 환경 조성 등에서 필수적인 변화가 이루어져야 한다는 점을 인식하고 있었다. 이러한 기반을 바탕으로 수업과 학습의 질을 높이고, 데이터 활용을 최적화하며, 교사 전문성 개발 문화를 조성하는 것이 필수 과제로 제시되었다. 로나는 이를 위해 외부 기관으로부터 우수학교 인증(quality mark)을 획득할 정도로 전문성 향상을 위한 노력을 기울였다. 팸과 제임스는 이러한 성과 중심의 개혁 방향을 대체로 수용했다. 팸은 학교 내 전문성이 저하되었다고 느꼈다. 또한 교사들이 충분한 역량을 갖추지 못한 상태에서는 피할 곳이 없다며, 교사들이 자신의 역량을 강화해야 한다는 점을 긍정적으로 수용했다. 제임스 역시 교내 교육의 질을 유지하는 것이 본인의 책임이라는 점을 인식하고 있었으며, 학교 평가 기관의 점검에 대비해, 학생 성취 수준, 목표 설정, 교육 전략, 성과 근거 자료 등을 철저하게 관리해야 한다는 부담을 갖고 있었다.

이러한 태도를 보인 교사들은 국가 교육 개혁에 가장 밀접하게 적응한 사례라고 볼 수 있다. 크리스틴은 외부 주도형 변화에 대해 '주어진 대로 받아들이고, 할 수 있는 최선을 다한다.'라고 표현했으며, 팸은 교장의 리더십을 신뢰하며 지지하는 태도를 유지해 왔고, 오랜 변화의 과정을 견디며 회복탄력성을 보여 왔다. 제시 역시 초반에는 이러한 태도를 잘 이해하지 못했으나, 경력이 쌓이며 점차 유사한 입장을 취하게 되었다.

흥미로운 점은 연구에서 예상하지 못했던 부분이었지만, 교사들의 이야기를 통해 협업(collaboration), 즉 팀워크(teamwork)가 가장 중요한 요소로 등장했다는 것이다. 팀워크는 단순한 협력의 개념을 넘어, 교사들이 서로 정서적으로 지지하고, 함께 성취감을 느끼며, 지속적으로 동기 부여할 수 있는 중요한 요소로 작용했다. 마이클과 제스는 학급 내 지원 인력 및 방문 전문가들과 긴밀하게 협력하며, 팸은 지역사회 및 지역기업과의 협력 관계를 구축하였다. 그리고 로나는 대학과의 파트너십을 강조하며 보다 광범위하게 협력을 이끌어 가는 등 교사들은 서로 다른 방식으로 교사 공동체와 외부 네트워크를 활용하고 있었다. 특히 크리스틴은 다양한 기관과 협력하여 아동 지원 서비스를 향상시키기 위한 프로젝트를 주도했지만, 협력을 지속하는 것이 쉽지 않다는 점을 토로하기도 했다. 또한 팸은 팀원들이 모두 자격증을 가진 정식 교사가 아니었음에도 위계적인 조직 운영 방식을 거부하고, 모든 팀원이 동등하게 기여하며, 서로 지원하는 환경을 만들기 위해 노력했다. '나는 혼자 일하는 사람이 아니다. 내 역할을 그렇게 보지도 않는다.' 이처럼 교사들은 팀워크를 통해 더 큰 성취감을 느끼며, 서로를 동등한 존재로 존중하는 문화를 만들어 가고 있었다. 두 학교 모두 교과별 협의체 또는 학년별 팀 등의 구성을 통해 협업을 장려하는 구조적 지원을 제공했으며, 교사들은 이 협업 구조를 실질적으로 활용하며 긍정적인 직업 만족도를 높이고 있었던 것으로 나타났다. 마이클은 자신의 팀을 '다섯 명이 함께하는 결혼생활'이라고 표현하며, 상호 존중, 포용과 이해, 서로를 지지하는 관계가 팀워크의 핵심 요소라고 강조했다. 제스 역시 팀원들이 공감, 인내, 차분한 열정, 주도적인 태도 그리고 유머 감각을 교실로 가져온다는 점에서 큰 자부심을 느꼈다고 말했다.

공식적인 회의나 지정된 역할을 넘어, 제임스와 크리스틴은 동료들에게 실질적인 지원과 조언을 제공하기 위해 일대일 멘토링, 모델링 그리고 격려를 적극적으로 실천했다. 이들은 공식 근무 시간 외에도 일부러 시간을 내어 동료들이 성장할 수 있게 돕는 방안을 모색했다. 로나는 아침 회의를 보다 편안하고 효과적인 자리로 만들기 위해 크루아상과 커피를 곁들인 조찬 미팅을 중요하게 여겼고, 크리스틴 역시 차 한잔 마시며 이야기 나누기를 동료들과의 관계 형성에 유용한 방식으로 활용했다. 중간 리더들은 단순히 행정적인 역할을 수행하는 것이 아니라, 유기적이고 관계 중심적인 방식으로 동료들을 지원하며, 상부에서 내려오는 지시사항을 조정하고, 교사들이 목소리를 낼 수 있도록 변화 과정에서 중재하는 역할을 했다.

이러한 사람 중심의 팀워크는 단순히 혁신을 목표로 하는 것을 넘어, 교사들이 전문가로서 더욱 깊은 보람과 가치를 느낄 수 있게 했다. 교사들은 공식적으로 정해진 업무 시간과 형식적인 협력(Hargreaves, 1994)을 넘어, 스스로 중요하다고 여기는 협업을 실현하기 위한 시간을 만들어 갔다. 이를 위해 교사들은 업무 수행은 그대로 유지하면서도 새로운 변화를 위한 전문성 개발을 할 수 있도록 균형을 찾고, 동료들과 견고한 관계를 형성해 나갔다. 교사들은 팀 내에서 자연스럽게 리더십을 발휘하며, 학생과 학교 환경을 동시에 고려하는 방식으로 협업을 이끌어 갔다. 이러한 협업 문화는 교장이 억지로 만들 수 있는 것이 아니었으며, 교사들이 스스로 형성하고 학교는 이를 지원하는 방식으로 이루어졌다. 예를 들어, 캐슬게이트 학교의 교장은 기존의 정기적인 교직원 회의를 과감히 폐지하고, 교사들이 스스로 필요할 때 자율적으로 회의를 조직할 수 있도록 했다. 이러한 변화는 교사들에게 더 큰 집단적 책임감(collective responsibility)을 부여하는 동시에, 교사들이 선호하는 협력 방식을 존중하는 조치였다. 또한 무엇이 가장 중요한지 스스로 판단하고 그에 맞춰 시간을 마련할 수 있게 권한을 위임한 것이었다.

이러한 태도를 보인 교사들은 내부적 · 외부적 요구와 자신의 가치를 조화롭게 조정할 수 있었으며, 체계적인 계획과 성실한 노력으로 갈등과 긴장을 책임감과 실천으로 승화시켰다. 이들은 변화를 단순히 수동적으로 받아들이는 것이 아니라, 자신들의 영향력이 미치는 범위 내에서 변화를 적절히 조정하고 조율하는 능동적인 역할을 했다. 이 과정에서, 개인적 주도성(individual agency)과 집단적 주도성(collective agency)[1)]이 동시에 발휘되었다. 이러한 긍정적 태도는 어느 정도 구조적으로 뒷받침될 수 있지만, 궁극적으로는 교사 개인의 적극적인 자세와 접근 방식에 의해 좌우되었다. 즉, 학교 차원의 구조적 지원이 중요하긴 하지만, 최

1) (역자 주) 개인적 주도성(individual agency)과 집단적 주도성(collective agency): 교사의 개인적 주도성은 자기효능감, 목표 지향성, 통합적 의사결정 과정을 통해 나타남. 핵심 개념은 다음과 같음. ① 자기효능감: 자신이 역량을 갖추고 있다고 믿는 교사는 도전에 더 오래 버티고 혁신적이며, 학생의 성취와 동기를 높이는 데 기여함(Bandura, 1982; Guskey, 1988; Burić & Kim, 2020). ② 목표 지향성: 목적이 명확한 교사는 의도적으로 행동하고, 의미 있는 결과를 창출하기 위해 노력함(Dweck & Leggett, 1988; Dresel et al., 2013). ③ 통합적 의사결정(threefold decision-making): 교사는 과거 경험(반복적), 미래 가능성(예측적), 현재 상황(실용적 평가)에 근거하여 의사결정을 내림(Bergh & Wahlström, 2018). 주도성을 가진 교사는 불확실성에 마비되지 않고, 오히려 이를 기회로 전환하여 판단력, 가치관, 창의력을 통해 포용적이고 적응적인 학습 환경을 만들어 냄(Toom, Pyhältö & Rust, 2015). 집단적 주도성은 교사들이 공동의 목표를 향해 협력적으로 행동하는 능력으로, 공동의 신념과 가치에 기반하여 교육 실천과 체제를 변화시키는 것임(Hökkä, Vähäsantanen & Mahlakaarto, 2017; Pantić, 2015). 이는 공동체 효능감, 신뢰, 공유된 윤리를 통해 형성되며, 교사들이 개인의 강점을 결합하여 교육의 미래를 함께 만들어 나가는 사회적 인지 이론에 기반한 개념임(Bandura, 2006). 집단적 주도성은 교사들이 단순히 개인으로서가 아니라, 지속적이고 깊은 교육적 변화를 주도하는 하나의 결속된 집단으로 작용할 수 있도록 함.

* 자료출처: OECD (2025). "OECD Teaching Compass: Reimagining teachers as agents of curriculum changes", OECD Education Policy Perspectives, No. 123, OECD Publishing, Paris, https://doi.org/10.1787/8297a24a-en.

종적으로 변화를 만들어 가는 것은 교사들의 주체적인 참여와 협력의 힘이었다.

탈출 묘기와 인내

이 범주에 속하는 교사들은 변화의 과정에서 극심한 압박과 어려움 속에서 생존 전략을 모색한다. 이들은 단순히 균형을 맞추는 것을 넘어, 변화의 부정적인 영향을 조정하고 완화하려는 중재자로서 역할을 수행한다. 즉, 변화의 희생자인 동시에 변화 속에서 자신과 학생을 보호하려는 적극적인 중재자가 되는 것이다. 이 교사들은 주어진 환경에서 선택지가 제한적이라는 점을 인식하면서도, 그 안에서 최선의 길을 찾으려 노력하는 모습을 보였다.

크리스틴은 자신을 반으로 잘려 나간 모습으로 표현했다. 이는 관리자의 역할을 수행하면서 동시에 여러 가지 책임을 감당해야 하는 어려움을 상징한다. 두 곳에서 동시에 존재해야 하는 듯한 압박 속에서도, 조직적인 전략과 철저한 계획을 통해 이를 극복하려 했다.

[그림 4-1] **크리스틴의 그림 – 반으로 잘려 나간 모습**

마이클은 동시에 두 개의 학급을 관리해야 하는 상황에 처했으며, 특히 장기 결원인 동료의 업무까지 떠안게 되면서 매일매일 바뀌는 교육 환경 속에서 끊임없이 변화하는 복잡한 일정을 감당해야 했다. 그는 이러한 기대치가 비현실적이라고 판단했고, 자신과 동료들이 생존하기 위해 할 수 있는 만큼만 하자는 원칙을 세웠다. 마이클은 자신을 스펀지에 비유하고, 학생들의 안정성을 위협하는 수많은 변화와 압박을 흡수해야 하는 입장이라고 설명했다. 그가 가장 힘들었던 부분은 학교의 변화가 학생들에게 오히려 부정적인 영향을 미칠 수도 있다는 점이었다. 특히 외부 기관과의 협력이 잦은 환경에서, 학생들이 익숙하지 않은 변화에 적응하기 어려운 상황이 반복되었다. 마이클은 학교의 책임성 요구를 언제든지 떨어질 듯한 날카로운 검에 비유했다. 이는 교사들이 지속적으로 평가와 감시에 노출되며, 전문성과 정서적 안정이 위협받는 상황을 반영하는 표현이다. 바시아와 하그리브스(Bascia & Hargreaves, 2000)가 말한 '변화의 날카로운 칼날'이라는 개념과도 유사한 맥락이다.

이 범주에 속하는 교사들은 자신과 학생을 보호하기 위해 강한 인내심과 용기가 필요함을 강조했다. 이들은 단순히 새로운 변화에 적응하는 것이 아니라, 학생과 교사 본인에게 실질적인 이익이 없는 변화는 적극적으로 거부하거나 최소한의 영향만 받도록 조정하는 태도를 보였다. 즉, 겉으로는 학교의 변화 흐름에 맞추는 듯 보이지만, 실제로는 본인의 전문성과 신념을 지키기 위해 기존 방식을 유지하며 조용한 저항을 실행하는 것이다. 캐슬게이트에서 이런 방식을 택한 교사들은 학생들의 이익을 최우선으로 삼는다는 신뢰를 얻었기에 동료들과 관리자들에게도 존중받으며 비교적 안정적으로 저항할 수 있었다.

'탈출 묘기와 인내' 유형의 교사들은 변화의 물결 속에서 주어진 역할을 수행하면서도 자신과 학생들의 교육 환경을 지키기 위해 신중한 전략을 세우는 모습을 보였다. 이들은 변화의 희생자가 되지 않으려 하며 불합리한 변화 요구에 맞서 신중한 조율을 수행하고, 학생들에게 실질적으로 도움이 되는 방식으로 변화를 해석하려 노력했다. 그렇기에 이들의 태도는 단순한 수동적 저항이 아니라, 학교 변화 속에서 자신과 학생들을 보호하기 위한 전략적 생존 방식으로 볼 수 있다.

가면 쓰기

이 범주의 교사들은 개인의 가치와 신념 그리고 학교가 요구하는 공식적인 기준 사이의 괴리를 조정해야 하는 상황에 놓여 있다. 즉, 겉으로는 공식적인 정책과 절차를 따르는 듯하지만, 실제로는 다른 방식으로 교육을 실천하며 타협점을 찾아가는 유형이다. 이들은 자신이 중요하게 생각하는 교육적 가치를 유지하면서도, 행정적 요구를 충족해야 하는 현실적 제약 속에서 보이지 않는 조정과 우회 전략을 활용한다. 에반스(Evans, 2008)의 개념을 빌리자면, 이는 '표면적인 순응'으로 외부적으로는 정책을 준수하는 듯 보이나, 실제로는 교사 본인의 방식대로 가르치는 전략이다. 또한 '적응의 역설'로 주어진 기준을 완전히 따르기보다는 학생들에게 더 적합한 방식으로 변형하여 실행하는 접근으로 설명될 수 있다. 마이클은 학교의 행정적 요구사항을 정확히 인지하면서도, 자신이 반드시 따라야 할 것과 생략해도 되는 부분을 구분하는 능력을 갖추고 있었다. 그는 학교장과 암묵적인 이해를 형성하여 학생들에게 최선이 되는 방식으로 교육하면서도, 필요한 문서 작업과 절차를 맞춰 나갔다. 즉, 그는 외부적으로는 제도에 맞춰 움직이는 것처럼 보이지만, 실제로는 자신이 옳다고 믿는 방식으로 학생들을 가르치고 있었다. 제임스는 평가 방식이 변경되어 모든 학생의 과제를 채점해야 한다는 규정이 도입되었을 때, 이를 연구 기반의 효율적인 방법으로 조정하려 했다. 하지만 학교 측의 요구를 완전히 거부할 수 없어서 표면적으로는 평가 절차를 따르는 것처럼 보이도록 증거 자료를 남겼다. 즉, 학교가 요구하는 방식과 자신이 믿는 효과적인 교육 방식을 이중으로 운영했다. 이들은 결국 행정적 요구와 교육적 신념을 동시에 충족해야 하는 현실에서 교묘한 균형점을 찾으며 움직이고 있었다.

에반스(Evans, 2008)가 말하는 적응의 역설의 사례도 발견된다. 이는 학교에서 요구하는 공식적인 기준을 그대로 따르기보다는 학생들의 실제 필요에 맞게 변형하여 실행하는 방식을 의미한다. 이전 학교에서 제스는 공식적으로 정해진 교육과정을 반드시 반영해야 했지만, 그 내용이 자신의 학급에 전혀 적절하지 않다고 판단했다. 이에 학생들에게 최소한의 의미라도 부여할 수 있는 방식으로 수업을 변형했다. 예를 들어, 금융 관리를 가르쳐야 하는 상황에서 실질적인 금융 개념을 교육하기보다는 종이 반죽(papier mâché)으로 저금통을 만들고, 6주 동안 매주 한 겹씩 덧씌우는 활동을 진행했다. 이러한 방식은 외형적으로는 교육과정의 요구사항을 따르는 것처럼 보이나, 실제로는 학생들에게 더 적합한 방식으로 내용을 변형하여 실행한 사례라 할 수 있다. 제스는 교육과정을 있는 그대로 적용하는 것이 아니라, 현실적으로 학생들에게 의미 있는 방식으로 변형하여 적응하는 적응의 역설을 보여 준 사례라 할 수 있다. 이처럼, 교사들은 외부적 요구를 완전히 거부하지 않고, 학생들에게 더 의미 있는 방식으로 변형하여 실행하는 전략을 취하기도 한다. 제스는 이후 캐슬게이트 학교에서 더 많은 자율성을 부여받으면서, 행정적 절차를 위한 교육이 아니라, 실질적으로 학생들에게 도움이 되는 방식으로 교과 과정을 적용할 수 있는 기회를 얻었다고 느꼈다.

이 범주의 교사들은 학교 시스템이 요구하는 틀을 충족하면서도, 자신이 생각하는 올바른 교육을 실천하기 위해 다양한 전략을 사용했다. 그들은 마치 무대 위 배우처럼 가면을 쓰고 공식적인 절차를 따르는 척하면서도, 뒤에서는 자신이 신념을 지키며 학생들을 위한 최선의 교육을 실천하고 있다. 제임스는 핵심 과목의 교육과정을 충실히 따르는 것처럼 보였지만, 동시에 학생들이 더 깊이 있는 학습을 할 수 있도록 이면에서 준비했다. 마이클은 복잡한 학급 환경에서 필수적인 요구사항을 최소한으로 따르면서도, 학생들이 실제로 성장할 수 있도록 핵심 요소에 집중하는 전략을 사용했다. 아카데미에서는 제임스가 책 검사 등의 평가를 주기적으로 받으며 엄격한 감시를 받았다. 반면, 캐슬게이트의 마이클은 상대적으로 더 많은 자율성을 가지고 교실을 운영할 수 있었다.

그러나 모든 교사가 이 가면 전략을 받아들인 것은 아니었다. 크리스틴은 효과가 없다고 생각하는 정책을 고집하지도 않을 것이고, 성공적인 방법을 버리지도 않겠다고 단호하게 말했다. 이는 그녀가 담당하는 유아교육과정이 상대적으로 평가 부담이 적기 때문일 수도 있으나, 동시에 학교 문화가 교사들에게 더 많은 자율성을 부여했기 때문이기도 했다. 실제로 그녀가 담당한 교육과정은 탁월한 평가를 받으며, 기존의 관행을 유지하는 데 성공했다. 반면, 로나는 완전히 다른 경험을 했다. 그녀는 뉴 퓨쳐스 아카데미에서 상부 리더십과의 갈등을 겪으며 가면을 쓴 채 살아야 하는 현실을 경험했다. 그녀는 겉으로는 학교의 정책을 지지하는 것처럼 보이지만, 실제로는 깊은 회의감을 느꼈다고 표현했다. 내부에서 느낀 독성 조직 문화 속에서 자신의 가치관을 유지하면서도 공식적인 입장을 지켜야 하는 이중적 상황을 견디기 어려워했다. 이처럼 그녀는 자신의 신념을 억누르고 학교 정책에 완전히 순응할 것인지, 자신의 가치와 맞는 새로운 환경을 찾아 떠날 것인지, 이 두 가지의 선택지에 직면했다. 그녀는 결국 후자를 선택하고 다른 환경을 찾기로 결정했다.

이 범주의 교사들은 학교의 요구에 맞춰 겉으로는 순응하는 척하면서도, 자신이 중요하게 생각하는 교육적 가치를 유지하기 위해 보이지 않는 방식으로 변화를 조정하는 태도를 보였다. 이들은 행정적 요구와 교육적 신념 사이에서 균형을 맞추기 위해 다양한 전략을 사용했다. 구체적으로, 학교가 요구하는 최소한의 기준만 충족하면서 실제로는 자신이 생각하는 최선의 교육을 실천하고, 공식적인 절차를 따르는 척하면서 학생들에게 의미 있는 방식으로 변형하여 실행하고, 조직의 감시와 평가를 피해 가면서 학생들을 위한 최적의 환경을 조성했다. 그러나 일부 교사들은 이러한 방식에 한계를 느끼고 새로운 환경을 찾기도 했다. 이처럼 가면을 쓰는 것은 하나의 생존 전략이지만, 그 자체로 지속 가능하기 어렵다. 진정한 전문성과 교육적 신념을 유지하기 위해, 교사들은 계속해서 자신에게 맞는 균형점을 찾아가야 한다.

정체성 형성

앞서 제시한 유형화는 다소 비유적이나 학교 변화에 대한 교사들의 다양한 태도와 입장을 잘 나타내는 중요한 틀이다. 이러한 유형화는 교사들이 변화하는 환경 속에서 어떻게 대응하고, 적응하며, 역할을 조정하는지를 보여 주는 핵심적인 모습이 담겨 있다. 이는 교사들이 변화와 관련하여 가지는 주도성의 성격을 명확하게 보여 준다. 이 같은 분석은 단순한 이론적 구분을 넘어, 교사들이 실제로 학교 변화 속에서 경험하는 정체성의 유동성을 조명하는 데 의미가 있다. 〈표 4-1〉에서는 이러한 다양한 입장과 그에 따른 교사 주도성의 특징을 요약하여 제시하고 있다.

〈표 4-1〉 **학교 변화에 대한 교사의 태도와 주도성**

학교 변화에 대한 태도	공식적인 학교 혁신과 관련한 정체성의 특징	발휘되는 주도성의 성격
관망하기	소극적이며 참여하지 않음. 무관심, 변화 부정	비활동적 태도 또는 저항을 통한 주도성
외줄타기와 공중그네	우선순위를 조정하며 긴장감과 갈등, 위험을 조율함	소모되는 면이 많고, 선택적인 주도성
저글링, 곡예 및 접시 돌리기	바쁜 일정, 멀티태스킹, 성과 중심, 규정 준수, 협업 강조	학교의 우선순위에 맞춘 주도성
탈출 묘기와 인내	압박과 위협을 흡수하며, 용기와 회복력을 발휘함	자기 보호 또는 저항을 위한 주도성
가면 쓰기	개인적 가치와 실체 실천 사이의 불일치, 자기 정체성을 분리함	매우 제한된 주도성

교사들이 조직 변화에 반응하고 발전시키는 과정은 매우 복잡했다. 교사들은 변화 속에서 조직의 요구에 부응하면서도 자신들의 가치와 신념을 유지하기 위해 협상하고, 적응하며, 타협하는 모습을 보였다. 특히 서로 격려하는 지원적인 학교 문화 내에서 일한 경험이 풍부한 교사들은 이를 성공적으로 수행할 수 있었다. 이러한 교사들은 처음에는 변화의 가치나 필요성을 확신하지 못했더라도 신뢰를 바탕으로 변화를 수용하고 적응하는 모습을 보였다. 또한 외부의 평가 기준을 충족시키면서도 학생들에게 최선의 교육을 제공하기 위해 전략적으로 타협하는 방식을 선택하기도 했다. 그러나 학교 문화가 과도하게 규제적이거나 경직된 경우, 교사들은 형식적으로 요구사항을 충족하는 방식으로 적응하는 법을 익혀야 했다. 즉, 평가 기준을 통과하기 위해 외형적으로만 전문가다운 모습을 보이는 경우도 있었으며, 이 과정에서 교사의 전문성은 어느 정도 타협될 수밖에 없었다.

단기적이고 전술적인 변화가 명확한 교육적 근거 없이 평가 중심의 규제 속에서 강제될 경우, 교사들에게는 상당한 어려움이 따랐다. 변화가 곧 혁신을 의미하는 것은 아니며, 학교 현장이 변화에 대한 지원 없이 경직된 방식으로 운영될 때 교사들은 심각한 갈등을 경험하게 된다. 아카데미에서 제임스와 로나는 비판적인 감시와 강제적인 요구로 인해 극심한 스트레스를 겪었으나, 팸은 자신의 교육적 비전과 경험을 활용하여 조직의 요구를 충족하면서도 변화를 주도할 기회를 찾을 수 있었다. 교사들은 감시와 순응 사이에서 긴장을 겪으며, 때로는 그 압박이 해결 불가능한 수준까지 이어지기도 했다. 특히 변화가 학생들에게 불리하게 작용한다고 느낄 때 교사들은 더욱 강한 좌절감을 경험했다. 교사들은 학생들에게 최대한의 혜택을 제공하면서도 자신의 정체성과 업무와 삶의 균형을 유지하기 위해 끊임없이 노력해야 했다. 그러나 여건이 충분히 지원적이지 않거나 신뢰가 부족한 경우, 교사들의 도덕적 신념과 전문성이 위협받았고, 자신의 역할과 정체성이 흔들리는 상황에 놓이게 되었다. 일관성 없는 정책과 불신 그리고 불확실성이 만연한 환경에서는 교사들이 조직이 요구하는 형식적 역할과 자신의 교육적 신념 사이에서 괴리를 느끼게 되며, 결국 지속 불가능한 상황에 직면하게 된다. 로나가 깨달았듯이, 이러한 상태는 장기적으로 유지될 수 없었다. 그러나 주도성에 기반한 태도를 취한 교사들은 특정한 상황에서 변화에 도전하고 기여할 수 있는 가능성을 찾았다. 그들은 자신의 교육적 신념을 지키면서도 부정적인 영향을 최소화하는 방식으로 변화를 조정하려 했다. 데이와 구(Day & Gu, 2010)의 연구에 따르면, 교사들은 안정적이고 긍정적인 정체성을 가질 때 성공적으로 교육을 수행하고 의미 있는 변화를 이끌 수 있다. 그러나 이 연구에서 드러난 것은, 교사들의 정체성이 단일하고 고정된 것이 아니라, 맥락과 환경에 따라 유동적이며 끊임없이 협상되고 조정되는 것이라는 점이다(Coffey, 2001; Stark

& Stronach, 2005). 연구에 참여한 교사들은 극도로 회복탄력성이 뛰어나고, 윤리적 갈등 속에서도 합리적 결정을 내릴 수 있는 정서적 역량을 갖추고 있었다. 그들은 측정 가능한 성과를 중시하는 '성과의 경제학'과 개인적 신념과 경험을 중요시하는 '실천의 생태학' 사이를 끊임없이 오가며, 평가 결과에 대한 압박과 자신의 교육적 신념 및 가치 사이에서 균형을 찾으려 애썼다(Stronach et al., 2002). 이들은 때로는 소극적인 입장을 취해야 했고, 때로는 복잡한 갈등과 긴장 속에서도 적극적으로 변화를 이끌기도 했으며, 때로는 외부 및 내부의 정책에 맞춰 순응하는 입장을 취하기도 했다. 이처럼 교사들은 변화 속에서도 자신의 신념과 가치를 유지하기 위해 다양한 방식으로 대응하며, 환경과 조건에 따라 전략적으로 적응하는 유동적인 정체성을 형성했다.

학교에서 요구하는 기준과 교사들의 개인적 가치가 일치하지 않을 경우, 이는 스트레스, 건강 문제, 불안, 불만, 환멸, 분노, 좌절감 그리고 단순한 권태감까지 다양한 부정적 감정을 유발할 수 있다. 일부 교사들은 이러한 갈등 속에서도 타협점을 찾고 전략적으로 접근하여, 변화 속에서도 자신의 교육적 목표를 실현할 기회를 모색했다. 그러나 로나를 제외한 대부분의 교사는 현재 자신이 맡은 역할과 환경 속에서 어느 정도 수용할 수 있는 타협점을 찾았으며, 학생들을 위한 교육적 가치를 실현하는 과정에서 감정적 · 도덕적 · 신체적 소진을 감수하면서도 그 보상을 얻고자 했다. 결국 학교 리더십이 교사들에게 신뢰를 부여하고, 변화의 과정에서 교사들의 목소리를 반영하며, 적극적인 지원을 제공할 때 교사들은 자신이 하는 일에 대한 의미를 찾고, 변화의 주체로서 더욱 자유롭게 교육을 실천할 수 있다. 이러한 환경에서는 교사들이 마치 날아오를 수 있는 것처럼, 자율성과 주도성을 기반으로 교육적 변화를 주도할 수 있게 된다.

4. 갤러리 2: 교사들이 바라본 학교 혁신

이 절에서는 교사들이 진정으로 이야기하고 싶어 하는 내용을 충실히 반영하고자 한다. 인터뷰 과정에서 공식적인 학교 혁신 의제와는 별개로 교사들이 생각하는 학교 혁신의 의미를 탐색하며, 그들을 동기 부여하고 열정을 불러일으키는 요소, 헌신하는 가치, 관심사와 우려 사항을 포착하고자 했다. 이러한 요소들은 교사들이 개인적으로, 정서적으로 그리고 도덕적으로 깊이 공감하는 주제였으며, 그들이 열정을 갖고 생동감 있게 이야기했던 부분이다. 그러나 이 연구의 목적은 교직을 이상화하거나 교사들을 특정한 방식으로 고정관념화하려는 것이 아니며, 스트로낙 등(Stronach et al., 2002)이 경고한 바와 같이, 정책 입안자나 연구자들에게 쉽게 수용될 수 있는 단순화된 전문성 개념을 조장하는 것도 아니다. 두 번째로 살펴본 초상화 자료는 교사들이 처한 맥락과 전문적 기대 속에서 드러나는 '전문적 태도'의 요소로 표현된다. 이는 에반스(Evans, 2008)의 조직적이고 외부적인 요구에 따른 '수행된 전문성(enacted professionality)'의 개념을 넘어, 교사 개인의 진정한 정체성과 가치관을 반영한 '진정한 전문성(authentic professionality)'을 조명하는 관점이다. 이를 통해, 교사들이 정책과 평가 체계 안에서든 혹은 그것을 넘어서든 이상적으로 생각하는 교육과 실제로 경험하는 교육을 나란히 제시함으로써, 그들의 현실을 더욱 명확히 보여 준다.

초상화 자료를 반복적으로 검토한 결과, 교사들의 직업적 우선순위가 매우 일관되게 나타났으며, 인터뷰 및 기타 자료 분석에서도 다음과 같은 주요 주제가 분명하게 도출되었다.

- 전공 분야에 대한 열정
- 학습의 질, 관련성 및 유연성
- 연구와 혁신
- 학생들의 전인적 성장
- 관계, 존중, 배려
- 가정 및 지역사회와의 협력
- 동료애와 협업
- 포용과 형평성

고위 리더십 역할을 맡아 직접 수업을 하지 않는 로나를 제외한 두 학교의 모든 교사가 이 주제들을 공통적으로 언급했으며, 두드러진 다른 주제는 없었다. 로나의 경우 교실 수업이 아닌 교사 전문성 개발을 주도하는 역할을 맡고 있었기 때문에, 그녀의 인터뷰는 주로 전문적 학습 및 연수와 관련된 주제에 집중되었다. 이 주제들은 인터뷰 질문이나 연구 도구에서 직접적으로 제시되지 않았음에도 불구하고, 모든 교사의 대화에서 자연스럽게 도출된 내용이라는 점에서 신뢰할 수 있는 결과라고 볼 수 있다. 이 분석이 일반화를 목표로 하는 것은 아니지만, 여섯 명의 교사들의 심층적인 경험과 관점을 바탕으로 한 해석이라는 점에서 의미가 크다.

전공 분야에 대한 열정

이 주제는 팸과 제임스와 같은 중등학교 교사들에게 특히 뚜렷하게 나타났다. 그들은 각각 자신이 담당한 요리 과목과 영문학 과목에 대한 깊은 애정을 갖고 있으며, 학습에 대한 내재적 동기와 열정을 학생들에게 전달하고자 했다. 제임스는 문학 작품을 순수하게 즐기는 경험을 학생들과 나누고 싶어 했으며, 만약 그가 자유롭게 선택할 수 있다면 학생들에게 가르치고 싶은 작품들을 구체적으로 열거하기도 했다. 팸은 요리가 사람과 공동체를 하나로 연결하는 중요한 요소라고 보았으며, 새로운 아카데미 구조에서 다양한 연령대의 학생들이 함께 소통할 수 있는 매개체라고 생각했다. 또한 영양과 건강이 삶의 질과 장수에 필수적이라는 확신이 있으며, 이러한 신념을 반영한 지역 및 국제 프로젝트에 적극적으로 참여하면서 배운 경험을 교실 수업으로 가져오는 것을 즐겼다.

캐슬게이트 특수학교 교사들은 특정 교과보다는 특수교육이라는 자신들의 전문 분야에 대한 열정이 돋보였다. 그들은 특수교육 환경에서 효과적으로 학생들을 지원하기 위해 필요한 전문적인 기술을 꾸준히 개발해야 한다고 인식하고 있었으며, 이 점에서 교장과 의견을 같이했다. 제스는 자신의 전문적 지식이 지속적으로 갱신되어야 함을 인식했고, 두 번째 인터뷰 시점에서는 특수교육을 전문적으로 연구하는 석사과정에 등록하여 학습을 확장하고 있었다. 이러한 사례들은 학습화를 넘어(Biesta, 2016) 학생들이 자신의 삶을 주체적으로 만들어 갈 수 있게 하는 자기 확신, 자신감, 책임감과 실천적 역량을 키우는 것까지 포함하는 보다 총체적이고 역량 중심적인 교육 목표로 나아가고 있음을 보여준다. 로나에게 있어서 학습에 대한 열정은 학생들뿐만 아니라 교사와 교육 전문가들의 평생학습(lifelong learning)을 촉진하는 것으로 나타났다. 그녀는 교사들의 전문성 개발과 연수 프로그램을 설계하는 것에 깊은 열정을 가지고 있었으며, 이를 통해 교사들이 지속적으로 성장하고 발전할 수 있도록 지원하고자 했다. 이러한 분석을 통해, 연구에 참여한 교사들이 학교 혁신을 단순한 성과 지표 향상이 아니라, 학생과 교사 모두가 의미 있는 학습을 지속적으로 탐구하고, 교육의 본질을 실현하는 과정으로 바라보고 있음을 확인할 수 있었다.

학습의 질, 관련성 및 유연성

정해진 교육과정과 제한된 자원 속에서도 교사들은 학습을 재미있고, 흥미롭고, 다양하며 몰입할 수 있는 경험으로 만드는 것을 매우 중요하게 여겼다. 그들은 수업을 통해 학생들에게 흥미와 동기를 불어넣고 영감을 주고 싶어 했으며, 이를 위해 다양한 방법을 활용했다. 예를 들어, 제임스는 최신 기술과 현대 미디어를 적극 활용하여 학생들의 관심을 끌었고, 제스는 감각적 경험과 의사소통 활동을 중심으로 수업을 설계했으며, 마이클은 교실에 애완동물을 데려와 학생들의 호기심과 참여를 유도했다. 또한 외부 전문가와 협력하여 학습의 생동감을 더하는 시도도 이루어졌다. 팸은 유명 원예가와 쉐프를 초청하여 요리 및 정원 가꾸기 수업을 진행했고, 크리스틴의 유아교육반은 창의적 전문가 매칭 프로그램(creative partnerships)[2]의 지원을 받아 스토리텔러와 함께 가상의 여행을 떠나는 수업을 기획했다. 이처럼 교사들은 효과적이고, 즐겁고, 학생들이 적극적으로 참여할 수 있는 학습 환경을 만드는 것을 자신의 중요한 전문적 목표로 삼았다. 물론, 더 많은 교육 자원과 소규모 학급을 원했지만, 그럼에도 불구하고 수업에서 재미, 선택의 자유, 유연성을 최대한 반영하려고 노력했다([그림 4-2] 참조).

2) (역자 주) 창의적 전문가 매칭 프로그램(creative partnership): 영국에서 운영되었던 교육 프로그램으로, 창의적 학습을 촉진하기 위해 학교와 창의 산업을 연결하는 것을 목표로 했음. 이 프로그램은 2002년 영국 예술위원회에서 시작하여 예술가, 작가, 디자이너, 음악가 등 창의적 전문가들을 학교와 매칭하여 학생들의 창의적 사고와 문제 해결 능력을 기를 수 있도록 지원했음.

[그림 4-2] **교사가 바라는 이상적인 수업**

그렇다고 하여 교사들은 학습의 본질적인 교과 지식, 기술 그리고 이해를 소홀히 여긴 것은 아니었다. 제스는 학습과 단순한 치료적 활동(therapy) 혹은 보육(babysitting)은 분명히 구별되어야 한다고 강조했다. 팸 역시 학습을 단순한 오락처럼 소비하는 것에 반대하며 수업이 지나치게 가볍고 피상적으로 흐르는 것을 경계했다. 그녀는 학생들이 학교를 졸업할 때 더 넓은 세계에 대한 시야를 가지고, 현실적인 삶의 기술(life skills)을 갖추길 바랐다. 또한 그녀는 학생들이 TV 드라마에 지나치게 몰입하는 것을 아쉬워하며, 건강한 선택과 웰빙을 위한 실용적 지식을 가르치는 것을 중요하게 여겼다. 이와 더불어 그녀는 지역사회 참여를 장려하며, 자신의 해외 자선활동과도 수업을 연결했다. 일반적으로, 비(非)학문적인 과목으로 여겨지는 요리 수업에서도 팸은 비판적 사고, 정확한 글쓰기, 체계적인 지식 습득의 중요성을 강조했다. 제임스는 자신이 오랫동안 사랑해 온 문학에 대한 애정을 학생들에게도 전하고 싶어 했으며, 학생들이 적극적으로 책을 읽고 탐구하는 모습을 보며 큰 보람을 느꼈다. 크리스틴은 유아기 아이들과 그들의 가족과 연결되는 다리 역할을 하면서도, 단순한 돌봄이 아닌, 학습 그 자체를 중심에 두고 교육적 대화를 나누고자 했다.

교사들은 학습의 개인적 의미(personal meaning)를 강조하는 것이 동기 부여, 몰입 그리고 학습의 효과성을 높이는 핵심 요소라고 보았다. 마이클의 경우, 한 학생을 위해 학교 일정을 거의 전면적으로 조정하여 맞춤형 교육을 제공한 사례는 이러한 철학을 극단적으로 보여 주는 예였다. 많은 교사는 수업 운영에서 더 많은 선택권과 유연성이 있기를 원했지만, 엄격한 교육과정 속에서도 어느 정도의 창의적 해석과 융통성을 발휘할 수 있는 여지가 있다고 보았다. 그러나 가장 오랜 경력을 가진 팸은 과거의 교육 환경과 비교하며, 과거에는 더 많은 체험 활동, 스포츠, 여름 캠프 등의 기회가 있었음을 회상했다. 결국 교사들이 바라는 것은 학생들이 단순한 지식 습득을 넘어, 의미 있고 가치 있는 학습 활동에 참여하도록 돕는 것이었다. 이를 통해, 학생들이 성장하고 발전하며, 궁극적으로 자신감을 키우고, 회복탄력성을 기르며, 자신의 삶을 주체적으로 설계할 수 있도록 지원하는 것이 교사들이 가장 중요하게 여긴 목표였다. 이러한 철학은 특수학교(캐슬게이트)와 일반학교(아카데미) 모두에서 공통적으로 확인된 가치였다.

연구와 혁신

비록 많은 교사가 연구라는 용어를 직접적으로 사용하지는 않았지만, 대부분이 교육 실천은 지속적으로 발전하고 변해야 하며, 이를 위해 실험, 탐구, 개선이 필요하다는 인식을 공유하고 있었다. 때로는 아주 세밀한 조정 수준에서 이러한 변화가 이루어지기도 했다. 예를 들어, 마이클은 학년 초에 담당 학급의 생태계를 균형 있게 조정하는 과정을 설명하며, 이를 지속적으로 개선해야 한다고 언급했다. 캐슬게이트의 창의적 전문가 매칭 프로그램 프로젝트는 공식적인 연구를 바탕으로 변화를 지원하고, 교육 혁신 과정을 탐색하는 사례였다. 이 외에도 교사들은 자신들이 개별적으로 주도한 다양한 프로젝트와 시도를 언급하며, 새로운 교수법과 학습 경험을 개발하는 것이 중요하다고 강조했다. 많은 교사가 교육 내용과 교수법의 다양성을 유지하고, 새로운 아이디어와 프로젝트를 도입하며, 지식을 지속적으로 새로이 학습하는 것이 필요하다고 보았다. 예를 들어, 제스는 자신의 전공 분야에서 최신 발전을 따라가기 위해 개인적으로 독서를 통해 연구하고 있었으며, 크리스틴은 리더십 개발과 관련한 연구 및 혁신에 지속적으로 참여했다. 로라는 새로운 아카데미 초기에 교사들의 학습을 지원하기 위한 포괄적인 프로그램을 구축했으며, 이를 통해 협력적 탐구와 비판적 성찰을 중심으로 한 전문적 학습 모델을 설계했다. 대체로 교사들은 교수법에서의 다양성과 흥미 요소가 중요하다는 점에 동의했으며, 학생뿐만 아니라 교사 자신도 끊임없이 배우고 성장해야 한다는 인식을 공유했다. 제임스의 경우, 자신이 흥미롭고 신나게 가르칠 수 있어야 학생들도 자연스럽게 동기 부여될 것이라 믿었다.

그러나 대부분의 교사는 교육의 질을 높이는 데 집중하는 대신, 행정적인 서류 작업에 지나치게 많은 시간이 소비되는 것에 불만을 나타냈다. 여기서 '서류 작업(paperwork)'이라는 단어는 교사들이 현재의 교육 현실을 묘사할 때 가장 자주 등장한 단어였다는 점이 이를 반증한다([그림 4-3] 참조).

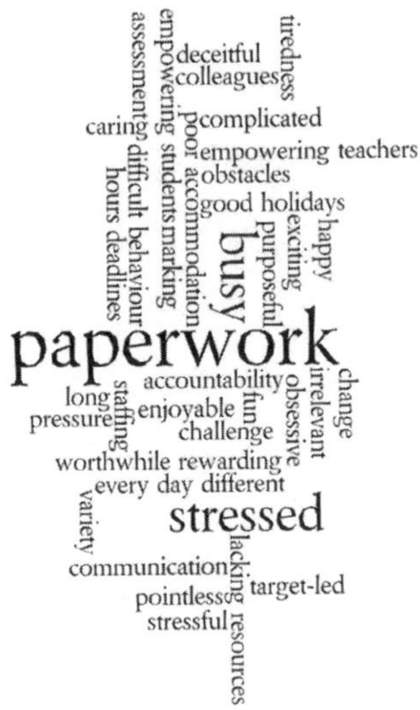

[그림 4-3] **현재의 수업**

이 같이 연구와 혁신은 단순히 새로운 교수이론을 도입하는 것을 넘어 교사들이 지속적으로 학습하고, 교육 환경을 능동적으로 변화시키며, 학생들에게 보다 의미 있고 효과적인 학습 경험을 제공하기 위한 필수적인 요소로 인식되고 있다.

교사들은 학생들을 위해 새롭고, 흥미로우며, 관련성 높은 학습 방법을 계획하고 탐구하는 데 더 많은 시간을 할애하기를 원했다. 그들은 이러한 노력을 증명하기 위해 소모적인 행정 절차를 밟는 것에는 부담을 느꼈다. 크리스틴은 실행 연구 접근 방식을 통해 혁신을 실천했다. 그녀는 새로운 아이디어를 먼저 직접 탐구하고 시도해 본 후, 이를 동료 교사들이 효과적으로 적용할 수 있도록 지원하는 방식으로 혁신을 주도했다. 또한 교사들이 묘사한 교실 환경과 학생들과의 관계를 살펴보면, 교사와 학생 간의 상호 학습(mutual learning)이 이루어지고 있음을 알 수 있다. 이는 국가 교육정책이 규범적이고 성과 중심적인 구조 속에서도, 교사들이 학생들과 함께 탐구하고 성장하는 공동의 노력을 중시하고 있음을 나타낸다. 즉, 단순히 주어진 커리큘럼을 전달하는 것이 아니라, 학생들과 함께 새로운 지식을 발견하고, 학습 과정을 공동으로 만들어 가는 형태의 교육을 실현하고자 하는 교사들의 노력이 지속되고 있음을 확인할 수 있다.

학생들의 전인적 성장

교사들은 단순히 교과 지식을 전달하는 것 이상의 교육적 목표를 가지고 있었으며, 아이들의 삶에 변화를 주는 것을 자신의 가장 중요한 교육적 사명으로 여겼다. 이들은 학생들이 단순히 학습 동기를 갖는 것을 넘어, 자신감 있는 사람으로 성장하길 바란다. 따라서 자기 존중과 자부심을 키우는 것, 그리고 건강과 웰빙, 의사소통 능력, 올바른 행동과 선택을 할 수 있는 역량이 교육의 중요한 요소로 자리 잡고 있다. 교사들은 학문적 성취, 사회적 성장, 정서적 발달을 별개로 보지 않고, 이 모든 요소가 서로 연결되어 있으며, 결국 하나의 목표로 수렴된다고 인식한다. 학생들이 보다 안정감을 느끼고, 현재와 미래의 삶을 더 잘 준비할 수 있는 모습을 보며 교사들은 큰 보람과 자부심을 느낀다. 이로써 교사들은 어떠한 정책적 요구나 행정적 지침이 주어지더라도, 교육의 궁극적인 목적은 전인적 성장에 있다고 확신한다. 가장 감동적인 순간은 학생들의 삶에 실질적인 변화를 가져온 사례들이었으며, 이는 교사들이 교육을 통해 학생들의 삶 전반에 긍정적인 영향을 미치는 것을 최우선 가치로 두고 있음을 보여 준다.

관계, 존중, 배려

전인적 성장과 연결되는 핵심 요소 중 하나가 '긍정적인 관계 형성'이다. 교사들은 학생들과의 관계를 단순히 학습을 위한 수단이 아니라, 존중과 배려를 기반으로 한 인간적인 연결로 인식한다. 팸은 이를 단호하게 설명하며, '우리는 모두 인간이기 때문에 서로를 존중해야 한다.'라고 강조한다. 팸과 제스는 학생들이 교사를 성이 아닌 이름으로 부르는 것을 선호했으며, 팸은 교복이 단순한 사회적 통제 수단일 뿐 특별한 의미가 없다고 생각했다. 그녀는 교사의 직위만으로는 존중을 얻을 수 없으며, 학생들에게 진정성 있는 태도를 보여야만 신뢰를 쌓을 수 있다고 확신했다. 특히 제스는 비언어적 의사소통을 하는 학생들은 거짓을 단번에 알아본다고 강조하며, 교사의 진정성(authenticity)이 필수적임을 언급했다. 팸의 경우, 학생들과의 관계가 학교라는 공간을 넘어서 세대 간 이어졌다. 그녀는 자신이 가르친 학생들의 부모와 조부모까지도 가르친 경험이 있을 정도로, 학생들과의 인연을 깊게 이어 왔다. 마이클 역시 교사의 역할이란 학생들이 교실에서 편안함과 안전함을 느끼도록 보장하는 것이라고 믿는다.

교사들은 학생들의 행복과 성장, 그리고 학교 밖에서도 사회적 관계를 형성하고 원활하게 소통할 수 있는 능력을 키워 주는 것을 중요하게 여긴다. 제스는 학교 혁신의 가장 분명한 증거는 바로 학생들의 밝은 미소에서 찾을 수 있다고 표현했다. 크리스틴은 한 번도 말하지 않았던 한 학생이 처음으로 말을 했던 순간을 떠올리며, 그 순간이 팀 전체에 감동을 주었고, 자신이 특수교육 분야에서 계속 일하기로 결심한 계기가 되었다고 말했다. 이처럼 교사들의 가장 큰 관심사는 학생들이 행복하고 더 나은 삶을 살아갈 수 있도록 돕는 것이었으며, 학습은 그 과정에서 필수적인 요소였다. 로나는 이를 한마디로, 학생이든 동료 교사든 모든 사람을 존중하고 따뜻하게 대하는 것이 가장 중요하며, 이는 결국 서로에게 되돌아온다고 강조한다.

가정과 지역사회와의 협력

교사들은 학생의 학습과 성장에는 가정과 지역사회와의 관계가 필수적이라고 입을 모았다. 학생들의 발달을 돕기 위해서는 가정의 지지와 협력이 중요하며, 이를 위해 부모 및 보호자와의 적극적인 소통이 필요하다고 강조했다. 크리스틴은 부모와의 협력을 강화하는 것이 자신의 중요한 역할이라며 부모 상담과 연계를 통해 학생들의 성장을 지원하는 데 힘썼다. 마이클은 오랜 시간 동안 학생들의 가족과 신뢰 관계를 구축해 온 것을 자랑스럽게 여겼으며, 이를 위해 가정 방문을 포함한 다양한 소통 방식을 활용했다. 우선, 그는 취약한 학생들의 경우에 사소한 실수나 누락이 건강과 안전에 심각한 영향을 미칠 수 있어 부모와의 원활한 협력이 필수적이라고 강조한다. 반면에 마이클은 학교가 사회 자체를 바꿀 수는 없다고 생각했으나, 팸은 교육의 영향력을 더 넓게 확산시키는 것을 목표로 했다. 그녀는 학생들에게 예산 관리, 건강한 식습관, 생활 방식이 미치는 영향 등을 가르쳐 이를 가정으로까지 확산시키는 것을 비전으로 삼았다. 제임스는 과거에 포용교육을 담당했던 경험을 바탕으로 학부모와의 소통이 중요하며, 문제를 즉시 해결하기 위해 퇴근 후에도 직접 전화하는 등 능동적으로 대응했다. 흥미롭게도, 교사들은 학부모 상담 일정과 같은 공식적인 상호작용보다 더 자연스럽고 유기적인 관계 구축을 선호했다. 학교와 가정의 경계를 유연하게 두어 학생 한 명을 가르치는 일이, 결국 더 넓은 가족과 지역사회로까지 연결되는 과정이라 인식하였다. 이같이, 교사들은 학생의 성장을 돕는 것이 단순히 교실에서만 이루어지는 것이 아니라, 부모, 보호자 그리고 지역사회와 협력하는 것에서부터 시작한다고 보았다.

동료애와 협업

교사들에게 동료들과의 협업과 유대감은 단순한 직장 내 관계를 넘어, 직업 만족도와 전문성 개발의 필수 요소로 여겨진다. 학생 지도와 직접적인 관련이 없지만, 모든 교사가 이 주제를 강조했다는 점에서 그 중요성이 두드러진다. 교사들은 동료 관계가 학생들과의 관계만큼이나 중요한 의미를 지녔으며, 수직적이고 권위적인 방식보다는 섬세한 배려와 지원이 더욱 효과적이라고 말했다. 이들은 형식적인 회의나 공식적 절차보다 일상 속에서 자연스럽게 이루어지는 대화, 격려의 말 한마디, 경청과 조언을 통해 서로를 돕고 협력한다. 교사들은 자신이 맡은 역할 안에서뿐만 아니라, 직책과 상관없이 동료들의 성장을 지원하고, 리더십을 공유하며, 창의적 시도를 장려하는 방식으로 동료애를 실천한다. 제스, 팸, 마이클, 제임스, 크리스틴은 각자의 팀 내에서 이러한 협업 문화를 조성하고 유지하는 데 적극적이었다. 로나는 교과 전반에 걸쳐 협력적 리더십을 촉진하며, 전문성 개발을 기획하는 역할을 수행했다. 교사들은 동료의 성장을 지켜보며 큰 보람을 느꼈고, 그들의 발전을 적극적으로 지원했다. 로나는 이러한 점을 고려하여 협력적 리더십을 강화하는 방향으로 전문성 개발과 학교 혁신 전략을 설계했다. 특히 학교 내·외부의 평가와 개인 성과관리에 대한 압박이 커지는 상황에서도, 교사들은 서로 협력하여 요구를 충족하는 방식을 선호했다. 결과적으로, 동료애와 협업은 교사들이 서로를 지지하고 성장할 수 있도록 돕는 중요한 기반이었으며, 학교 혁신과 교육의 질을 높이는 데 필수적인 요소로 작용하였다.

포용과 형평성

교사들은 교육 현장에서 마주하는 불평등과 불공정한 상황을 가장 큰 우려 사항으로 꼽았으며, 학생들이 공정한 기회를 제공받고 동등한 학습 환경을 경험할 수 있도록 힘쓰는 것이 무엇보다 중요하다고 생각했다. 팸과 제임스는 학업에서 어려움을 겪는 학생들에게 특히 신경을 기울였으며, 따돌림이나 차별 같은 문제가 발생했을 때 신속하게 대응하는 것이 중요하다고 강조했다. 팸은 10대 임신과 같은 사회적 문제를 다루는 프로젝트를 기획하고 운영했으며, 제임스와 함께 가정과의 관계를 구축하는 것이 학생들이 복잡한 삶의 문제를 해결하는 데 중요한 역할을 한다고 믿었다. 제스는 늘 소외되고 취약한 학생들, 즉 교실 구석에 있는 아이들을 돕는 것이 자신의 사명이라고 생각했다. 모든 교사는 학생들의 옹호자로서 그들을 지지하고, 긍정적인 가능성을 발견하고 격려하며, 학생들이 부당하게 평가받거나 사회적으로 낙인찍히는 것을 강하게 반대한다. 이들은 학생들이 자신의 개성과 다양성을 존중받으며, 이를 서로 배우는 기회를 가질 수 있도록 지원하고자 했다. 예를 들어, 제임스는 규칙을 잘 따르지 못하는 학생에게 매일 아침 안녕이라고 인사하며 새로운 기회를 주려고 노력했다. 그는 학생들이 과거의 실수로 인해 영원히 낙인찍혀서는 안 된다고 믿었고, 언제든 새롭게 시작할 수 있도록 돕고자 했다. 교사들은 학생들의 이야기를 통해 선함을 찾고자 하는 노력을 기울였다(Lawrence-Lightfoot & Davis, 1997). 그들의 교육적 실천은 단순한 학습 지원을 넘어, 학생들이 자신을 긍정적으로 인식하고 공정한 기회를 누릴 수 있도록 하는 것에 초점이 맞춰져 있다.

5. 혁신을 위한 교사 주도성

이 장에서 소개한 두 개의 갤러리 사례는 교사들이 학생들의 웰빙과 학업성취, 담당 교과에 대한 열정, 긍정적인 가치와 태도 함양 그리고 개인과 지역사회 간의 관계 형성을 중시한다는 기존 연구 결과(Crosswell, 2006: Day & Gu, 2010에서 재인용)를 뒷받침한다. 그러나 학교 변화와 관련된 공식적인 담론과 교사들이 실제로 혁신하고 싶어 하는 것들 사이에는 상당한 괴리가 존재했다. 교사들은 학교 혁신이라는 개념을 논할 때는 주로 회의, 서류 작업, 상부에서 지시하는 정책과 프로젝트 등 관료적 구조를 떠올렸다. 그러나 교사들이 진정으로 관심을 가지고 열정을 보인 부분을 질문했을 때는 학생들의 학습과 성장, 포용과 형평성, 관계 형성, 공동체 참여 그리고 교과 전문성 등의 핵심 주제가 도출되었다. 이는 단순히 교육정책을 실행하는 것과는 본질적으로 다른 차원의 일이었으며, 교사들은 이러한 중요한 역할을 수행할 수 있는 시간을 확보하기 위해 싸워야 했다. 때로는 공식적인 학교 혁신의 과제들이 교사들의 목표와 충돌하거나, 단순히 불필요하게 느껴지는 경우도 많았다. 이러한 상황 속에서 교사들은 밴듀라(Bandura, 2001)가 제시한 인간 주도성의 핵심 요소를 활용하여 스스로 변화의 주체가 되고자 했다.

- **자신의 교육적 목적과 부합하는 정책을 선별적으로 수용하여, 그것을 자신의 실천 목표로 실행(의도성)**: 교사들은 자신이 중시하는 가치를 실현할 수 있는 정책을 선별하여, 이를 학생들을 위한 긍정적인 변

화의 도구로 활용함.

- **큰 문제가 되지 않는 경우, 적절한 타협과 절충을 시도(자기조절)**: 교사들은 현실적인 한계를 고려하여, 정책과의 갈등을 최소화하는 방식으로 조정하거나 절충하는 태도를 보임.
- **외부의 요구를 따르는 듯하면서도 원하는 변화를 추진(예측력, 자기조절)**: 교사들은 과도한 행정적 요구에 얽매이지 않으면서, 자신이 진정으로 중요하게 여기는 교육적 목표를 조용히 실현해 나감.
- **스스로 프로젝트를 기획하고, 동료 교사들과 협력하여 변화를 주도(의도성)**: 교사들은 학교 내에서 자신이 주도적으로 운영할 수 있는 프로젝트를 만들어, 이를 통해 학교 변화에 기여하고자 함.
- **공식적인 요구를 넘어 추가적인 노력을 기울이며, 학생들의 요구를 충족시키기 위해 헌신(의도성, 예측력, 자기조절)**: 교사들은 정책적 요구 이상으로 많은 시간과 에너지를 투자하면서, 학생들에게 최상의 교육 경험을 제공하고자 함.
- **불필요한 요구를 무시하고, 본질적 가치에 집중(자기조절, 자기성찰)**: 교사들은 교육적으로 의미 없는 행정적 절차에 소모되지 않고, 학생들에게 가장 중요한 부분에 집중하는 전략을 선택함.

이와 같이 교사들은 수동적인 피해자가 아니라(Galton & MacBeath, 2008), 오히려 자신의 창의성, 에너지, 헌신을 바탕으로 변화를 주도적으로 이끌어 나가는 존재였다.

특히 개인적인 가치관과 교육철학이 학교의 공식적인 요구와 충돌할 때, 교사들은 학생들의 웰빙을 최우선에 두고 선택했다(Bandura, 2001). 이러한 선택의 결과는 단순한 불편함에서부터 과중한 업무, 심지어 신체적·정신적 스트레스, 피로, 좌절감까지 다양한 형태로 나타났지만,

자신이 의미 있다고 여기는 목표를 위해 노력하는 과정은 교사들에게 큰 동기 부여와 보람을 주었다. 이번 연구에서 확인된 바와 같이, 교사들의 관심은 특히 취약 계층 및 소외된 학생들의 학습 환경을 개선하는 데 집중되었다. 연구와 정책 문헌에서 다뤄지는 학습, 포용성, 관계 형성, 공동체 참여, 교과 전문성 등의 주제는 교사들이 실제로도 중요하게 여기는 부분과 상당히 일치했다. 즉, 교사들은 공식적인 정책 틀을 무조건 거부하는 것이 아니라, 이를 자신이 중요하게 생각하는 목표와 연계시키고, 이를 통해 실질적인 변화를 만들어 가려 했다(Barnett, 2008).

이와 같이, 교사들은 자신의 시간과 에너지를 어디에 집중할 것인지 전략적으로 결정하며, 이를 통해 긍정적인 변화를 촉진하고자 했다. 이러한 주체적인 노력이 가능했던 것은 교사들이 실제로 자신의 행동이 변화를 만들어 낼 수 있다는 확신을 가졌기 때문이다. 학생들에게 실질적인 영향을 미친다는 경험, 동료 교사들에게 긍정적인 영향을 미칠 수 있다는 확신, 이를 통해 학교 환경을 혁신할 수 있다는 믿음이 교사들이 어려운 환경에서도 지속적으로 변화를 만들어 나가도록 동기를 부여하는 핵심 요인이 되었다.

성찰 질문

- 자신의 역할과 태도를 비유적으로 표현한다면 어떤 이미지가 떠오르는가?
- 현재의 수업(또는 교사 교육)과 이상적인 수업(또는 교사 교육)을 비교해 보자. 공통점과 차이점은 무엇인가?
- 밴듀라(Bandura, 2001)가 정의한 주도성의 네 가지 특성(의도성, 예측력, 자기조절, 자기성찰)을 자신의 교육적 실천과 연결해 보면 어떠한가?

참고문헌

Ball, S. J. (2008). 'Performativity, privatisation, professionals and the state', In Cunningham, B. (Ed.), *Exploring Professionalism*. Bedford Way Papers (33). London: Institute of Educa-tion, University of London Publications, pp. 50-72.

Bandura, A. (2001). 'Social cognitive theory: an agentic perspective', *Annual Review of Psychology, 52*, 1-26.

Barnett, R. (2008). 'Critical professionalism in an age of supercomplexity', In Cunningham, B. (Ed.), *Exploring Professionalism*. Bedford Way Papers (33). London: Institute of Education, University of London Publications, pp. 190-207.

Bascia, N., & Hargreaves, A. (Eds.). (2000). *The Sharp Edge of Educational Change*. London: Routledge/Falmer Press.

Biesta, G. (2016). 'Good education and the teacher: reclaiming educational professionalism', In Evers, J., & Kneyber, R., *Flip the System: Changing Education from the Ground Up*. London: Routledge, pp. 79-90.

Bolton, G. (2014). *Reflective Practice: Writing and Professional Development*. (4th edn.). London: Sage.

Chevalier, T. (1999). *Girl with a Pearl Earring*. London: Harper Collins.

Coffey, A. (2001). *Education and Social Change*. Maidenhead: Open University.

Day, C., & Gu, Q. (2010). *The New Lives of Teachers*. London: Routledge.

Durant, J. (2013). 'Portraits of teachers in landscapes of change: exploring the role of teachers in school improvement', PhD thesis. Available at: http://create.canterbury.ac.uk/11664/ (accessed 2018).

Ely, M., Anzul, M., Friedman, T., Garner, D., & McCormack Steinmetz, A. (1991). *Doing Qualitative Research: Circles Within Circles*. London: RoutledgeFalmer.

Evans, L. (2008). 'Professionalism, professionality and the development of education profes-sionals', *British Journal of Educational Studies, 56*(1), 20-38.

Galton, M., & MacBeath, J. (2008). *Teachers Under Pressure*. London: Sage/ National Union of Teachers.

Hargreaves, A. (1994). *Changing Teachers, Changing Times: Teachers' Work and Culture in the Postmodern Age*. London: Continuum.

Holly, M. L. (1989). 'Reflective writing and the spirit of enquiry', *Cambridge Journal of Education, 19*(1), 71-80.

Lawrence-Lightfoot, S., & Davis, J. H. (1997). *The Art and Science of Portraiture*. San Francisco: Jossey Bass.

Sachs, J. (2007). 'Learning to improve or improving learning: the dilemma of teacher continuing professional development', keynote presentation, International Congress for School Effectiveness and Improvement, Portoroz, Slovenija, January.

Schostak, J. (2006). *Interviewing and Representation in Qualitative Research*. Maidenhead: Open University Press.

Stark, S., & Stronach, I. (2005). 'Nursing policy paradoxes and educational implications', In Ware, T., & McAndrew, S. (Eds.), *Using Patient Experience in Nurse Education*. Basing-stoke: Palgrave Macmillan, pp. 63-85.

Strauss, A., & Corbin, J. (1990). *Basics of Qualitative Research: Grounded Theory Procedures and Techniques*. London: Sage Publications.

Stronach, I. (2007). 'What kind of future for "professionalism"?', keynote presentation, International Congress for School Effectiveness and Improvement, Portoroz, Slovenija, January.

Stronach, I., Corbin, B., McNamara, O., Stark, S., & Warne, T. (2002). ' Towards an uncertain politics of professionalism: teacher and nurse identities in flux', *Journal of Education Policy, 17*(1), 109-138. The role of teachers in changing schools 83

제 5 장 교사 주도성을 지원하는 학교 문화

이 장은 세 번째이자 마지막인 갤러리로 시작하며, 서로 대조적인 학교 환경에서 도출된 교사 초상화들을 분석하여, 학교 구조와 문화가 학교 변화에 기여하고 대응하는 교사의 역할에 어떤 영향을 미치는지 살펴본다. 두 학교 모두 '발전하고 있는 학교(moving schools)'로 선정되었다(Stoll & Fink, 1996). 이는 두 학교가 상당한 변화를 겪으며 혁신의 방향으로 나아가고 있음을 의미한다. 이 연구에서 교사들의 경험과 서사가 주요한 연구 자료로 활용되었지만, 더 넓은 맥락에서 분석하기 위해 전경 텍스트(landscape texts)[1)]를 작성했다. 이는 각 학교에서 교사들이 처한 상황을 더 명확히 조망하기 위해 중첩(nested) 사례 연구 구조로 구성되었다(Thomas, 2011). 이를 통해 학교가 외부에 어떻게 자신을 표현하는지, 공적 평가를 어떻게 받는지, 그리고 실제 관찰된 모습이 어떠한지를 종합적으로 분석했다(Durant, 2013). 또한 교장들과의 추가 인터뷰를 통해 학교 변화에 대한 그들의 시각도 반영했으며, 이를 바탕으로 학교 구조와 문화가 교사의 주도성을 어떻게 촉진하거나 제한하는지를 탐색했다. 연구 결과, 학교의 변화 과정은 단순히 일률적인 접근 방식으로 설명될 수 없으며, 각 학교가 처한 고유한 맥락과 결합된 다양한 요인이 복합적으로 작용하여 조직의 발전 방향을 결정한다는 점이 분명하게 드러났다.

1) (역자 주) 전경 텍스트(landscape texts): 연구나 분석에서 특정 환경이나 맥락을 설명하는 서술적 자료를 의미함. 특히 교육 연구에서 특정 학교나 조직의 구조, 문화, 변화 과정 등을 문서화

1. 강제된 환경, 선택된 환경 그리고 구성된 환경

분석의 틀로 삼은 프레임워크는 밴듀라(Bandura, 2001)가 제시한 다양한 환경 구조의 연속선이다. 이는 개인이 발휘할 수 있는 주도성의 범위와 초점에 따라 '강제된(imposed) 환경'에서 '선택된(selected) 환경' 그리고 '구성된(constructed) 환경'으로 단계화해 설명한다. 강제된 환경에서는 개인이 원하는 결과를 얻기 위해 취할 수 있는 행동의 기회가 거의 없다. 선택된 환경에서는 자신의 목적에 맞게 특정 맥락이나 인간관계의 일부를 어느 정도 조정할 수 있다. 구성된 환경의 수준에 이르면, 개인은 환경의 구성 요소와 상호작용을 적극적으로 설계 및 재구성하며 자신이 원하는 방향으로 조정하기 위해 의사결정을 내리고 행동을 취하게 된다. 이를 시각적으로 제시하면 [그림 5-1]과 같다.

두 학교의 변화 관리 방식을 '좋은 학교 vs 나쁜 학교'라는 이분법적 구도로 치우치지 않게 경계해야 하나, 실제로는 학교 변화가 전달·조직·실행되는 방식에서 확연한 차이를 보였다. 중증·심화·복합 학습 장애를 지닌 학생들을 위한 특수학교인 캐슬게이트의 경우, 일관된 비전과 전략 아래 긍정적인 전문적 학습 문화가 자리 잡고 있었다. 교사들은 이를 교장과 고위 리더들의 리더십 덕분이라고 평가했다. 반면, 새로 설립된 비선별 입학 중등학교인 아카데미는 연구 시작 시점에는 혁신 경로에 있었다. 그러나 교사들의 진술에 따르면 여러 조직적 혼선이 드

하여 맥락을 제공하는 역할을 함. 이 개념은 연구자가 수집한 교사들의 개인적인 이야기를 더 넓은 맥락에서 해석할 수 있도록 도움. 즉, 단순한 개별 사례 연구를 넘어, 학교 조직이 변화하는 방식, 내부와 외부 요인, 그리고 교사들이 이러한 변화 속에서 어떤 방식으로 적응하고 대응하는지를 설명하는 중요한 맥락적 자료라고 할 수 있음.

러났다. 재정과 조직 운영상의 문제를 해결하기 위해 다소 즉흥적이고 상충되는 방책을 쓰는 리더십 팀의 모습이 포착되었다.

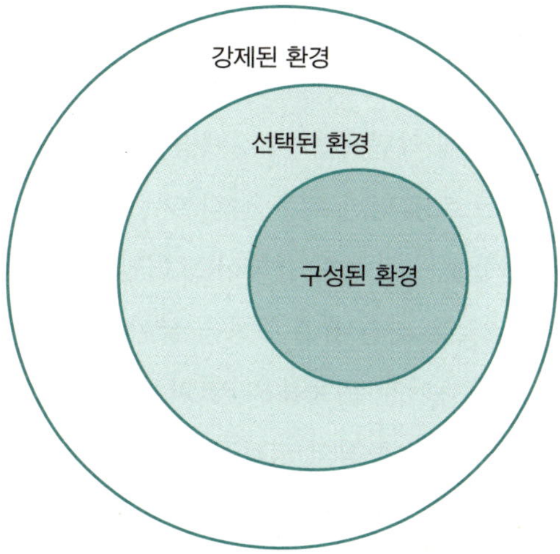

[그림 5-1] **교사 주도성을 위한 조직 환경(Bandura, 2001)**

학교 문화는 교사들이 자신의 전문적 역할과 정체성을 어떻게 인식하고, 주도성을 얼마만큼 발휘하며, 변화에 어떻게 기여할 수 있는지에 직접적인 영향을 미쳤다. 특히 고위 리더십은 이런 맥락에서 가장 중요한 변수로 작용했다. 그러나 두 학교의 교사 모두 긍정적이고 부정적인 요소가 동시에 존재한다고 말하였다. 이를 밴듀라(Bandura, 2001)의 용어로 보자면, 강제된 환경을 완화·조정, 선택된 환경을 적극 활용, 구성된 환경을 구축하려고 노력하면서도 긍정적이고 부정적인 영향을 동시에 경험했다는 사실이다. 즉, 구조와 문화가 교사의 주도성을 어떻게 북돋우거나 약화시키는지, 그리고 그것이 교사와 학생들의 경험과 삶 그리고 학습에 어떤 영향을 미치는지를 두 학교 모두 선명하게 보여 주었다.

2. 갤러리 3: 변화하는 학교 전경

뉴 퓨처스 아카데미: '강제'가 지배한 체제

아카데미는 전환기에 있던 변화의 경계선에 선 학교(MacBeath et al., 2006)였다. 새 조직으로 출범한 직후 성적 향상 압박에 직면해 있었다. 운영 실태를 보면, 학교가 구조적 결함이 드러날수록 점점 더 단기적이고 임시방편적인 조치를 취하며 효과성을 끌어올리려 했음을 알 수 있다. 내부적으로 처음 불거진 문제들은 곧 외부에서도 감지되기 시작했다. 이 학교의 문화는 감사 중심의 성과주의에 의해 운영되었으며, 교사들에게 내려온 지침을 따르도록 강제했다. 교사들은 팸의 표현처럼 숨을 곳이 없고 반드시 기준을 충족해야 하는 군대식 감시와 명령이 난무한 강박 속에서 일해야 했다. 그러나 지원해 주기로 약속한 자원이 제대로 제공되지 않은 현실에 실망했고, 계속된 변화 속에서 교사들은 지쳐갔다. 예를 들어, 제임스는 박스로 가득 찬 교실에서 일했으며, 컴퓨터는 작동하지 않았고, 교실의 문손잡이조차 부서진 상태였다. 이처럼 강제된 환경의 압력이 커질수록 교사들은 자신의 업무 환경을 조성할 여지를 거의 느끼지 못했다.

로나는 전문적 학습을 통해 동료들의 열정을 북돋우고 싶었으나, 실제로는 교사들의 부족함을 보완하기 위한 훈련만 이뤄지고 있다고 보았다. 교사들은 낮은 성적의 책임을 집단적으로 떠안았고, 소폭의 성적 향상조차 '끝없는 성과 훈련(Hargreaves, 2003)'의 결과로 치부되었다. 로나는 경험이 많고 유능한 교사들조차 요구된 방식에 의해 탈전문화되고 있다고 지적했다. 그들은 외부의 평가 기준을 충족하기 위해 반복적인 과정을 거쳐야 했으며, 교수 · 학습 · 평가의 핵심 업무까지 획일적 지침에 따를 것을 강요받았다. 이는 제임스 역시 공감하는 부분이었다. 팸은 이 학교에서 33년간 근무하며 학교가 속한 지역사회의 오랜 사회경제적 불평등을 깊이 이해하고 있었다. 그녀는 11세에 이루어지는 학업 성취도 평가라는 선별 정책이 학생들에게 실패와 낙오의 감정을 심어 준다고 분석했다. 또한 성취평가에 대한 학교별 순위표가 낮은 결과를 보인 학교들의 명성과 지위를 저하시켰다. 이러한 환경 속에서 학교는 끝없는 성과 경쟁에 내몰리게 되었다. 맥베스 등(MacBeath et al., 2006)의 연구에서 제시된 바와 같이, 실패의 원인을 교사들에게 돌리는 위협적인 분위기가 조성되었고, 이에 따라 교사 채용과 유지도 어려움을 겪을 수밖에 없었다.

아카데미 출범 과정에서 의사소통은 자주 단절되었고, 감정적 의사결정은 불신과 좌절 그리고 혼란을 야기했다. 예를 들어, 고용 계약에 대한 불확실성도 문제였다. 그럼에도 불구하고, 교사들은 교장으로부터 개인적인 격려 메시지를 받을 때는 어느 정도 긍정적인 감정을 느끼기도 했다. 그러나 변화의 논리가 명확하게 전달되지 않았으며, 조직 구조와 소통 방식은 교사들의 동기와 의미 형성을 고려하지 못했다. 교사들은 업무 과중과 조직적 혼선으로 창의적 기여의 기회는 축소되었다. 또한 80%에 달하는 급여가 임원과 고위 리더십에 집중된 상층부 중심 구조, 학교와 거리를 둔 후원 기관 그리고 리더 간 책임 불명확 등이 문제로 지적되었다. 불완전한 발전 계획, 결함 있는 교육과정 모델, 내부 갈등 등의 문제도 교사들의 인터뷰와 이후 외부 평가를 통해 드러났다.

이러한 학교 문화는 교사 간 신뢰 및 사회적 · 지적 자본(Hargreaves, 2001)을 갉아먹어, 교사들의 창의성과 목소리를 위축시켰다. 이는 교사들이 선호하는 협력적 역량 개발 방식과 정면으로 배치되었으며, 결과적으로 장기적인 전략 없이 매일 발생하는 문제에 소극적으로 대응하는 것에만 몰두하도록 만들었다.

그럼에도 이런 강제된 환경 속에서도 교사들은 자신만의 방식으로 조직 환경을 선택하고 구성하려는 움직임을 보였다. 팸은 자신의 과목을 중심으로 새로운 생활지도 체제 내에서 목표를 확립하고 추진했으며, 제임스는 공식적인 역할을 협상하여 신임 교사들을 지원하고 교수법 혁신에 집중했다. 로나는 자신의 직함을 '코디네이터(coordinator)'에서 '리더(leader)'로 바꿔 자신의 역할을 재정의하고, 외부 기관으로부터 품질 인증을 받은 전문성 개발 프로그램을 구축했다. 이처럼 조직이 강제적으로 부과한 환경과 교사들이 주체적으로 구성하려는 환경 사이에는 지속적인 긴장이 존재했다. 경영진의 권한이 언제든지 강제력을 발휘할 수 있는 구조였지만, 로나는 교사들의 전문적 몰입과 동기 부여 그리고 의미 있는 변화 가능성을 높이는 전략을 펼쳤다.

교사들은 자신이 맡은 역할과 주변 환경 내에서 어느 정도의 영향력을 행사할 수 있었다. 교사들은 공식적 리더십 범위 안에서 더 큰 주도성을 발휘했다. 예를 들어, 팸은 가정 교과 부장으로서 모든 학년을 아우르는 새로운 생활지도 모델을 제안했고, 이를 학부모와 지역사회로까지 확장해 실행했다. 제임스는 기성 교재를 사용할 수도 있었지만, 학생들의 학습 경험과 만족도를 고려해 직접 맞춤형 수업을 준비하는 데 많은 시간을 투자했다. 교사들이 구성한 환경(예: 사람, 구조, 활동, 우선순위 등)의 정의 방식은 그들이 환경에 미치는 영향력, 즉 주도성의 범위를 결정했다.

제임스는 자신이 영향을 미칠 수 있는 영역을 신중히 선택한다고 설명했다. 그는 전문적 자신감, 직위 권한 수준, 개인적 책임의 위험도, 연구 기반 접근법에 대한 확신, 개인적 만족감, 학생들에게 미치는 이점 그리고 업무 부담 등을 모두 고려했다. 그는 과도한 업무 부담을 피하면서도, 체제를 거스르지 않는 방법을 터득했다. 로나는 고위 리더로서 강제적 · 처방적 접근 방식을 실행해야 하는 입장이었지만, 동시에 교사들의 전문적 학습 문화를 구축하고 싶었다. 반면, 팸은 자신의 과목이 성적 순위표의 압박에서 상대적으로 자유롭다는 점을 활용해 전략적으로 변화를 추진하며 도전적인 환경 속에서도 자신의 목표를 실현해 나갔다. 그녀는 이전에 규제가 적었던 시절의 경험 덕분에 체제 중심적이고 관리적인 문화 속에서도 의미 있는 변화를 주도하는 방법을 터득했다.

캐슬게이트 학교: 학습과 리더십의 공동체 구축

캐슬게이트 교사들의 역할과 정체성 인식은 교장의 철학에 크게 영향을 받았다. 연구 참여 교사들의 이야기에는 이 학교의 교장과 고위 리더십 팀이 아카데미보다 훨씬 더 자주 주체적으로 등장한다. 교장은 교사들이 환경을 스스로 구성하며 주도성을 발휘할 수 있게 의도적으로 설계했다. 연구에 참여한 세 명의 교사들은 단순히 순응하는 존재가 아니었으며, 자신의 교실에서 신뢰받고 권한을 부여받았다고 느꼈다. 또한 개방적인 리더십의 접근 방식을 환영하며, 긍정적인 관계에서 큰 만족감을 얻었다. 비교적 경력이 짧고 학교에 새로 온 교사인 제스조차도 이 문화를 명확하게 설명할 수 있었으며, 이는 그녀가 학교 문화에 성공적으로 적응했음을 보여 주었다. 제스는 분명 세심한 배려 속에서 성장했고, 두 번째 인터뷰에서는 더욱 자신감 있는 태도를 보였으며, 새로운 책임을 맡겠다는 의지를 표명했다. 중증 · 복합 학습이 필요한 학생들을 교육하는 학교 특성상 관계 형성, 의사소통, 돌봄이 우선시되는 것은 당연해 보일 수 있다. 그러나 캐슬게이트의 협력적 분위기는 자연 발생적이라기보다 의도적으로 구축되고 유지되고 있음이 분명했다. 만약 그러한 노력이 없었다면, 학교의 모습은 전혀 달라졌을 것이다. 교사들의 이야기 속에서도 교육 성과주의 정책 환경이 지속적으로 등장했지만, 외부 요구와 지침이 끊임없이 밀려드는 와중에도 교사들은 학생 중심의 교실 환경을 조성하고 팀 활동을 할 수 있었다. 또한 의사결정 과정에 참여했으며, 동료들 간의 자율성과 주도성을 기대하고 독려하는 분위기가 조성되었다. 이러한 환경에서는 생활세계(lifeworld)가 우위를 점하여 교사들이 자신만의 의미를 만들고(Sergiovanni, 2000), 이를 바탕으로 집단적 혁신 역량을 키울 수 있었다.

교장은 교사들이 조직 환경의 특정 영역을 선택해 기여하도록 기대했다. 그는 변화 과정을 조율하며 각자의 강점과 약점을 인식하고, 교사들의 영향을 하나로 모아 공동 주도성을 형성하게 했다(Gronn, 2003). 예를 들어, 성과관리 시스템를 활용해 교사들의 목표를 학교 발전 계획과 연계하고, 조직의 우선순위와 리더십 과제를 논의할 시간을 보장했다.

교장은 개별적인 격려와 지원을 제공하고, 기회를 제시함으로써 교사들이 혁신적 시도를 하도록 독려했으며, 이를 조직적으로 뒷받침했다. 크리스틴은 새로운 보고 시스템을 도입하는 역할을 맡았을 때, 이를 직접 시범 운영하면서 동료 교사들이 겪을 문제를 이해하게 되었다. 그러나 조직의 지원을 바탕으로 자신감 있게 이를 추진할 수 있었다. 제스는 처음에는 리더십 역할을 고사했지만, 1년 후에는 교장의 부드러운 권유로 특수교육 분야에서 자신의 역할을 새롭게 모색하기 시작했다. 이처럼 교장은 스스로 학교 환경을 구성하면서도 공동 구성(co-construction)을 신념으로 삼는 사람이었다. 그는 주도성을 발휘해 교직원을 변화 과정으로 끌어들여 지역사회까지 연결되는 비전을 실현해 나갔다. 교사들은 이 공동 구성의 과정에 참여하며 다양한 책임을 맡았고, 변화가 자연스럽게 이루어지는 유기적 시스템 속에서 역할을 했다. 세 명의 교사 모두 동료를 지원하고 협력하는 문화를 경험했으며, 이를 통해 동료들의 성장을 도우면서 자신 또한 힘을 얻었다고 설명했다. 따라서 이들은 팀과 동료들이 기여할 수 있도록 돕는 주도성 기반의 문화를 촉진했다. 크리스틴은 이를 비공식적이고 친근한 방식을 활용해 관계를 형성하고, 격려하고, 모범을 보이며 경청하는 방식으로 동료 교사들을 성장시켰다. 또한 교사들이 격식을 차리지 않고 편하게 이야기할 수 있도록 유도했으며, 이러한 대화를 전략적으로 활용했다. 그녀는 팀원의 의견을 수렴하고 협력하여 중간 리더십 차원에서 학교 혁신을 함께 만들어 갈 수 있게 이끌었다.

캐슬게이트에서는 조직이 강제적으로 부과한 환경과 교사들이 주체적으로 구성한 환경이 교차하는 지점에서 교사들은 교장이 정책과 외부 요구를 해석하는 조정자이자 중재자로서 역할을 수행한다고 믿었다. 이들은 교장이 정책적 요구의 의미를 설명하고, 무엇이 실질적으로 필요한지를 판단할 것이라고 신뢰했으며, 때로는 정책의 당위성을 완전히 확신하지 못하더라도 그를 지지하며 변화에 기여했다. 크리스틴은 이러한 태도를 자신이 맡은 영역에서도 적용했다. 그녀는 학생들의 필요에 맞게 교육과정을 먼저 설계한 후, 외부 요구사항을 이에 맞춰 조정했다. 다시 말해, 중앙에서 내려온 지침을 학교의 이익에 부합하도록 구성하는 방식으로 전환했던 것이다. 이는 풀란(Fullan, 1993)의 변화의 교훈(lessons of change)을 반영하는 것으로, 모든 상황은 기회의 장이며, 무엇이 중요한가는 중앙이 아닌 실무자들이 결정해야 한다는 원칙과 일맥상통했다.

그러나 캐슬게이트에서도 외부의 성과 요구와 진전의 증거를 제공해야 하는 책무성과 관련된 갈등이 여전히 존재했다. 제스와 마이클은 이러한 변화에서 거리를 두고 관망하는 입장이었으며, 때때로 그 요구사항들이 단순한 관람자처럼 느껴지기도 했다. 성과 목표를 달성하면서도 교사들이 중요하게 여기는 가치를 지키려는 과정에서 스트레스와 긴장이 발생하기도 했다. 하지만 교장은 교사들이 이러한 압박 속에서도 자신을 보호받고 있다고 느낄 수 있도록 안전망을 제공했다. 외부 및 내부 보고 구조, 수많은 프로젝트와 혁신 활동이 다기관 협업이 이루어지는 바쁜 학교 운영과 맞물리면서 교사들에게는 종종 과도한 요구와 긴장감을 초래했다. 이에 대응하여 마이클은 학생들을 보호하기 위해 교실을 차분한 안식처로 만들고, 그의 팀 내에서 모든 기대치를 충족할 수는 없다는 공감대를 형성했다.

때때로 교사들의 주도성은 활동을 줄이는 데에도 사용될 수 있었다. 예를 들어, 크리스틴은 예술 교육 발전 계획을 1년간 유보하고, 안정과 정착을 우선시하는 결정을 내렸다. 변화가 지속적으로 이어지는 것보다, 더 적은 일을 해도 올바른 일을 제대로 하는 것이 더 낫다는 점이 동의된 부분이었다. 캐슬게이트에서는 혁신 과정 자체도 협력적으로 반성되고 평가되었다는 점이 중요했다. 이 학교에서는 언제나 새로운 시도를 할 여지가 있었으며, 협의를 통해 조정할 공간도 충분히 마련되었다.

3. 강제된 환경과 구성된 환경의 창출과 조정

밴듀라(Bandura, 2001)의 모델을 적용해 보면, 아카데미의 상황은 [그림 5-2]와 같이, 외부에서 강제된 환경이 지배적이며, 강압적인 관리 체제 아래에서 더욱 많은 압박과 제한, 요구 및 지침이 더해진 것으로 묘사될 수 있다. 일관된 리더십이 부재한 상황에서, 선택 가능한 영역의 크기와 영역은 전적으로 교사 개인의 경험, 자신감, 상황에 의해 결정된다. 그들이 나름대로 구성한 환경은 학생들에게 실질적인 이익이 되는지를 신중히 고려한 결과이다. 동시에 교사들은 개인적 · 전문적 비용이 감당될 만하다고 판단되는 좁은 틈새에서만 영향력을 발휘했다.

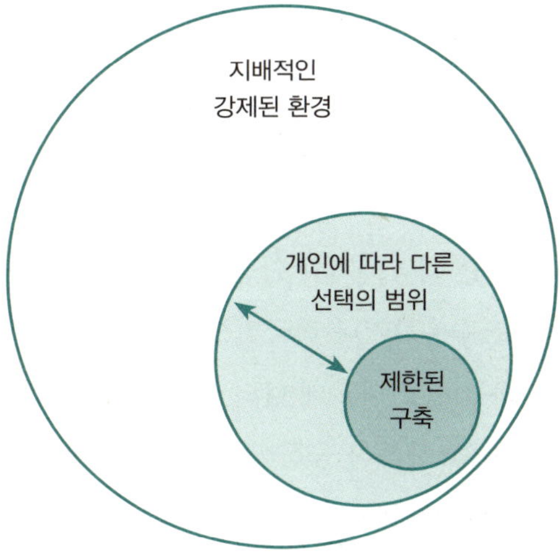

[그림 5-2] 주도성을 제한하는 조직 환경

반면, 캐슬게이트 학교의 문화는 [그림 5-3]과 같이 표현될 수 있다. 이곳에서는 교장이 강제된 환경을 전략적으로 조율하며, 정책을 학교의 맥락에 맞게 변형하여 의미를 부여하고, 교사들에게 이를 해석할 수 있는 충분한 자율성을 제공했다.

두 학교의 상황과 문화는 뚜렷한 차이를 보였지만, 교사 주도성 발현 사례는 모두에서 발견되었다. 그러나 환경의 제약과 강제 요소도 공존했다. 각 학교에서 교사들은 변화에 대해 다양한 방식으로 대응했다.

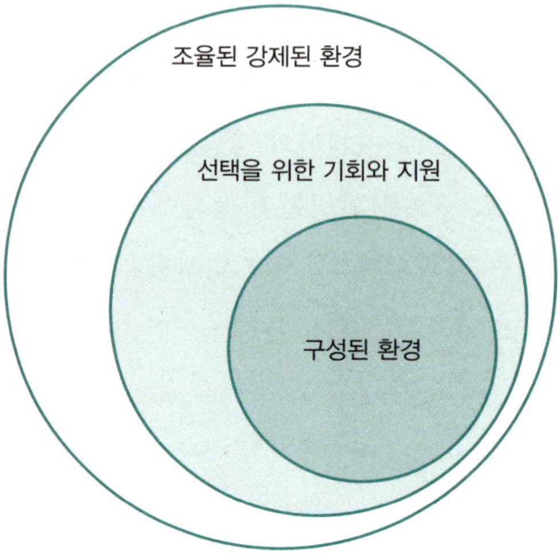

[그림 5-3] **주도성을 강화하는 조직 환경**

어떤 경우에는 변화를 회피하거나 단순히 적응하는 태도를 보였고, 어떤 경우에는 변화를 수용하거나 적극적으로 기여하기도 했다. 다만, 학교 환경에서의 변화는 서로 다르게 나타났다.

캐슬게이트에서는 교사들이 공동의 도덕적 · 교육적 목적을 갖고 협력하며 일하는 느낌이 강했다. 변화가 학생들의 내재적 이익을 위해 이루어진다는 점에서 동기 부여가 되었으나, 여전히 상부에서 내려오는 변화와의 긴장은 존재했다.

아카데미의 교사들 역시 학생들에 대한 헌신은 깊었지만, 학교 운영에는 일관된 방향성과 절차가 부족했다. 모든 것이 외재적 보상(평가 및 순위 상승)을 목표로 움직였으며, 최근 아카데미 출범으로 인해 학교 전체가 과도한 감시 체제 아래 놓여 있었다.

흥미롭게도 두 학교의 환경과 문화가 매우 다름에도 불구하고 교사들은 자신의 주도성 발휘를 촉진하는 요인과 이를 저해하는 요인에 대해서는 상당히 비슷한 견해를 보였다.

연구에 참여한 여섯 명의 교사들은 교육정책과 관련해 높은 수준의 정치적 이해력 보였다. 이를 적극적으로 논의하는 정도에는 차이가 있었으나, 누구도 정책적 맥락을 배제한 채 자신의 목표를 생각하지는 않았다. 그러나 무엇보다도 학생들에게 주는 혜택이 최우선이었으며, 이 과정에서 개인의 목표와 조직의 우선순위가 반드시 일치하지는 않았다. 연구에서 교사들이 직접 언급했거나 암묵적으로 드러낸 단어들을 바탕으로, 〈표 5-1〉에서는 환경 구성의 촉진 요인과 저해 요인을 한 단어로 요약하고 있다. 또한 각 요소의 반대 개념을 활용하여 긍정적(촉진) 문화와 부정적(저해) 문화를 대비시켰다. 흥미로운 점은 두 학교의 문화가 대조적임에도 불구하고 캐슬게이트에서만 촉진 요인이 나오고, 아카데미에서만 저해 요인이 나온 것이 아니라는 점이다. 두 학교의 교사들은 모두 촉진과 저해 요인을 경험했다.

교장 및 고위 리더들의 개인 및 공동 주도성 발휘는 조직 문화에 결정적 영향을 미쳤으며, 이들의 역할을 과소평가해서는 안 된다. 다수의 촉진 요인은 로나가 언급한 사람을 잘 대하는 것이라는 개념으로 요약될 수 있다. 여기에는 긍정적 관계, 존중, 인정, 참여가 포함된다. 동시에 교사들은 명확한 기대와 높은 기준이 설정되어야 한다고도 생각했다. 그들은 방임적 접근 방식을 요구한 것이 아니었다. 관계 지향이 감성적 완충 차원이 아니라, 질 높은 교육과 변화를 위한 신뢰의 기반임을 강조한 것이다. 반면, 일부 교사들이 언급한 저해 요인 중 일부는 도덕적으로도 문제의 소지가 있는 경우이다. 교사들은 리더십의 조정과 중재에 따라 환경 구성 과정에서 자신이 부여받은 지원과 제한에 개별적으로 대응했다. 그리고 종종 조직적·정치적 한계를 극복할 수 있는 전략을 찾았다. 교사 주도성을 이끄는 가장 강력한 동기는 학생을 위한 확고한 옹호였다. 그다음은 교사들은 자신이 맡은 과목, 학년 또는 특정 과

〈표 5-1〉 교사 주도성 촉진 요인과 저해 요인[2)]

촉진 요인	저해 요인
유연성	경직성
명확성	혼란과 모호함
정직성과 도덕성	불일치
방향성과 조화	조직 내 기능 장애
협력	개인주의
지원	과도한 압박
유대감	단절
심리적 안정감	위협
균형	소진(번아웃)
인정과 격려	비하
신념과 확신	경멸
의견 개인	과도한 요구
모범적 실천	일방적 지시
친절함	공격적인 태도
관대함	착취
칭찬과 피드백	지나친 평가 의식
접근성 및 개방성	회피
논리적 사고	갈등
기회의 제공	과도한 요구 사항
적극적인 참여	권태
교육적 연관성	사소한 문제 집착
성실한 노력	업무 과부하
영향력 발휘	극도의 피로
필요 충족	목표 강박
즐거움	기계적 반복 학습

2) (역자 주) 교사 주도성 촉진 및 저해 요인 관련 추가 참고자료
ㅁ 학생/교사 주도성 촉진과 저해의 주요 요인 및 지원 방안

제 내에서 동료 교사들을 지원하는 것을 중요하게 여겼다. 교사들은 학생 필요를 최우선으로 고려하여 판단하면서, 때로는 정책 지침을 우회하거나 무시 혹은 재해석할 수밖에 없었다. 그들은 공식적인 규정과 기대 속에서 움직이면서도, 필요한 경우 그 경계를 넘어서 학생들에게 가장 유익한 방향으로 행동하는 방식을 찾았다. 이러한 교사 주도성은 일관된 지원과 신뢰가 구성된 환경에서는 더욱 쉽게 발휘되었으며, 반대로 과도한 감시와 강압적 문화 속에서는 제한적일 수밖에 없었다.

구분	학생 주도성	교사 주도성
주도성 촉진의 주요 요인	• 학생의 실패나 실수에 대한 포용적 문화 • 가정에서 학생 스스로 선택하고 결정했던 경험 • 학생 참여 중심 수업 • 자신의 삶과 스스로에 대한 성찰의 기회 제공 • 교사의 전문성과 열린 태도 • 교사, 부모 등과의 긍정적 상호작용 및 의사소통	• 교사 존중 문화 및 교사 전문성에 대한 사회적 신뢰 • 민주적이고 다양성을 존중하는 학교 문화 • 교사 학습공동체 활성화 • 교육과정 해석 및 활용의 자율성 • 교사의 평가권 강화 • 교사를 지원하는 학교 환경 • 교사 의견을 정책에 반영할 수 있는 제도적 장치
주도성 저해의 주요 요인	• 실패에 대하여 비난하는 문화 • 다양성과 창의성을 배척하는 분위기 • 학생의 결정을 존중하지 않는 분위기 • 비민주적 · 권위주의적인 사회 분위기 • 권위적인 교사의 태도 • 가정에서의 양육 방식(부모의 과도한 방식 등)	• 학부모의 민원 • 관행과 현상 유지 및 안정성 강조 • 권한에 비해 과도한 책임 • 교사의 재량권 부족 • 교육과정 해석 및 실행에 대한 자율성 부족 • 교사 불신 문화 • 교사의 전문성 부족
주도성 개발을 위한 지원 방안	• 학생 스스로 계획을 세워서 학습할 수 있도록 지원 • 학생의 참여 확대(학교 및 지역사회 등) • 학생 주도성 촉진을 위한 사회적 분위기 조성 • 학급당 인원 축소 통한 개별화된 수업 환경 구축 • 학생의 성장을 지원할 수 있는 평가 제도 마련	• 교육과정 운영의 자율성 확대 • 교사의 재량권 강화 • 교사의 평가권 확대 • 교사 간 협력 및 교사 공동체 지원 • 행정 업무 간소화 • 교사의 연구 역량 강화

자료출처: 김종윤, 이미경, 최인선, 배화순, 유금복, 박일수(2021). pp. 104-110을 표로 재구성함.

4. 위험을 감수하는 여정: 교사 리더십 신뢰하기

교사의 공식적 리더십과 비공식적 리더십에 대한 논의는 이미 활발히 이루어져 왔다(Bang & Frost, 2016; Frost, 2014). 램버트(Lambert, 2003, p. 422)는 학교가 숙련된 참여, 탐구, 대화 및 성찰을 촉진함으로써 모든 교사에게서 리더십을 자연스럽게 이끌어 낼 수 있다고 강조한다. 이는 협력적 업무 방식과 전문적 학습 문화 속에서 서로의 성장을 촉진하는 과정에서 영감을 받을 때 가능하다. 이러한 접근은 잠들어 있는 거인인 교사 리더십의 잠재력을 깨우는 길이기도 하다(Katzenmeyer & Moller, 2001). 그러나 리더십이 위계적 구조 속에서 특정 역할, 업무, 책임의 수행으로만 제한된다면, 이러한 기회는 기대에 미치지 못할 수 있다. 경우에 따라 리더십이 아니라 단순 위임이나 실행에 불과한 경우도 많다. 이는 미첼과 새크니(Mitchell & Sackney, 2009)의 연구에서 언급된 바와 같이, 전문적 학습공동체의 역량을 제한하는 요인이 될 수 있다(제2장에서 논의함). 밴듀라(Bandura, 2001)의 개념에 따르면, 교사 리더십에서 주도성 요소의 핵심은 교사들 스스로 설정한 목표가 행동의 목적이 된다는 점이다. 교사들의 경험에서 나타난 증거를 살펴보면, 이는 맥락 속에서 끊임없는 협상과 조율을 요구하는 복잡한 문제임이 드러난다. 교장과 고위 리더들은 학교 문화와 구조를 공동 구성하는 과정에 교사들을 적극 참여시킴으로써 일정 수준의 정렬을 이끌어 낼 수 있다. 교사들은 공식적인 의제 속에서 자신이 중요하게 여기는 가치와 목표를 추구할 수 있는 지점을 발견할 수 있다. 제4장 마지막에서 논의된 바와 같이, 연구에 참여한 교사들의 공통 관심사는 다음과 같다.

- 지식에 대한 열정과 학습의 탁월성
- 관계, 존중, 배려를 포함하는 전인적 성장
- 탐구, 혁신 및 동료성과 협력
- 가정 및 지역사회와의 연계
- 포용과 형평성

학생들의 필요에 민감하고 자신의 가치와 도덕적 목적을 인식한 교사들은, 변화의 기회가 주어질 때 위 주제를 개선 의제로 반영할 시점과 방식을 신중하게 판단하는 경향이 있다. 비공식적 리더십을 발휘할 수 있게 지원받은 교사들은 자신의 전략적 판단을 바탕으로, 어떤 요소를 우선적으로 추진해야 할지 선별한다. 이 과정에서 타협할 수 없는 핵심 가치와 협상이 가능한 지점을 전략적으로 구분한다. 그러나 학생 성과 향상에만 초점을 맞춘 개혁과 그에 따른 성과 평가 방식은 학생 성과의 개념이 다양할 수 있다는 점을 간과할 위험이 있다. 학교가 속한 광범위한 책무성 체제가 교육에 미치는 영향을 고려하면서, 교사들이 다른 교육 이해관계자들과 함께 이와 같은 논의에 적극적으로 참여해야 한다.

5. 교사 주도성 함양과 전문적 정체성 개발

교사 초상화와 전경 텍스트 연구가 이 연구자의 교육 실천에 미치는 영향은 시간이 갈수록 더 뚜렷해졌다. 이 장의 두 번째 부분에서 학교 혁신을 위한 전통적 전문성 개발에서 한발 물러나 교사 주도성과 정체성 형성을 강조하도록 사고방식을 전환한 과정을 다루었다. 구체적으로는 석사학위와 같은 대학원 과정이나, 교사 주도성 기반의 탐구 및 실행 연구를 지원하는 컨설팅 프로젝트에 주도적 관점을 명확히 반영하는 방향으로 이어졌다. 다음은 영국의 한 초등학교 사례로 단일 학교의 우선 과제(이 경우, 평가 방식 개선)에 초점을 맞추면서도, 탐구・실행 연구를 통해 교사 주도성과 리더십을 어떻게 촉진할 수 있는지를 보여 준다(Durant, 2016). 특히 이 사례는 교사뿐만 아니라 지원 인력까지 연구와 변화 과정에 함께 참여했다는 점에서 주목할 만하다. 이는 학교 조직 내 모든 구성원이 교육 변화의 주체가 될 수 있음을 시사하며, 주도적 사고와 정체성 형성을 위한 보다 포괄적인 접근 방식을 강조한다.

평가 및 피드백 개선을 위한 실행 연구 프로젝트

세인트 우르술라 가톨릭 초등학교(St Ursula's Catholic Junior School)의 평가 및 피드백 개선을 위한 실행 연구 프로젝트

영국 브렌트우드 교구(Brentwood Diocese)에 위치한 세인트 우르술라 가톨릭 초등학교는 캔터베리 크라이스트처치 대학교(Canterbury Christ Church University)와 협력하여, 학교 평가에서 우선 과제로 지목된 평가 및 피드백 개선을 위한 실행 연구를 진행했다.

교사와 보조 교사는 자신들의 교육에 대한 애정을 스토리텔링 방식으로 공유했고, 이 내용은 교직원 휴게실에 단어 콜라주(word collage)로 게시되었다. 이를 통해 공동의 목표를 확립한 후, 효과적인 평가와 피드백의 기준을 정의하고 이를 측정할 수 있는 방법을 논의했다. 이후, 교사들은 다양한 질문을 만들고, 이를 기반으로 연구 및 개발 프로젝트를 설계하여, 탐구 활동을 통해 변화와 혁신을 지원하게 했다. 이 프로젝트는 교장에게도 위험한 도전이었다. 교장은 강철 같은 마음이 필요했고, 교사들의 두려움을 직접 목격했으며, 리더십 측면에서 프로젝트를 '감정의 롤러코스터'라고 표현했다(D'Netto, 2014, p. 5). 초기 논의 과정에서 채점 및 피드백 방식의 불일치와 모순이 드러났으며, 이를 해결하는 과정은 쉽지 않았다. 연구와 개발 프로젝트를 시작하는 과정은 교사들의 자발적인 참여와 헌신에 의존해야 했다.

연구 과정에서 교사들은 플립차트, 포스트잇을 활용한 브레인스토밍, 난제 토론,

신중한 협의 등을 통해 방향을 모색했다. 교사들은 최신 연구 자료를 살펴보고, 기존 평가 방식을 점검하며, 새로운 전략을 시험하고 평가하는 방식으로 연구를 진행했다. 이 과정에서 학생들과의 대화가 많아졌으며, 교사들 간에도 평가와 피드백에 대한 협의가 더욱 활발해졌다. 교장은 교실 문화와 교사-학생 관계가 변화하는 모습을 직접 목격했다.

교사들이 학생들과 더욱 가까이에서 상호작용하며, 학생 개개인의 반응과 피드백이 학습에 미치는 심리적 영향을 더 깊이 인식하게 되었다. 평가 방식이 보다 개별화되어 학생의 기질과 요구에 민감하게 반응하도록 조정되었다. 예를 들어, 보조 교사들은 학생들이 교사의 필체를 깔끔하게 써 주길 원한다는 점과, 말로 피드백을 받은 후 도장을 받는 것을 마치 혼나는 것처럼 받아들인다는 사실을 발견했다. 또한 학생들은 교사의 피드백을 반영할 수 있는 시간이 더 필요하다는 점을 강조했다.

학교의 평가 및 피드백 정책이 개정되어, 교사들이 더 많은 재량권을 가질 수 있도록 변경되었다. 교사들은 기존의 내용 중심 피드백에서 벗어나, 학생 중심 피드백으로 전환하는 과정을 경험했다. 평가 방식이 학생들에게 도전과 균형을 동시에 제공할 수 있도록 긍정적이고 다양한 방식으로 전달되었다. 학생들의 학업 성취 향상 및 지속 가능한 연구 문화 정착되는 성과를 확인할 수 있었다. 프로젝트가 진행된 해에, 학업 성취가 특히 취약 학생들과 학습 부진 위험군 학생들에서 눈에 띄게 향상되었다. 교장은 교실에서 평가가 '교수와 학습을 잇는 다리' 역할을 하고 있음을 직접 확인했다(CCCU, 2014, p. 27).

수업 관찰에서는 교사와 보조 교사들이 학생들과 학습 목표를 공유하는 모습이 더 많이 포착되었으며, 좋은 수업 사례가 많아졌다. 이 프로젝트는 교사와 보조 교사를 전문가로 성장시키는 것을 목표로 하였으며, 일률적인 지침에서 벗어나 보다 주도적으로 교육 활동을 할 수 있도록 지원했다. 보조 교사들은 프로젝트를 통해 자신감을 키웠으며, 독자적으로 학습 및 교육 포럼을 운영하여 학교 리더십 팀에 보고하는 체계를 구축했다. 모든 교직원은 자신의 연구 프로젝트를 문서화하여 전문성을 인정받을 수 있도록 지원받았다(TLA, 2018 참조). 프로젝트가 종료된 후에도, 학교는 외부 교장단 및 교육 전문가를 초청한 콘퍼런스를 개최하여 연구 결과를 공유했다. 교사와 보조 교사들은 콘퍼런스에서 연구 결과를 발표하며, 실행 연구 기반의 교사 리더십을 공식적으로 인정받았다. 이후에도, 학교는 예비교사 그룹을 초청하여 연구 기반의 개발모델을 제시하며, 연구 기반의 교사 주도성 기반의 전문성 개발이 일회성 프로젝트에 그치지 않고 지속적으로 확장될 수 있게 지원했다.

이 사례는 평가 및 피드백 개선이 단순한 절차적 변화가 아닌, 교사와 학생 모두가 교육에 대한 인식을 전환하는 과정이 될 수 있음을 실행 연구를 통해 보여 준다. 교사와 보조 교사가 공동으로 참여하고, 탐구 기반으로 개선 방향을 설정할 때 보다 효과적이고 지속 가능한 교육 혁신이 가능하다. 리더십의 역할은 단순한 지시가 아니라, 교사들이 스스로 탐구하고 변화할 수 있게 지원하는 환경을 조성하는 것이다. 평가와 피드백은 학습의 일부로 자리 잡아야 하며, 이를 통해 학생들이 스스로 효과적인 학습자로 성장할 수 있도록 도와야 한다. 연구 기반 접근을 통해 지속적인 개선과 성찰이 가능하며, 학교 문화 자체가 탐구와 혁신을 내재화하는 방향으로 발전할 수 있다. 즉, 이 프로젝트는 교사 리더십과 실행 연구가 결합될 때, 조직 전체의 학습 문화가 어떻게 변화할 수 있는지를 보여 주는 모범 사례라고 할 수 있다.

CCCU (2014) 요약.

여러 실행 연구 프로젝트를 이끌어 본 결과, 각 프로젝트는 관점과 구조 면에서 다르더라도, 몇 가지 공통적인 원칙과 특징을 확인할 수 있었다. 이 원칙과 특징에 대한 자세한 논의는 제7장에서 다루고자 한다. 조직 개발의 핵심 요소(인식, 포용, 비판적 사고, 대화, 창의성, 지속 가능성)를 정리하여 [그림 5-4]에 제시하였다. 이를 통해 리더들이 조직 내 주도성 차원을 강화할 수 있게 노력해야 한다. 이들 각각에서 도출된 주요 전문적 활동의 요소들은 목소리, 참여, 탐구, 도전, 혁신, 균형을 강화하는 역할을 한다.

이 모델은 명확한 범주를 정의하기보다는 이 요소들 간의 연결 관계 탐색에 초점을 두고 있으며, 이들의 상호작용은 앞선 사례에서도 확인할 수 있었다. 프로젝트의 성공에 있어 결정적인 요인은 교장이 교사와 보조 교사들의 확장된 전문성(extended professionality)을 인정하고 존중한 점이었다. 교장은 과정의 통제를 일부 내려놓고 외부 퍼실리테이터를 초청하여 보다 비판적인 전문적 대화를 할 수 있게 지원했다. 이 과정에서 교사들은 자신들이 깊이 이해하고 관심을 기울이는 학생과 학급에 대한 다양한 사례를 근거로 실천적 질문들을 만들어 나갔다. 이는 교사들이 자신들의 고민에서 출발한 탐구 활동을 수행할 수 있도록 했으며, 높은 수준의 주인의식과 진정성 있는 연구 과정을 만들어 낸 것이다. 이러한 전문적 학습과 리더십은 창의적 자신감으로 이어졌으며, 평가 및 피드백을 새롭게 접근하는 방식이 혁신을 촉진하는 데 기여했다. 교사들은 학교 정책을 그대로 따르는 것이 아니라 이를 재해석하고 도전할 수 있는 권한을 부여받았다. 모든 교직원의 프로젝트 참여를 장려한 덕분에, 동료를 지원하고 서로의 학습을 공유하는 과정 자체가 참여의 동력이 되었다. 최종 콘퍼런스에서는 어느 누구도 동료들의 발표를 놓치고 싶어 하지 않았으며, 발표 전 학교 강당에서 연습할 시간을 요청하는 교사들도 많았다. 이는 발표의 질을 높이는 것은 물론, 자신감을 키우는 기회가 되었다. 교사들은 단순한 슬라이드 쇼가 아닌, 흥미롭고 영감을 주는 활동과 도전적인 질문을 고안하여 서로에게 의미 있는 학습 경험을 제공했다. 프로젝트 결과로 학교 내에서는 학교 구성원들이 더 많이 대화하고, 참여하며, 그들의 목소리가 반영되는 역동적인 환경이 조성되었다. 이는 프로젝트 초기부터 강조한 '학생들의 성장과 웰빙을 중심 가치'로 삼는 지속 가능한 균형(sustainable balance)을 기반으로 했다.

리더십과 학습의 다양한 층위 간에는 연결성이 존재하며 유기적이다

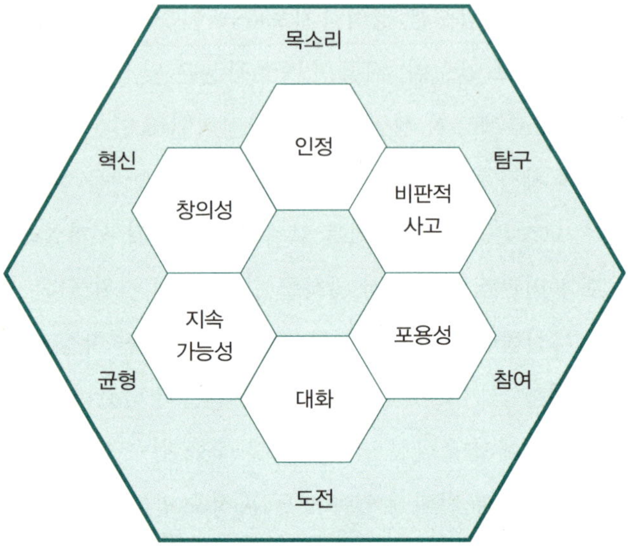

[그림 5-4] 주도성 차원: 주도성을 발현시키는 요소들

(MacBeath et al., 2018). 즉, 연구 결과가 확산됨에 따라 학생과 교직원 그리고 조직적 차원뿐만 아니라 더 넓은 교육 시스템에도 영향을 미칠 수 있다. 이에 대한 연구 방법론과 전략에 대한 보다 심층적인 논의는 제7장에서 다루어진다. [그림 5-4]에 제시된 요소들의 중요한 특징은 이것이 교사의 전문성 개발뿐만 아니라, 학생들의 주도성을 높이는 교육적 원칙과 공동체 및 사회 내에서 살아가고 일하는 방식에도 동일하게 적용될 수 있다는 점이다. 이와 관련된 논의는 제8장에서 더 자세히 다룰 예정이다.

6. 적용 · 확산 가능성 고찰

주도적 관점을 강화하고 조직에 내재화하는 접근 방식은 본질적으로 맥락 맞춤형일 수밖에 없다. 학생과 학교 상황을 가장 잘 이해하는 현장 전문가가 바로 교사들이기 때문이다. 이러한 측면에서 교사의 이해는 방법론적 측면에서 편견이거나 차이를 개선하기 위한 개혁의 걸림돌이 아니라 변화를 위한 핵심 자원이다. 따라서 교사들이 직면한 전문적 고민이나 관심사를 명확히 하는 것이 교사 주도성 기반의 전문성 개발의 출발점이 된다(Durant, 2004; Frost et al., 2000). 이러한 교사 주도성 기반의 모델은 일률적인 다른 모델과는 달리, 특정 맥락과 목적에 더 적절하게 적용될 수 있다. 교사들의 정치적 이해력, 협력적 태도, 창의성, 학생을 향한 관심과 배려를 바탕으로 한 혁신 과정은 변화의 성공을 결정짓는 지역적 · 문화적 요인들을 미세하게 조정하는 데 도움을 줄 수 있다.

지식 형성과 문화 변화는 조직 차원에서의 사고방식 전환을 필요로 하며, 이는 어느 환경에서든 가능하다. 팔레스타인의 교장 하난 라마히(Hanan Ramahi)와 이집트에서 연구 활동을 수행한 교사 연구자 아미나 엘테마미(Amina Eltemamy)는 교사 리더십 접근 방식이 체제적이고 문화적인 도전에 직면한 상황에서도 적용될 수 있음을 확인했다(Ramahi & Eltemamy, 2014, p. 8). 이들은 영국 사례와 비공식적 교사 리더십의 주요 특징을 파악하였으며, 이 중 주도성이 두드러지는 특징을 정리하면 다음과 같다.

- **주도성 강화**: 교사의 전문성 지위 회복과 자율권 확대로 주도성 강화
- **성찰적 실천**: 직무에 내재된 학습, 즉 학교 현장에서 학습을 내재화하고, 교사의 전문성 함양을 위한 성찰 촉진
- **대화 중심 협력**: 협력적 실천을 강화하고 협력적 주도성을 형성하는 대화로 촉진하는 협업
- **네트워킹**: 학교나 국가의 경계를 넘어 학습공동체를 확장하는 네트

워킹

- **지식 공동 구성**: 외부 전문가나 위계적 지식 전달 방식에서 벗어나, 교사들이 직접 연구하고 주도하는 학습 환경 구축

이들은 변화의 가능성은 교사 개인, 전문적 학습공동체, 조직, 교육 시스템 차원에서 얼마나 효과적으로 촉진되느냐에 달려 있다고 강조한다(Ramahi & Eltemamy, 2014, p. 8). 교사들의 역량과 자기효능감을 키우는 것은 물론, 학교장과 리더들은 교사 리더십에 대한 신뢰를 기반으로 권한을 이양하고, 구조적 지원을 마련해야 한다. 지속 가능한 발전을 위해서는 체계적인 지원과 점진적인 발전 과정에 대한 고려가 필수적이다(Bangs & Frost, 2016).

이러한 맥락 맞춤형 접근 방식은 국가 정책이나 교육 시스템적 차원에서도 적용될 수 있다. 예를 들어, 필리핀의 모두를 위한 교육정책(Education For All, 2009–2015)은 초등 과정 이수율 증가, 중도 탈락률 감소, 학업 성취도 향상 및 포용적 교육 등을 통한 취약 계층의 접근성 보장을 목표로 했다(Grimes, 2015). 그러나 이러한 목표를 달성하는 과정에서 가장 큰 과제 중 하나는 정부가 교사들의 교수·학습 개선 지원 방안에 대한 명확한 이해의 부족이다. 이 문제를 해결하기 위한 기초 교육 부문 혁신 프로그램(Basic Education Sector Transformation: BEST)은 일률적인 연수에서 벗어나, 학교 기반의 맞춤형, 지역 특화형 전문적 학습으로 패러다임 전환이 필요함을 강조한다(Grimes, 2015). 교사들이 주도적으로 참여하고, 적용하며, 혁신할 수 있는 기회를 제공하는 것이 실질적이고 지속 가능한 변화의 핵심이다. 이러한 변화의 중심에는 필리핀 교육부(Republic of The Philippines Department of Education, 2018)가 국가 정책으로 추진한 교사 학습공동체(Learning Action Cells: LACs)가 있다.

이 프로그램은 학교가 주체적으로 발전 과정을 이끌 수 있도록 다음과 같은 방식으로 운영되었다.

[LACs 활동 흐름]

1. **과제 공유:** 학교의 주요 쟁점 및 우선 과제에 대한 논의
2. **경험 나눔:** 실천 사례 공유를 통한 경청과 상호 학습
3. **외부 관점 수용:** 교육 이론과 연구를 포함한 외부 관점을 반영하여 개선 방안 모색

BEST 프로그램의 LAC 프로젝트 팀은 수학, 문해력, 포용적 교육, 실행 연구 등 다양한 교사용 자료를 공동 개발하고 배포했으며, 이를 현장 교사들과 협력하여 시범 운영한 후 평가를 거쳐 보완했다. 이러한 접근 방식은 교사들에게 자율성과 소속감을 부여하여 학습에 대한 열정과 동기를 높였으며, 프로젝트가 진행되며 점점 더 많은 참여를 이끌어 냈다. 이러한 과정은 영국 사례에서 확인한 바와 같이, 교사들이 교과 및 교수 · 학습 지식과 기술을 신장하여 학생들의 학업 참여도 및 성취도를 높이고, 포용성과 전인적 성장을 강화하며, 혁신적이고 창의적인 교실 문화를 조성하는 연구 기반의 전문적 학습을 지원하는 데 기여했다. 교사들은 국가 콘퍼런스(BEST, 2016)에서 자신들의 발전 프로젝트를 열정적으로 발표하였으며, 이 과정이 지속적인 동력을 형성하는 계기가 되었다. 비록 각 지역의 교육 환경은 서로 다르지만(예를 들어, 필리핀에서는 한 교사가 교실이 흰개미에 의해 갉아먹히고 있다고 불평하기도 했다.), 교사 주도성과 리더십을 강화하는 요인과 이를 방해하는 제약 요인은 유사하게 나타났다. 이는 강제된, 선택된, 구성된 환경 간 상호작용을 설명한 밴듀라(Bandura, 2001)의 틀과도 맥락을 같이한다. 즉, 교사가

강제된 환경을 읽어 내고, 선택된 환경에서 기회를 포착하며, 구성된 환경을 창출할 때 이전보다 더욱 지속 가능한 변화를 일으킬 수 있다. 즉, 교사 주도성 기반의 접근은 국가 · 지역 정책과 갈등적 관계가 아니라, 정책을 구체화하고 맥락화하는 실행 파트너가 될 수 있음을 시사한다.

7. 학교 혁신 환경과 정체성 구축하기

학교 혁신을 위한 프로젝트와 프로그램들은 모두 포용적 리더십을 전제로 하며, 이를 통해 모든 교사가 자신을 변화의 주체로 재개념화하게 되었다. 직위와 무관하게 모든 교사가 능동적 참여자로 자리 잡는 것이 핵심이었다. 이 연구의 교사 초상화와 다양한 프로그램 경험은 교사 주도성 기반의 전문성 개발을 지원하는 문화적 조건을 명확히 입증해 주었다. 이는 〈표 5-1〉과 [그림 5-4]가 보여 주듯, 교사들이 주도성을 발휘할 수 있는 환경과 그 구성 요소가 조직적으로 연결될 때 가장 효과적인 변화가 이루어질 수 있다. 맥 루아릭 등(Mac Ruairc et al., 2013, p. 4)은 리더십과 포용성을 정의하는 것이 어렵다는 점을 인정하면서도, 두 개념의 연결 방법을 다음과 같이 제시한다.

> 포용적 교육을 위한 리더십을 실현하려면, 현재의 교육 환경에서 더 주도적인 실천과 적극적인 지지가 필요하다. 이를 위해서는 비판적 사고, 성찰, 신뢰가 리더십 성장 과정의 핵심 요소로 자리 잡아야 한다.

이 과정에서 우리는 사고의 교란, 가치관에의 도전, 모호성과 불협화음을 경험해야 하며, 이는 보다 깊은 성찰을 이끌어 내는 담론적 의식

(discursive consciousness)을 자극해 변화를 촉발한다. 정책 입안자들 역시 이러한 과정이 가능하도록 시스템 차원의 위험 감수가 요구된다. 주도적 관점을 명확히 인식하고 이를 깊이 이해하면, 교사는 조직 환경을 해석하고 조직 내 자신의 역할과 변화 주도 방식에 대한 자신감과 선택권을 얻는다. 이는 개혁에 반하는 것이 아니라, 체계적인 개혁의 필수 요소로 수용할 때 훨씬 더 강력하다. 우리 사회가 전통적으로 개인주의를 강조해 왔다면, 학교 조직 내에서는 관계 형성 활동을 통해 집단적 삶의 질을 향상시키고, 상호 학습을 촉진하는 전문적 학습 문화를 형성하는 것이 필요하다. 이를 위해서는 시스템 개혁의 대담한 담론 속에서 새로운 기회를 전략적으로 찾아내고, 자발적으로 변화에 기여하며, 자신만의 변혁적 과제를 추구하는 역량을 갖추는 것이 중요하다. 결국 교사들은 교육 환경을 조성하는 설계자로서 자화상을 그리고, 정체성을 확립하며, 서로의 길을 개척하여 학교 혁신의 주체가 된다(Reynolds, 1996). 이는 단순한 독립에서 벗어나 상호의존으로의 전환을 요구하며, 착취(exploitation)에서 돌봄·책임(stewardship)으로, 적자생존에서 다양성 존중으로, 단순 정책 이행에서 적극적 참여로 초점을 전환하는 진정한 전문성 개발이다.

이를 가능케 하는 핵심은 바로 비판적 교육학이 내재된 전문적 학습 문화이다. 이는 교사들이 의문을 제기하고, 기존의 규범에 도전하며, 변화 의제를 공동 구축한다. 예를 들어, 세인트 우르술라(St. Ursula's) 가톨릭 초등학교 교장은 교직원들이 혁신적이고 참여적인 연구 기반의 전문성 개발을 위한 프레임워크, 구조, 영감, 지원이 제공하여 기존 방식의 답습을 넘어 학생들의 배움, 웰빙, 성장을 증진하는 방향으로 학교 문화를 변화시키는 가능성을 열어 주었다(Mylles, 2014). 이러한 전환은 킨칠로(Kincheloe, 2008)가 말한 뿌리 깊은 비전(grounded vision)과도 맞닿아 있다. 그는 교사들에게 교육을 선한 방향으로 활용할 수 있는 열정을 심어 주는 것이 중요하다고 강조했다. 그리고 자율적이고, 학습을 지속하며, 뛰어난 역량을 갖춘 민주적 시민으로서, 자신과 공동체의 삶을 더 활기차게 만들어 가는 존재로 자리 잡아야 한다고 설명한다. 즉, 교사들이 자신의 목소리를 찾고, 이를 통해 더 나은 교육 환경과 공동체를 조성해야 한다는 것이다.

킨칠로는 만약 우리가 이러한 변혁적이고, 정의롭고, 평등한 비판적 교육학적인 비전을 명확히 수립하지 못한다면, 학교는 학생들의 행동 관리 수준으로 전락할 위험이 있다고 경고한다(Kincheloe, 2008, p. 8). 이는 가장 소외된 학생을 길들이거나 구제하려는 통제의 장으로 변질될 수 있으며, 교사와 학교 리더십 역시 순응과 통제의 문제로 축소될 수 있다는 것이다.

이러한 위험을 방지하려면, 학교 리더 및 정책 입안자들은 조직 차원에서 교사들이 자유롭게 의견을 교환하고 행동할 수 있는 안전하고 지원적인 공간을 마련해야 한다. 의사결정 과정과 정책 설계에 교사들이 적극적으로 참여할 수 있게 보장하는 것이 필수적이다. 이러한 맥락에서, 주도성 기반의 전문적 학습공동체는 포용적이며 비판적인 대화를 통해 변화를 이끌어 내고, 신뢰 형성을 통한 확장된 전문성(extended professionality)을 구체화한다. 이는 단순한 형식적인 참여가 아니라, 교사들이 자신의 전문성을 확장하고 변화를 실현할 수 있는 실질적인 과정이어야 한다. 다음 장에서는 이러한 주도성이 교사뿐만 아니라 학생들에게도 더욱 강조될 수 있는 학교 모델을 탐색하며, 보다 발전된 개념의 교육 시스템이 어떻게 구축될 수 있는지를 살펴본다.

성찰 질문

- 학교(조직) 안에서 교사들이 주도적으로 환경을 구성하고, 선택할 수 있는 기회를 넓히려면 어떻게 해야 하는가?
- 학교(조직)에서 강제된 환경(위에서 혹은 외부에서 내려오는 각종 지침과 정책)을 효과적으로 조율하고 해석하기 위해 활용하고 있는 전략은 무엇인가? 또 추가로 필요한 전략은 무엇인가?
- 조직 개발과 전문적 활동의 측면에서 구성원의 주도성을 강화하는 요소([그림 5-3] 참조)를 기준으로 학교(조직)를 살펴보자. 현재 잘하고 있는 부분은 무엇이며, 개선이 필요한 부분은 무엇인가?

참고문헌

Bandura, A. (2001). 'Social cognitive theory: an agentic perspective', *Annual Review of Psychology*, 52, 1-26.

Bangs, J., & Frost, D. (2016). 'Non-positional teacher leadership: distributed leadership and self-efficacy', In Evers, J., & Kneyber, R., *Flip the System: Changing Education from the Ground Up*. London: Routledge, pp. 92-107.

BEST (2016). Basic Education Sector Transformation Action Research Symposium, 9th ICTED Conference on Teacher Education, 'Teacher Agency and Educational Reform: Articulations, Conditions and Possibilities', University of The Philippines, Manila, 2 September.

CCCU (2014). *Effective Assessment and Feedback: A Risky Journey*. Brentwood: Canterbury Christ Church University with St Ursula's Catholic Junior School.

D'Netto, C. (2014). 'A risky journey: nerves of steel and enlightenment', In *Effective Assessment and Feedback: A Risky Journey*. Brentwood:

Canterbury Christ Church University with St Ursula's Catholic Junior School , pp. 5-8.

Durrant, J. (2004). 'Teachers leading change: frameworks and key ingredients for school improvement', *Leading and Managing, 10*(2), 10-29.

Durrant, J. (2013). 'Portraits of teachers in landscapes of change: exploring the role of teachers in school improvement'. PhD thesis. Available at http://create.canterbury.ac.uk/11664/ (accessed 2018).

Durrant, J. (2016). 'What is evidence-based practice, and why does it matter?' in Austin, R. (Ed.), *Researching Primary Education*. London: Sage, pp. 9-24.

Frost, D. (Ed.). (2014). Transforming Education through Teacher Leadership. *The LfL Teacher Leadership Series*. Cambridge: University of Cambridge.

Frost, D., Durrant, J., Head, M., & Holden, G. (2000). *Teacher-Led School Improvement*. London: RoutledgeFalmer.

Fullan, M. (1993). *Change Forces: Probing the Depths of Educational Reform*. London: Falmer Press.

Grimes, P. (2015). *Teacher Education: Restructuring Pre-Service and In-Service Teacher Training for Learner-Focused Instruction towards Global and ASEAN Integration Practices, Perspectives and Prospective*. Basic Education Sector Transformation (BEST). presentation. Available at https://forumguro.files.wordpress.com/2015/11/on-teacher-education-restructuring-pre-service-and-in-service-teacher-prof-devt-by-peter-grimes. pdf (accessed 2018).

Gronn, P. (2003). *The New Work of Educational Leaders: Changing Leadership Practice in an Era of School Reform*. London: Sage.

Hargreaves, A. (2003). 'Professional learning communities and performance training sects: The emerging apartheid of school improvement', In

Harris, A., Day, C., Hopkins, D., Hadfield, M., Hargreaves, A., & Chapman, C. (Eds.), *Effective Leadership for School Improvement*. London: RoutledgeFalmer, pp. 180-195.

Hargreaves, D. H. (2001). 'A capital theory of school effectiveness and improvement', *British Educational Research Journal, 27*(4), 487-503.

Katzenmeyer, M., & Moller, G. (2001). Awakening the Sleeping Giant: Helping Teachers Develop as Leaders. (2nd edn.). Thousand Oaks, CA: Corwin Press.

Kincheloe, J. L. (2008). *Critical Pedagogy Primer*. (2nd edn.). New York: Peter Lang.

Lambert, L. (2003). 'Leadership redefined: an evocative context for teacher leadership', *School Leadership and Management, 23*(4), 421-430.

MacBeath, J., Dempster, N., Frost, D., Johnson, G., & Swaffield, S. (2018). Strengthening the Connections between Leadership and Learning: Challenges to Policy, School and Classroom Practice. London: Routledge.

MacBeath, J., Gray, J., Cullen, J., Frost, D., Steward, S., & Swaffield, S. (2006). Schools on the Edge: Responding to Challenging Circumstances. London: Sage.

Mac Ruairc, G., Ottesen, E., & Precey, R. (2013). 'Leadership for inclusive education; setting the context', In Mac Ruairc, G., Ottesen, E., & Precey, R. (Eds.). Leadership for Inclusive Education: values, vision and voices. Rotterdam: Sense Publishers, pp. 1-8.

Mitchell, C., & Sackney, L. (2000). *Profound Improvement: Building Capacity for a Learning Community*. Lisse, The Netherlands: Swets and Zeitlinger.

Mitchell, C., & Sackney, L. (2009). *Sustainable Improvement: Building Learning Communities that Endure*. Rotterdam, NL: Sense Publishers.

Mylles, J. (2014). 'Foreword', In Frost, D. (Ed.), *Transforming Education through Teacher Leadership*. The LfL Teacher Leadership Series. Cambridge: University of Cambridge, pp. ix-x.

Ramahi, H., & Eltemamy, A. (2014). 'Introducing teacher leadership to the Middle East: starting with Egypt and Palestine', paper presented within the symposium: 'Changing teacher professionality through support for teacher leadership in Europe and beyond', ECER, Porto, 2-5 September.

Republic of the Philippines Department of Education (2018). *Learning Action Cell Policy*. Available at: http://bit. ly/LACPolicy (accessed 2018).

Reynolds, C. (1996). 'Cultural scripts for teachers: identities and their relation to workplace landscapes', In Kompf, M., Boak, T., Bond, W. R., & Dworet, D. (Eds.), *Changing research and Practice: Teachers' Professionalism, Identities and Knowledge*. London: Falmer Press.

Sergiovanni, T. (2000). *The Lifeworld of Leadership: Creating Culture, Community and Personal Meaning in Our Schools*. San Francisco: Jossey Bass.

Stoll, L., & Fink, D. (1996). *Changing Our Schools: Linking School Effectiveness and School Improvement*. Buckingham: Open University Press.

TLA (2018). *Teaching and Learning Academy*. Available at: http://www.canterbury.ac.uk/education/our-work/research-knowledge-exchange/teaching-and-learning-academy/teaching-and-learning-academy.aspx (accessed 2018).

Thomas, G. (2011). *How To Do Your Case Study: A Guide for Students and Researchers*. London: Sage.

제 6 장

주도성 기반의 교육 프레임워크

교사들의 이야기를 분석한 결과, 학교 효과성과 학교 혁신에 대한 현재의 개념이 학교 변화의 본질과 교사의 실제로 수행한 혹은 수행할 수 있는 역할을 충분히 설명하지 못하고 있음을 확인할 수 있다. 이는 현대적이고 더 진정성 있는 학교 변화 개념 정립의 필요성을 강조한다. 전 세계적으로 진행되고 있는 교육 개혁이 교육정책 기조, 정치적 우선순위, 경제적 효율성을 중시하는 성과 중심 모델에 의해 제한되고 있다는 점은 많은 연구자가 명확하게 지적하는 부분이다. 앞서 논의했듯이, 전문적 학습공동체의 협력 가능성은 경쟁적 교육의 환경 속에서 전술적 성과를 거두기 위한 수단이 되었으며(Mitchell & Sackney, 2009), 학교 혁신의 과정 역시 단순히 학교 효과성이라는 이름 아래 포섭되고 있다(Wrigley, 2003). 제2장에서 다룬 바와 같이, 학교 효과성은 지식 습득과 결과(즉, 무엇을 아는가)에 초점을 맞춘 인식론적 관점을 강조하는 반면, 학교 혁신은 정체성과 성장(즉, 어떻게 존재하고 변화하는가)에 초점을 맞춘 존재론적 관점과 관계성을 포함한다. 그러나 제4장과 제5장의 연구 결과, 교사들의 실제적인 전문적 활동이 이러한 기존 개념의 범위를 넘어서며, 특히 학교 혁신과 학교 효과성이 사실상 동일한 개념으로 간주될 때 그 한계가 더욱 두드러진다. 이러한 문제의식에 대응하여, 이 장에서는 학교 교육에서 교사들의 주도적 관점을 새롭게 개념화하고 설명하고자 한다. 이는 교사들이 자신들의 책임감, 에너지, 도덕적 목적을 행동으로 전환하는 과정을 보다 명확하게 규명하고, 그들의 역할을 새롭게 정립하려는 시도이다. 교사 주도성은 크게 두 가지 측면에서 발휘된다. 첫째, 교사들이 자율적으로 교육 활동을 기획하고 실행하는 과정이며, 둘째, 내·외부에서 주어진 변화의 방향성을 해석하고 조정하여 원하는 교육적 결과를 도출하는 과정이다. 즉, 교사는 단순히 변화의 수용자가 아니라, 변화를 능동적으로 해석하고 실천하는 주체이다. 이러한 교사 주도성은 학교 조직의 지원적 환경에 의해 긍정적으로 강화될 수도 있지만, 동시에 학교 조직의 제한적인 구조를 창의적인 전략과 미시·정치적 역량으로 극복하는 방식으로도 발휘될 수 있다. 즉, 교사들은 개인의 끈기와 창의적 결단력을 통해 조직적 한계를 넘어설 수 있으며, 이를 통해 더 의미 있는 학교 변화와 교육 혁신을 주도할 수 있다.

1. 주도적 관점을 반영한 교육 프레임워크

학교 교육에 대한 세 번째 관점인 주도적 관점을 반영하는 것은 기존의 인식론적 및 존재론적 관점을 보완하며, 교육을 바라보는 사고의 지평을 확장한다. 주도적 과정, 관계, 결과는 단순히 '아는 것(knowing)'이나 '존재하는 것(being)'을 넘어, 실제로 '행하는 것(doing)'과 관련이 있다. 기존에는 교사 주도성에 대한 심리학적 논의(Bandura, 2001)가 중심이었지만, 여기에서는 교사의 전문적 정체성(professional identity)과 관련된 주도성은 물론 담론적 의식, 구조화 이론 등 사회학적 측면까지 확장적으로 고찰한다. 이러한 사고 모델은 유기적 시스템 속에서 효과적으로 활동하는 방식에 대한 개념을 확장·주체화한 것이다(Mitchell & Sackney, 2009).

주도적 관점을 반영한 교육 프레임워크는 〈표 6-1〉에 제시하였다. 이 프레임워크에서는 기존의 인식론적·존재론적 관점과 비교할 수 있게 주도적 관점의 구체적 요소들을 제시하였다. 주도적 관점은 기존의 교육 모델을 대체하려는 것이 아니라, 교육의 과정에서 교사 주도성을 강조하는 추가적인 개념적 틀을 제공하는 것이다. 이러한 세 가지 관점을 통합하면, 교육의 다양한 요소를 개념화하고 발전시키기 위한 하나의 모델이 될 수 있으며, 교육의 과정에 내재된 주도성의 중요성을 더 명확히 이해할 수 있다. 이 모델은 비단 학교 교육에만 한정되지 않고, 고등교육이나 평생교육을 포함한 다양한 교육 분야에서도 적용 가능하다. 이 프레임워크는 단순히 정해진 틀을 제시하는 것이 아닌, 교육정책과 실천을 새로운 시각에서 성찰하고 논의할 수 있는 출발점이 될 수 있다. 주도적 관점은 제2장([그림 2-1], [그림 2-2] 참조)에서 다루어진 물질적·문화적·구조적 재생산의 순환을 넘어선 사고의 전환을 의미한다. 여기서 교사는 변화의 주체로서 공식적 역할(직위 중심의 리더십)과 비공식적 기여(비직위적 리더십) 모두를 수행하며, 이는 교사들의 실제 사례 속에서 구체적으로 드러난다. 실증적 연구 결과로 나타난 교사의 자기효능감, 학교 혹은 교육 시스템 변화에 대한 기여감 등은 이 세 번째 차원, 즉 주도적 관점을 통해 더욱 명확히 드러난다.

이러한 유형화는 교육 발전과 교사 전문성의 개념을 재구성하는 데 중요한 시각을 제공하며, 이를 통해 교사 전문성 개발과 전문적 학습의 새로운 방향을 모색할 수 있다. 주도성은 단순히 물질적·사회적·지적 자본의 축적을 넘어, 개인과 조직의 성장을 뒷받침하는 '주도성 자체의 형성'을 중심에 둔 변화의 전환점을 의미한다. 이 주도성은 교육의 본질과 맞닿아 있으며, 지속 가능하고 변혁적인 교육 개혁의 토대가 된다. 궁극적으로, 이러한 변화는 교사 개인의 가치와 교육적 지향점에서 출발하여, 협력적 실천을 통해 학생과 교육 공동체 전체를 아우르는 더 민주적이고 포용적인 교육 형태로 확장되어 지속 가능하고 변혁적인 변화를 가능하게 한다.

〈표 6-1〉 **교육적 관점을 비교하는 분석 프레임워크**

교육적 관점	인식론적 관점	존재론적 관점	주도적 관점
중심 개념	지식(knowledge) 앎의 방식(knowing)	정체성(identity) 존재 방식(being)	주도성(agency) 행위 방식(acting)
강조 영역	지식, 이해, 정보 전달	관계 형성, 상호작용, 자기 이해, 감성 지능 및 감성 문해력 발달	참여, 민주주의, 시민의식, 리더십, 목소리, 자기효능감, 주도성, 실천적 행동의 구현
정책 환경	자격 부여★[1]: 성취 결과 외부 결정권자에 의한 강제적 시행, 국가 개혁 정책	사회화★: 관계 형성 국가 또는 개인, 그룹, 기관에 의한 국가나 조직의 정책 실행	주체화★: 반응 지역 참여자들에 의해 생성되는 아이디어와 행동, 해석 및 선택 개인 및 협력적 가치와 목표된 결과 도출
추진 동력	글로벌 순위 비교, 경제 발전 성과 결과에 대한 책무성	조직적 비교 및 경쟁 사회적 · 도덕적 발전	개인 및 협력적 가치와 목표
구조 및 문화	역할과 위계 구조 구조 중심 접근 지위와 권위 강조	과정 및 협업 강조 문화와 구조 중점	구조화 역량 강화 및 지원 강조

1) (역자 주) 자격 부여, 사회화, 주체성(★): 비에스타(Biesta, 2016)는 자격 부여(qualification), 사회화(socialisation), 주체화(subjectification)를 개념에 따른 주요 교육의 세 가지 기능으로 제시함. 이 세 가지 요소가 균형을 이루어야 하고, 특히 현대 교육에서 주체화가 간과되지 않아야 한다는 점을 강조함. '자격 부여'는 지식, 기술, 역량 습득을 통한 자격과 성취 제공하는 것으로, 곧 학생이 사회와 직업 세계에서 요구하는 능력을 갖추도록 하는 역할을 함. '사회화'는 문화, 가치, 규범, 전통을 내면화하여 사회 구성원으로 성장하도록 돕는 과정으로, 공동체 속에서 관계를 형성하고 정체성을 확립함. '주체화'는 학생이 독립적인 사고와 자기 주도성을 가지며, 자신의 목소리와 선택권을 행사할 수 있도록 하는 과정으로 기존 틀에 순응하는 것을 넘어 자신의 주도성을 형성하는 것임.

교육적 관점	인식론적 관점	존재론적 관점	주도적 관점
맥락/상황과 관련된 사람들	조직 내에 개인들이 존재	사회적 집단은 시스템 안에서 작동	공동체 내에서 상호작용
리더십	위계적, 카리스마적, 독재적 영웅 혁신가들 최고 책임자 중심 운영 라인 관리와 모니터링 구조화된 지원	분산적 · 공유적 리더십 권한을 부여하는 실행 방식 학습을 이끄는 리더 코칭과 멘토링, 팀 단위의 기여 모두가 이해관계자로서 참여	학교장이 공동 주도성과 비공식적 리더십을 조율함. 자기효능감이 주도성을 증대시키는 핵심 요인임. 높은 수준의 리더십 역량, 신뢰를 바탕으로 함
개념적 관점	(학교) 효과성	(학교) 혁신	변혁(탈학교화)
연구 초점 및 적용	시스템세계#[2)] 양적 연구, 효과적인 교수 및 리더십 실천 공식화, 대규모 실험, 효과적인 방식 전파	생활세계# 질적 연구, 성찰 및 자기평가 사례 연구, 실행에 영향을 미치는 맥락과 문화 탐구	학습 생태계# 실행 연구, 실천 경험 기반 증거, 협력적 탐구 학습을 통한 변화 지원
성공 기준: 개인	시험 및 평가를 기준으로 측정된 학업 성취도, 출석률 포함 여부로 참여도 평가	학습자의 건강 · 안전 · 참여도 · 자아 성찰 포함, 사회적 · 정서적 학습 강조	개인 및 공동체가 함께 설정한 목표에 맞춘 유연한 형성 평가, 주도성 자체가 결과
성공 기준: 조직	국가적 기준에 따른 성과 및 발전 측정, 국가 평가 프레임워크, 순위 평가	학습공동체 내 자기 평가, 이해관계자 의견 반영, 학생 · 학부모 설문 조사	공동체 구성원의 지속적 자기 평가, 의사결정 및 행동을 통한 발전, 자기 주도 학습

2) (역자 주) 시스템세계, 생활세계, 학습 생태계(#): 세르지오바니(Sergiovanni, 2000)는 교육 조직에서 시스템세계(systemsworld)와 생활세계(lifeworld)의 조화를 강조하며, 학교가 단순한 행정적 구조를 넘어 교사와 학생의 가치, 신뢰, 관계가 형성되는 학습 생태계(ecosystem)로 발전해야 함을 주장함. 시스템세계는 구조와 규칙에 의해 운영되는 조직적 · 행정적 체계, 생활세계는 관계, 가치, 문화, 의미 형성을 중시하는 인간 중심 환경, 학습 생태계는 시스템세계와 생활세계가 상호작용하며 균형을 이루는 환경을 의미함.

교육적 관점	인식론적 관점	존재론적 관점	주도적 관점
성공 기준: 국가	국제적 비교 및 핵심 학업 성취도 순위	다양한 문화적 맥락을 고려한 비교, 질적 연구 기반 평가	개인적 내러티브 경험의 통합, 지속 가능성 목표 포함
책무성	개인 → 조직 → 지역 → 국가 → 정부로 이어지는 중첩된 책무성, 감독 및 평가 중심	내 · 외부 요구에 대한 집단적 책무성	상호적 규제, 공동적 규제
학생	성과, 결과물, 통계적 수치로 측정	학습자, 이해관계자, 고객	참여자, 공동 학습자, 의사결정자
교사	산출물/객체★3) 기술자, 실행자, 관리자	미래 시민, 미래 리더 성찰적 실천가, 협력자, 연구자	주체/행위자★ 리더, 행위자, 실천 공동체의 참여자
전문적 담론	기술적 · 합리적 논의, 체계 유지	체계의 본질과 함의에 대한 논의	체계의 목적과 가능성에 대한 비판적 논의
전문성 개발	지식 전달 및 성과 관리 중심	비판적 성찰, 교사 연구, 멘토링 및 코칭	민주적 참여, 이론 · 정책 · 실천 연결
지속 가능성	전통적 접근법, 학업 성과의 중요성에 대한 의문, 사회적 · 경제적 · 환경적 불확실성 속에서 성과 측정의 타당성 논란	개인의 관심과 우려를 고려하는 접근법, 총체적 결과를 반영, 혁신이 단순 효과성으로 축소될 위험, 과중한 개혁으로 인한 소진	인간의 창의성, 협력 및 상호 헌신 기반 지속 가능한 지역 변화, 고비용 대비 높은 보상 구조, 신뢰 · 공정성 · 진정성 중시
위험 요소	불평등 격차 확대, 실패에 대한 무관용이 심리적 손상 초래, 기준 정체, 역량 구축이 필요한 곳에서 인력 유출 및 채용 위기	교육 목적에 대한 논의 부족으로 교사 및 학생 소외, 체계적 개혁이 기대를 충족하지 못함, 조직이 정체 및 안주	중앙 통제 부족이 교육 모델의 위험 초래 가능, 안전 문제, 권력 남용, 일부 지역만 발전하는 불균형

3) (역자 주) 산출물/객체, 주체/행위자(★): 세르지오바니(Sergiovanni, 2000)는 교육에서 학생과 교사를 바라보는 두 가지 관점을 제시함. 산출물/객체(products/objects). 관점에서는 학생과 교사가 수동적인 존재로 간주되며, 교육은 표준화된 성과(시험, 평가). 달성을 목표로 함. 반면, 주체/행위자(agents/subjects). 관점에서는 학생과 교사가 능동적인 참여자로서 학습을 통해 의미를 창출하고 변화할 수 있는 존재로 여겨짐. 그는 교육이 단순한 지식 전달을 넘어 탐구, 협력, 창의적 사고를 촉진하는 배움의 공동체로 변화해야 하며, 교사는 지식 전달자가 아닌 촉진자(facilitator), 학생은 수동적 학습자가 아닌 능동적 주체가 되어야 한다고 주장함.

이러한 관점은 교사, 교장, 교사 교육자, 연구자, 컨설턴트, 정책 입안자 등 교육 관련 다양한 주체들에게 새로운 도전과 사고의 전환을 요구한다. 이는 교육정책을 주도적 관점에서 분석하고 설계할 수 있는 비판적 틀을 제공한다. 〈표 6-1〉의 마지막 열에 제시된 개념과 요소들을 바탕으로 이 모델의 함의와 적용 가능성을 탐구하는 것은 교사 전문성과 주도성을 통합하는 과정에서의 중요한 출발점이 된다. 주도적 관점의 교육 모델은 단순히 교사의 역할을 확장하는 것이 아니라, 학교 혁신과 교사의 전문적 정체성을 유기적으로 연결하는 과정을 통해 교육의 질 개선을 실현하는 데 기여할 수 있다.

여기에서의 의도는 학교 혁신을 전면적인 자율에 맡기는 식의 완전한 분권화를 주장하려는 것은 아니다. 풀란(Fullan, 1994)의 연구에 따르면, 중앙집권적 개혁이든 분권적 변화이든 어느 한쪽만으로는 기대하는 수준의 혁신이 이루어지기는 어렵다고 평가한다. 그는 중앙집권적 개혁은 구조 개편에 초점을 맞추지만, 그것이 곧 교육 자체에 초점을 맞춘 것은 아니라고 지적하였다. 오히려 중요한 것은 지역적 맥락에서 축적된 지식, 기술, 동기 부여 그리고 교사들의 헌신이나, 이러한 요소들조차 학교 교육의 목적과 과정의 본질에까지 깊이 영향을 미치지는 못할 수도 있다고 보았다. 이에 대해 풀란(Fullan, 1994)은 개념적 혹은 실증적으로 상향식과 하향식 전략을 더 정교하게 결합하는 것이 필요하다고 제안하였다.

제2장에서 살펴보았듯이, 학교 변화가 일관된 방향으로 나아가기 위해서는 공동 주도성과 리더십 형성이 핵심적이다. 이러한 과정은 일반적으로 교장이 중심이 되어 조율하며, 그들이 권력의 균형을 유지하는 역할을 하게 된다. 제5장의 대조적인 학교 환경 사례에서도 확인되었듯이, 교사 리더십이 가장 강력하게 작용하고 주도성이 가장 잘 발휘되는

조건은 조직적 · 문화적으로 적절한 환경이 조성되어 있을 때라는 점은 연구와 경험을 통해 충분히 입증되어 왔다(Bangs & Frost, 2016; Priestley et al., 2015).

이러한 조건을 실현하려면 교사들은 정치적 · 제도적 틀 안에서 전략적으로 사고하고 실천할 수 있어야 한다. 동시에 자신의 전문적 가치, 열정, 문제의식에서 비롯된 지식과 기술, 헌신을 바탕으로 학교 혁신에 의미 있는 방식으로 기여할 수 있어야 한다.

교사 주도성을 기반으로 한 전문성을 명확히 드러내는 것은 외부로부터 제시되는 변화 의제를 교사 스스로 해석하고 조율해 가며, 자발적으로 주도하는 변화를 통해 조직의 혁신 역량을 구축하는 중요한 출발점이 된다. 그러나 이러한 접근은 불안정한 사회적 · 정치적 맥락 속에서 더욱 어려워진다. 예컨대, 정책적 수사에서는 지방분권과 지역 자율이 강조되지만, 실제로는 중앙집권적 통제가 강화되는 등 상반된 메시지가 공존하는 경우가 많다.

이러한 현실 속에서 교사들은 학생들에게 올바른 방향을 제시하는 지적 · 시민적 리더가 되어야 하며, 이는 단순한 학문적 자격이나 수업 기술을 뛰어넘는 역량을 요구한다. 토마스(Thomas, 2012)는 오늘날 교사에게 요구되는 전문성은 사회의 복잡하고 다층적인 요구를 충족시키는 동시에, 보다 지역적이고 참여적인 교육 시스템을 발전시키는 데 있다고 주장한다. 그는 성과 중심의 책무성 체제가 교사의 창의적 자율성을 약화시키고, 교사를 단순한 교육과정 설계자로 제한할 수 있다고 경고한다. 또한 교사의 질을 지나치게 협소하게 정의하면, 지역사회 및 학교 간의 실질적인 연대와 적극적인 참여를 저해할 수 있다. 반면, 구조적 개혁이 오히려 지역 기반의 창의적 · 협력적 발전을 위한 기회와 틀을 제공할 수 있다.

현실적인 대안적 접근 방식은 광범위한 구조 개혁과 지역 기반 참여 간의 균형을 맞추는 것이다. 이와 같은 맥락에서 주도성 기반의 교육 모델은 교사들이 단순히 존재하고 되어 가는(being and becoming) 이야기를 넘어서, 전략과 실천의 이야기를 만들어 갈 수 있도록 지원한다(Fielding, 1999; Pinnegar & Hamilton, 2011). 이 관점은 교사들을 단순히 학교라는 공간에서 일하는 등장인물이 아니라, 지역과 조직적 차원에서 교육 환경을 조성하는 설계자로 자리매김하게 한다(Reynolds, 1996). 주도성이 실제로 학교 문화를 형성하고 교육 환경을 조성하는 방법론에 대한 논의는 제7장에서 더욱 심층적으로 다룬다.

2. 진정한 학교 혁신: 행위자, 주체 그리고 실천가

교실 안팎의 실제 현장에서는 여전히 규정된 전문성과 실제 실행되는 전문성 사이에 큰 간극이 존재할 수 있다(Evans, 2008, 2011). 일부 연구에서는 이를 '실행 격차'로 보고, 교사들이 중앙에서 정립된 규정된 전문성으로의 실행 과정에 더 많이 관심을 기울여야 한다고 주장한다(Barber, 2005; Hopkins et al., 2011). 그러나 이는 지나치게 단순화된 시각이다. 에반스(Evans, 2011, p. 868)는 진정한 의미에서의 교사 전문성은 정부가 요구하는 전문성이라는 틀 안에서 교사들이 스스로 만들어 가는 것이라고 주장한다.

그러나 에반스는 교사 주도성을 특정한 형태의 전문성을 얼마나 수용하는지의 문제로 설명하는데, 이는 교사 스스로 정체성과 전문성을 주도적으로 발전시키며, 전문적 환경을 공동으로 구성해 가는 과정과는 다소 다르다(제5장에서 논의). 교사들은 외부로부터 부과된 성과 중심 체제에 어느 정도 수용할지, 내부의 변화 프로젝트에 어떻게 참여할지를 스스로 결정하며, 재량권과 주도성을 발휘하고 있다. 이러한 접근은 엘리엇(Elliott, 1993, p. 18)의 '맥락적 이해(situational understanding)' 개념과 일맥상통한다. 즉, 좋은 실천이란 사전에 계획된 반응을 기계적으로 재현하는 것이 아니라, 맥락적 전개에 따라 분별력과 통찰력 그리고 판단을 바탕으로 지혜롭게 대응하는 것이다.

이러한 교사의 전문적 정체성은 단순히 정책을 따르는 것이 아니라, 맥락과 환경에 따라 다양한 방식으로 반응하고 해석하는 복합적인 정체성으로 나타난다(Gee, 1997; Stark & Stronach, 2005). 이러한 정체성은 학교 혁신을 어떻게 정의하고, 조직 내 구조와 교사 주도성이 맞물리는 '역동적 긴장' 속에서 어떻게 반응할지를 결정하는 전문성의 중요한 기반이 된다(Day et al., 2006). 실제로 교사들의 서사에는 이러한 재량, 해석, 실천의 복잡한 과정이 생생하게 담겨 있다. 정책 수립과 정책 실행을 완전히 분리된 두 개의 영역으로 간주하는 핑크(Fink, 2001)의 '두 개의 고립된 영역'으로 보는 관점은 지나치게 이분법적이며, '정책의 실행'이라는 개념 또한 교사의 역할을 지나치게 제한하는 측면이 있다. 배우는 정해진 대본에 따라 움직이며, 이를 해석하는 능력과 신념의 수준에 따라 차이가 있을 뿐이다. 반면, 주도적 존재는 단순한 실행자가 아니라, 스스로 대본을 작성하고 연출하며 즉흥적으로 변화를 만들어 낼 수 있는 존재에 가깝다. 삭스(Sachs, 2003)가 말한 '실천가로서의 교사' 개념은 교사들이 보다 넓은 지적 · 정치적 역량을 발휘할 수 있는 기회를 제공한다. 교사의 전문성은 단순한 정책 실행을 넘어 보다 정교하고 적극적인 역할을 수행하며, 바넷(Barnett, 2008)이 말하는 '담론의 활용(deployment of discourses)'에 가깝다. 즉, 교사들은 단순한 정책 수용자가 아니라, 제도적 개혁과 정치적 변화 속에서 기회를 찾아 조직 환경과 문화를 스스로 형성하고 발전시키는 존재여야 한다.

3. 맥락 속에서 실천되는 변화 이야기

캐슬게이트와 아카데미 학교의 교사들은 교육 환경을 구성하는 과정에서 다양한 수준의 주도성을 발휘했을 뿐만 아니라, 자신의 정체성 또한 능동적으로 구축하며 변화의 주체로서 자리매김했다. 따라서 교사 주도성의 발휘 정도는 단순히 환경적 요인에 의해 결정되는 것이 아니라, 교사의 성향과 성격 그리고 이에 영향을 미쳐 온 축적된 경험에 의해 크게 좌우된다(Priestley et al., 2015). 이는 교사들이 공식적 역할을 해석하는 방식뿐만 아니라, 비공식적 리더십을 개발하는 과정에서도 나타난다. 일부 교사들은 스스로 새로운 역할을 창출하고, 그 역할의 의미를 직접 규정하기도 한다. 이처럼 학교 혁신과 관련된 교사의 전문적 정체성, 즉 '교사로서 존재하기(being a teacher)'는 체제 개혁의 거대 담론 안에서 쉽게 규정될 수 없다. 이는 곧, 실제 수업 장면의 섬세한 실천을 표준화된 평가 프레임워크나 제한된 기준과 명시된 역량 요소만으로 판단하는 것은 적절하지 않다는 의미이기도 하다.

그럼에도 교사의 전문적 정체성은 시간이 지나면서 반복적인 성찰적 학습 과정을 통해 발달하고 구축될 수 있다(Day et al., 2006; Giddens, 1991). 이러한 전문적 정체성의 형성 과정은 교사의 개인적 경험과 성향뿐 아니라, 교장을 비롯한 학교 리더들의 메시지와 학교 혁신 및 책무성 체제 내의 구조적 맥락과도 깊이 연관된다. 교사의 전문적 정체성이 이처럼 유동적이고 구성적이라는 사실은 교사를 학교 혁신의 주체로 성장시키려면 정책 입안자, 교장, 교사 교육자 등이 적절한 지원을 제공해야 함을 시사한다. 이러한 지원을 통해 시스템 개혁이 지역화된 창의적 발전과 교사 주도의 변화가 이루어지는 기회의 장이 될 수 있다. 교사들이 사용하는 언어, 변화의 방식, 변화의 프레임을 형성하는 태도는 단순히 수동적으로 받아들여지는 것이 아니라, 보다 긍정적이고 능동적인 전문성을 구축하는 요소가 될 수 있다. 이를 통해 교사 주도성이 강화되며, 학교 혁신의 과정에서 보다 적극적인 역할을 수행할 수 있게 한다.

프로스트(Frost, 2014)는 "교사의 목소리와 경험을 이야기로 풀어내는 과정이 주도성을 강화하는 데 중요한 역할을 한다."라고 강조한다. 지(Gee, 1997) 역시 "자신과 타인에 의해 이야기되지 않는다면, 개인의 삶의 궤적은 의미를 가질 수 없다."라고 주장한다. 하지만 구드슨(Goodson, 1999, p. 132)은 "교사들의 이야기가 단순히 '숨 돌리는 공간'을 제공하는 데 그치고, 현실과 분리된 개별적인 이야기로만 치부된다면, 오히려 폐쇄적이고 억압적인 환경이 조성될 수 있다."라고 경고한다. 우리가 긴급히 해야 할 일은 맥락 이론 속에서 실천 이야기를 빚어내는 것, 말하자면 '맥락화된 이야기'를 통해 맥락 속에서 실천이 이루어지는 방식을 발전시켜야 하며, 이를 통해 기존의 지배적 담론과 분리되지 않게 해야 한다는 것이다.

맥이완(McEwan, 1997)은 "이야기가 특정한 신념을 강요하고 통제하는 도구가 될 수도 있지만, 동시에 자유로운 표현과 새로운 의미 창출을 통해 해방을 촉진할 수도 있다."라고 보았다. 또한 프로스트(Frost, 2014)는 "이야기가 단순한 감성적 공유를 넘어, 이론적 논의와 지식 창출의 도구가 될 수 있다."라고 강조한다. 교사들은 이러한 이야기를 통해 교육체제 내에서 권력을 행사하는 '지배적 담론'을 분석하고, 필요할 경우 이에 도전하는 전략을 개발한다(Barnett, 2008). 이러한 접근 방식은 단순히 '교사들의 이야기를 중심으로 한 새로운 서사 패러다임'을 형성하는 것이 아니라, 구드슨(Goodson, 1999)이 경고한 것처럼 현실과 유리된 '치유적 회피'로 전락하지 않게 해야 한다.

교사의 이야기가 더 생산적으로 활용될 수 있도록 적절한 지원 구조와 촉진 장치가 필요하며, 이를 통해 교사 주도성이 강화될 수 있다. 교사가 자기효능감과 주도성을 개발할 수 있도록 지원받을 때, 그들은 더 적극적으로 자신의 역할과 정체성을 구축하며, 조직 변화의 중심에 설 가능성이 높아진다. 볼(Ball, 2003)은 교사들이 주어진 성과 중심 체제 안에서 '성과를 측정할 수 있는 존재'가 되는 것에 집중하게끔 강요받는 현상을 비판하며, 교사가 "'기억될 만한 존재'가 아닌 '계산 가능한 존재'로 전락하지 않도록 경계해야 한다."라고 주장한다. 교사들이 주도성과 목소리를 갖게 될 때, 그들은 학교 조직 변화의 희생자가 아닌, 변화를 주도하는 실천적 행위자로 자리매김할 수 있다. 제4장과 제5장 사례에서도 확인되었듯이, 교사가 강력한 주체적 실천을 펼칠 수 있는 '구성된 환경'과 교사 주도성을 억제하는 '강제된 환경'은 공존할 수 있으며, 이는 어떠한 교육체제에서도 교사 주도성이 실현될 가능성이 존재함을 시사한다.

교사 주도성 중심의 접근 방식은 정책이 요구하는 전문성과 실제 실행되는 전문성 사이의 불일치를 줄이는 데 기여할 수 있으며, 이는 교사의 정체성 혼란, 긴장, 스트레스를 완화하는 데 중요한 역할을 한다(Evans, 2008). 교사들이 이러한 장벽을 인식하고 극복하는 과정에서, 개인적 · 집단적 강점과 자원을 발견하게 된다. 이를 통해 '복합적 희망(교사들이 처한 구조적 제약 속에서도 변화를 가능하게 하는 현실 기반의 희망)'을 갖게 된다(Wrigley et al., 2012).

따라서 학교 혁신의 과정에서 교사 주도성 관점이 명확히 공유되고 지속적으로 강화되며, 내 · 외부적 지원이 뒷받침될 때 이 희망은 구체적인 계획과 행동으로 구체화될 수 있다. 이런 관점에서 교사는 자신의 이야기를 통해 자신의 역할과 정체성을 재구성하고, 이는 학교 변화의 전경(landscape of change) 속에서 공동으로 이해 · 설계되는 요소가 된다. 이러한 이해와 접근 방식은 학교 혁신 프로젝트 및 프로그램에 유기적으로 통합될 수 있다.

4. 교사 주도성 발휘를 위한 환경 조성

이 연구는 동일한 조직 환경에서도 교사 개개인이 각기 다른 방식으로 반응하고 기여한다는 사실을 보여 주었다. 그러나 교사들이 자신의 전문적 정체성과 실천을 인식하는 방식은 조직 내 문화적 규범에 의해 큰 영향을 받는다. 그럼에도 불구하고, 미시 · 정치적 맥락에 대한 세심한 이해와 공유된 인식이 형성된다면, 교사들은 더 능숙하게 변화에 적응하고 참여할 수 있다. 이는 의도성, 예측력, 자기조절, 자기성찰로 특징지어지는 인간 주도성을 극대화하기 위해 정교하게 조율될 수 있다(Bandura, 2001). 반대로, 성과 지향적 훈련과 같은 중앙집권적이고 강압적인 리더십(Hargreaves, 2003)은 교사 주도성을 억제하고, 교사들이 변화의 주체가 되기보다 단순한 정책 실행자로 전락하는 환경을 초래할 수 있다. 이는 결국 학교의 환경을 강제된 환경으로 고착시키고, 교사 주도성이 발휘될 여지를 사라지게 만든다. 긍정적인 측면에서 보면, 환경과 정체성이 자율적으로 구성되는 정도와 강제로 주어지는 정도의 균형은 학교 문화의 영향력(특히, 교장 및 학교 리더들)뿐만 아니라, 교사 개개인의 자기효능감과 의사결정 역량이 주도성 발휘에 중요한 역할을 한다고 볼 수 있다. 즉, 강제된 환경과 구성된 환경 그리고 강제된 정체성과 구성된 정체성 사이의 균형은 이러한 다양한 요인에 의해 조정될 수 있다(Bandura, 2001).

학교에서 교장과 교사들이 자신이 활동하는 환경을 능동적으로 구성하는 과정은 단순한 관리적 행위를 넘어, 전문성을 발전시키는 과정이 되어야 한다. 보터리(Bottery, 2004)가 제안한 바와 같이, 교사와 학교 리더들은 '발전된 전문적 가치(the enlightened professional values)'를 내면화하고 실천해야 한다. 교육 활동에 영향을 미치는 생태학적 · 정치적 요인에 대한 인식, 도덕적 목적의식, 내면화되고 성찰적인 책임감, 포용적 리더십과 변화 관리, 지식의 가변성에 대한 이해와 수용이 포함된다. 특히 중요한 것은 교육적 목적에 기반하여 자신의 역할과 상황을 끊임없이 비판적으로 성찰하는 태도이다. 다시 말해, 교육은 단순한 성과관리가 아니라 윤리적 책임과 공공선을 고려해야 한다는 도덕적 목적을 내면화해야 한다는 것이다. 또한 외부의 규제나 평가 기준에 종속되는 것이 아니라, 교사 스스로가 자신의 교육적 실천을 성찰하며 책임을 수행하는 내재적 · 성찰적 책임감을 갖추어야 한다. 조직 내 구성원 모두가 교육 개혁과 변화 과정에 능동적으로 참여할 수 있도록 조율하는 포용적 리더십과 변화 관리 역량이 필요하며, 교육과 지식이 고정된 것이 아니라 지속적으로 변화하고 확장됨을 인정하는 태도를 가져야 한다. 가장 중요한 것은 교사와 리더들이 교육의 본질적 목적을 끊임없이 확인하고, 변화 속에서 자신의 역할을 재정의하는 과정인 비판적 사고를 지속적으로 실천하는 것이다. 이러한 요소들은 단순한 정책 실행을 넘어, 학교 조직의 구성원들이 환경을 구성하고 지속적으로 발전할 수 있게 하는 핵심 원칙이 된다.

이러한 가치들을 기반으로 한 주도적 관점은 기존의 교육 체제에서 지배적인 사고방식을 넘어서는 교육 환경을 조성할 수 있다. 주도적 관점이 강조하는 교육 환경의 핵심 특징은 다음과 같다.

- 교사는 변화의 주체이며, 리더이자 협력적 학습자로 자리매김한다.
- 학생들은 민주적이고 포용적인 공동체에서 학습자이자 참여자 그리고 리더의 역할을 수행한다.
- 학교 조직 내 리더십 역량이 높으며, 분산적 리더십이 강조된다.
- 교장과 학교 리더들이 함께 공동 주도성을 조율한다.
- 연구와 의사결정 과정은 외부의 시각을 비판적으로 검토하며 포용적으로 이루어진다.
- 새로운 아이디어와 실천은 구체적인 상황에 따라 창출되며, 이를 해석하고 적응할 수 있는 유연성이 보장된다.
- 교사의 전문성 개발은 담론적 의식, 자기효능감, 주도성을 기반으로 하며, 사람과 처한 환경 그리고 더 넓은 사회적 맥락 간의 상호관계성을 중시한다.
- 탐구는 상황에 대한 이해, 자기 인식, 맥락적 시작을 촉진한다.
- 학습은 상호의존적이며, 공동으로 구성되고 협상된다.
- 평가는 의미 있고, 유연하며, 형성적 학습을 중심으로 한다.
- 높은 신뢰와 도덕적 목적에 기반해 공동의 책임을 진다.
- 대화적 · 서사적 접근 방법이 중요시된다.
- 학교의 변화는 외부 주도적 개혁이 아닌, 내부에서부터 이루어진다.
- 변화는 학교 내부의 가치와 목적을 반영하면서, 지역사회로 확장된다.

이러한 특징들은 상호작용하면서, 학교 혁신에 더 의미 있게 만들며, 오늘날 교육의 지향점을 깨닫게 한다. 즉, 주도성의 강조는 학교 혁신의 인식론적 · 존재론적 관점에 더욱 큰 힘과 목적성을 부여한다. 이 장은 교사 주도성을 실현할 수 있는 환경을 조성하기 위한, 즉 실천적 주도성을 강조하는 행동을 향한 촉구로 마무리된다. 이를 통해, 교사들이 단순한 정책 수행자가 아닌, 학교와 교육 환경을 주도적으로 변화시키는 주체적 리더로 성장할 수 있는 기반이 마련될 수 있다.

5. 행동을 향한 촉구: 학교 혁신의 담론에서 교사의 역할 회복하기

교사 전문성에 대해 정의 내리는 것보다 전문성에 대한 논의와 실천이 교직의 지속성과 구성원의 웰빙을 위해 더 중요할 수 있다. 스트로나크 등(Stronach et al., 2002, p. 132)에 따르면, 교사 전문성은 단지 실용적 차원의 것이 아닌, '이상적인 가치'와 '아직 실현되지 않은 현실' 사이를 끊임없이 오가며 겪는 투쟁이다. 이러한 투쟁의 잔여물이 실제 현장에서의 실천으로 나타난다. 주도적 관점을 학교에 정착시키려면 교사들이 스스로 자신의 이야기를 다시 써야 한다(Stronach et al., 2002, p. 131). 즉, 신뢰를 회복하고 정체성을 형성하는 서사적 윤리를 개발해야 하고, 이에 조직 차원에서는 진정성 있는 학교 혁신을 도모해야 한다(Doyle, 1997). 프리슬리 등(Priestley et al., 2015)에 따르면, 교사 주도성을 이해하기 위해서는 과거의 경험이 주도성 형성에 어떻게 영향을 주었으며, 어떤 조건이 주도성을 강화하거나 억제하는지 파악해야 한다. 그러나 교사들이 이러한 경험과 정체성을 드러낼 기회가 주어지지 않는다면, 변화 과정은 단지 기계 속 부품처럼 무의미하게 된다. 즉, 교사는 교육 개혁의 주체가 아닌 '톱니바퀴'처럼 기능하는 존재로 전락할 위험이 있다.

이와 같은 주도적 관점을 명확히 하여 교사를 교육 개혁과 전문성 담론 안에서 다시 중심에 두고, 교사들이 공동의 목표를 향해 학교 혁신의 목적 자체를 재정립하도록 지원해야 한다. 주도성을 적용한 구체적인 접근 방식은 단지 추상적인 개념을 넘어 현실적인 실천과 결정을 요구하며, 이에 대한 책임은 결국 개인에게 있는 것이다(Bandura, 2001).

> 사람들은 복잡한 세상에서 다양한 도전과 위험을 헤쳐 나가기 위해, 자신의 역량을 정확히 판단하고, 다양한 사건과 행동의 결과를 예측하며, 사회적·구조적 기회와 제약을 분석하고, 이에 맞춰 자신의 행동을 조절해야 한다(Bandura, 2001, p. 2).

급변한 변화와 불확실성의 시대에는 개인과 조직이 자기 연찬과 적응, 혁신 역량을 보유하는 것은 필수적이며, 조직의 발전과 변화는 구성원들이 이러한 역량을 갖추고 있을 때 가능하다. 반대로 교사 주도성이 제한되고 억압될 경우, 학교 환경과 조직 문화는 무관심, 존중 부족, 배제, 불신으로 얼룩질 수 있다. 이러한 환경에서는 비판적 대화와 창의성이 억눌리며, 비현실적인 기대 속에서 과도한 업무 부담이 가중될 것이다. 교사들이 변화 과정에 주체적으로 참여하지 못하고, 기존의 실천을 개선할 기회가 주어지지 않는다면, 혁신은 점점 더 어려워지고 조직과 개인의 균형이 무너질 위험이 크다. 만약 이러한 억압적 환경이 수업, 교육과정, 관계 속에도 반영된다면, 학생들에게도 부정적인 영향을 미칠 것이다. 그 결과, 학생에게는 다음과 같은 심각한 결과가 초래될 것이다.

- **대화 감소**: 질문과 도전의 기회 축소
- **비판적 사고 억압**: 탐구 기반 교육의 약화

- **창의성 저평가**: 학습 과정에서 혁신과 자율성이 제한됨
- **포용성 결여**: 다양한 배경과 사고방식을 존중하지 않는 환경 조성
- **지속 가능성 상실**: 삶과 학습의 균형 붕괴, 균형 없는 교육으로 인해 학생들의 학습 경험이 왜곡됨
- **자기 결정권 결여**: 학생들이 자신의 세계와 미래를 형성할 권리를 박탈당함

이와 반대로, 주도성과 구조화를 교육 담론 속에서 명확하게 포함하는 접근법은 교사들에게 실천을 위한 동력을 제공할 수 있다. 이러한 관점은 학생들에게도 단순한 지식 습득을 넘어, 자기 신뢰, 비판적 사고, 사회적 책임감 그리고 미래를 개척할 수 있는 역량을 길러 줄 수 있는 기반을 마련한다. 따라서 학생들이 성장하는 과정에서 지식과 개인적 성장, 주도성을 균형 있게 발전시키는 것이 필수적이다. 결론적으로, 지속 가능한 교육 혁신을 위해서는 교사들이 교육 환경과 과정의 설계에 직접 참여하고, 학교의 목표와 운영 방식을 결정하는 과정에서 주도적인 역할을 수행할 수 있도록 지원해야 한다. 교사가 변화의 중심에 서야만, 학교 혁신이 단순한 제도적 개혁이 아닌 현장에서 실질적으로 적용될 수 있는 실천적 변화로 이어질 수 있다.

성찰 질문

- 자신이 속한 학교(조직)와 교육 방식에서 인식론적 · 존재론적 · 주도적 관점이 차지하는 비중은 각각 어느 정도인가?
- 주도적 관점을 강화할 경우, 교사와 학생들에게 나타날 긍정적인 변화는 무엇인가?
- 이로 인한 잠재적 단점이나 어려움은 무엇인가?

참고문헌

Ball, S. J. (2003). 'The teacher's soul and the terrors of performativity', *Journal of Educational Policy, 18*(2), 215-228.

Bandura, A. (2001). 'Social cognitive theory: an agentic perspective', *Annual Review of Psychology, 52*, 1-26.

Bangs, J., & Frost, D. (2016). 'Non-positional teacher leadership: distributed leadership and self-efficacy, In Evers, J., & Kneyber, R., *Flip the System: Changing Education from the Ground Up*. London: Routledge, pp. 92-107.

Barber M. (2005). 'Informed professionalism: realising the potential'. Presentation at the Association of Teachers and Lecturers Conference, London, 11 June.

Barnett, R. (2008). 'Critical professionalism in an age of supercomplexity', In Cunningham, B. (Ed.), *Exploring Professionalism*. Bedford Way Papers (33). London: Institute of Educa-tion, University of London Publications, pp. 190-207.

Biesta, G. (2016). 'Good education and the teacher: reclaiming educational professionalism', In Evers, J., & Kneyber, R., *Flip the System: Changing Education from the Ground Up*. London: Routledge, pp. 79-90.

Bottery, M. (2004). *The Challenges of Educational Leadership*. London: Paul Chapman Publishing.

Day, C., Kington, A., Stobart, G., & Sammons, P. (2006). 'The personal and professional selves of teachers: stable and unstable identities', *British Educational Research Journal, 32*(4), 601-616.

Doyle, W. (1997). 'Heard any really good stories lately? A critique of the critics of narrative in educational research', *Teaching and Teacher Education, 13*(1), 93-99.

Elliott, J. (Ed.). (1993). *Reconstructing Teacher Education*. London: Falmer

Press.

Evans, L. (2008). 'Professionalism, professionality and the development of education profes-sionals', *British Journal of Educational Studies, 56*(1), 20-38.

Evans, L. (2011). 'The "shape" of teacher professionalism in England: professional standard, performance management, professional development and the changes proposed in the 2010 White Paper', *British Educational Research Journal, 37*(5), 851-870.

Fielding, M. (1999). 'Communities of learners. myth: schools are communities', In O'Hagan, B. (Ed.), *Modern Educational Myths: The Future of Democratic Comprehensive Education*. London: Kogan Page, pp. 67-87.

Fink, D. (2001). "The two solitudes: policy makers and policy implementers', in Fielding, M. (Ed.). *Taking Education Really Seriously: Four Years' Hard Labour*. London: Routledge-Falmer, pp. 225-237.

Frost, D. (Ed.). (2014). *Transforming Education through Teacher Leadership*. The Lfl Teacher Leadership Series. Cambridge: University of Cambridge.

Fullan, M. (1994). 'Coordinating top-down and bottom-up strategies for educational reform. systemic reform: perspectives on personalizing education'. Available at: http://www.michaelfullan.com/media/13396035630.pdf (accessed 2012).

Gee, J. P. (1997). 'Foreword: a discourse approach to language and literacy', In Lankshear, C. with Gee, J. P., Knobel, M., & Searle, C., *Changing Literacies*. Buckingham: Open University Press.

Giddens, A. (1984). *The Constitution of Society: Outline of the Theory of Structuration*. Cam-bridge: Polity Press.

Giddens, A. (1991). *Modernity and Self-identity: Self and Society in the Late Modern Age*. Cam-bridge: Polity Press.

Goodson, I. F. (1999). 'Representing teachers', In Hammersley, M. (Ed.), *Researching School Experience: Ethnographic Studies of Teaching and Leaming*. London: Falmer Press, pp. 122-133.

Hargreaves, A. (2003). 'Professional learning communities and performance training sects: the emerging apartheid of school improvement', In Harris, A., Day, C., Hopkins, D., Had-field, M., Hargreaves, A., & Chapman, C. (Eds.), *Effective Leadership for School Improvement*. London: RoutledgeFalmer. pp. 180-195.

Hopkins, D., Harris, A., Stoll, L., & Mackay, T. (2011). *School and Syster Improvement: State of the Art Review*. Keynote paper presented at International Congress for School Effectiveness and Improvement, Limassol, Cyprus, January 2011. Draft paper available at: http:/ /www.icsei.net/icsei2011/State_of_the_art/State_of_the_art_Session_C.pdf (accessed 2011).

McEwan, H. (1997). 'The functions of narrative and research on teaching', *Teaching and Teacher Education, 13*(1), 85-92.

Mitchell, C., & Sackney, L. (2009). *Sustainable Improvement: Building Learning Communities hat Endure. Rotterdam*, Netherlands: Sense Publishers.

Pinnegar, S., & Hamilton, M. L. (2011). 'Narrating the tensions of teacher educator research in moving story to research', In Kitchen, J., Cuffetelli Parker, D., & Pushor, D. (Eds.), *Narrative Inquiries into Curriculum Making in Teacher Education*. Bing-ley, UK: Emerald, pp. 43-68.

Priestley, M., Biesta, G., & Robinson, S. (2015). *Teacher Agency: An Ecological Approach*. London: Bloomsbury.

Reynolds, C. (1996). 'Cultural scripts for teachers: identities and their relation to workplace landscapes', In Kompf, M., Boak, T., Bond, WI., & Dworet, D. (Eds.), *Changing Research and Practice: Teachers' Professionalism, Identities and Knowledge*. London: Falmer Press.

Sachs, J. (2003). The activist professional', *Journal of Educational Change, 1*(1), 77-94.

Sergiovanni, T. (2000). *The Lifeworld of Leadership: Creating Culture, Community and Personal Meaning in Our Schools*. San Francisco: Jossey Bass.

Stark, S., & Stronach, I. (2005). "Nursing policy paradoxes and educational implications', In Ware, T., & McAndrew, S. (Eds.), *Using Patient Experience in Nurse Education*. Basing-stoke: Palgrave Macmillan, pp. 63-85.

Stronach, I., Corbin, B. . McNamara, O., Stark, S., & Warne, T. (2002). ' Towards an uncertain politics of professionalism: teacher and nurse identities in Aux', *Journal of Education Policy, 17*(1), 109-138.

Thomas, L. (2012). Re-thinking the importance of teaching: curriculum and colabora-tion in an era of localism?. RSA Projects. Available at http://www.thersa.org/ca/assets/pdf_file/0008/570716/RSA-Re-thinking-the-importance-of-teaching.pdf (accessed 2012).

Wrigley, T. (2003). *Schools of Hope: A New Agenda for School Improvement*. London: Trentham Books.

Wrigley, T., Thomson, P., & Lingard, B. (2012). *Changing Schools: Altemative Ways to Make a World of Difference*. London: Routledge.

제 7 장

행동하는 주도성: 교사의 참여와 목소리

필자의 대학원 강의와 컨설팅은 교사들이 탐구 중심으로 변화를 주도할 수 있게 지원하는 데 초점을 두었다. 특히 연구 과정에서 시각적 자료, 초상화 기법, 은유 등의 연구 방법을 활용하여 더 실험적이고 혁신적인 방법론을 시도하는 데 자신감을 갖게 하였다. 제6장에서 제시한 프레임워크에서 나온 아이디어를 활용해 교사와 교장이 교사 주도성을 더욱 적극적으로 발휘할 수 있게 지원하는 주도적 관점이 점점 더 명확해졌다. 이 장에서는 주도적 관점을 학교 혁신 프로젝트와 프로그램에 통합하여 실천하고자 하는 퍼실리테이터, 교장 등을 위한 구체적인 접근법을 탐색한다. 특히 비판적 교육학의 원칙과 특성을 적용하고 육성하면, 학교 문화를 바꾸고 참여자들을 근본적으로 변화시킬 수 있을 것이다(Bryan & Durant, 2014).

1. 교사 주도성 기반의 전문성 개발

이러한 접근법은 학교 내부에서 완전히 독자적으로 이루어지거나, 대학과 기타 기관들이 협력하여 파트너나 퍼실리테이터로 참여하는 형태로 이루어질 수 있다. 이는 교수법 개선과 연계된 전문성 개발의 특징(Stoll et al., 2012)을 다룬 기존 연구들과 부합하지만, 이상적으로는 실행 연구나 지속적 전문성 개발(Continuing professional development: CPD)과 같은 용어를 사용하는 것보다 교사 주도성 기반의 전문성 개발을 강조하는 방향이 바람직하다. CPD는 흔히 훈련과 지시라는 개념을 갖기에 단순한 기술 습득으로 여겨질 위험이 있기 때문이다. 연구 기반 접근법이 기존의 실증주의적 패러다임에서 벗어나야 하는 이유는, 학교나 교실 현장의 질적 연구에서 흔히 제기되는 타당성(validity)과 같은 개념이 단순히 과학적 기준에 의해 평가될 수 없기 때문이다(Durant, 2016a; Frost, 2007). 소규모 교사 연구가 일반화 가능성이 부족하다는 비판을 받을 때도 있지만, 링컨과 구바(Lincoln & Guba, 1983)는 연구의 '전이성(transferability)'[1)]이 '풍부한 기술(thick description)'을 통해 확보될 수 있음을 강조하며, 질적 연구(특히, 서사적 접근)와의 연관성을 제시한다. 또한 신뢰성, 일관성, 신빙성, 확증 가능성과 같은 질적 평가 기준을 통해 연구의 타당성을 확보할 수 있다고 설명한다(Lincoln & Guba, 1983). 따라서 교사들의 경험과 증거는 동료 교사들 사이에서 '사실과 일치하는가?' '다른 교사들이 이를 해석하고 적용할 수 있는가?' '학교 혁신의 과정에서 얼마나 실질적인 의미를 가지는가?' 등의 기준으로 평가될 수 있다(Somekh, 1995).

전문성 개발과 연계된 실행 연구는 오랫동안 인정받아 온 개념이며, 학교가 대학과 협력 프로젝트를 추진할 때 자주 사용하는 용어이다. 그러나 프로스트(Frost, 2007)는 실행 연구가 지나치게 선형적 또는 순환적

1) (역자 주) 연구의 전이성: 질적 연구에서 연구 결과가 다른 맥락에서도 적용될 수 있는 가능성을 의미함. 이는 양적 연구에서 흔히 논의되는 일반화 가능성과 구별되는 개념으로, 질적 연구에서는 연구 결과를 보편적인 법칙으로 일반화하기보다 다른 유사한 상황이나 맥락에서 적용할 수 있는가를 평가하는 것이 더 중요함. 질적 연구에서는 연구자가 특정한 상황에서 발견한 내용이 다른 상황에서도 유사한 방식으로 적용할 수 있는지를 독자가 판단할 수 있도록 연구를 서술하는 것이 핵심임.

과정으로 규정되면서, '연구 결과 도출'이라는 목표에 집중하여 본래의 '변화 주도' 목적이 흐려질 위험이 있다고 경고한다. 손더스(Saunders, 2002)는 '무엇이 효과적인가'라는 개념이 단순한 실용주의적 접근이 아닌, 윤리적 · 지적 논의의 맥락에서 설정되어야 한다고 강조하며, 지식은 축적되는 것이 아니라 진화하는 것이라고 주장한다. 그녀는 수렴적 지식 창출과 발산적 지식 창출을 구분하며, 전자는 광범위한 행동을 위한 지식을 종합하는 것이고, 후자는 변화하는 역동적 환경에서 맥락적 이해를 바탕으로 즉각적인 실천을 위한 지식 생성이라고 설명한다. 손더스(Saunders, 2002)는 발산적 지식 창출이 가치 있게 평가되기 위해서는 정치적 · 인식론적 측면에서 이를 통제하려는 시도를 저항해야 한다고 주장한다. 예를 들어, 교사의 연구 결과가 학문적으로 출판되거나 평가받을 수도 있지만, 동료 교사와의 발표, 블로그, 뉴스레터, 소책자 등의 형태로 공유되는 것도 충분히 가치 있는 방식이 될 수 있다. 학교에서 실행 연구가 단기적인 해결책으로 활용될 경우, 이를 단순히 수렴적 지식 창출로만 인식하여, 특정 원인과 결과를 도출하려는 가정이 강해지고 평가 방식이 지나치게 단순화될 위험이 있다. 더욱이 비용 절감과 시간 단축을 우선시하는 경향은 연구의 비판적 논의를 축소시키며, 연구의 질을 저하시킨다. 이러한 접근 방식은 교사 주도성 기반의 전문성 개발 모델의 지속 가능성을 위협하며, 그 가치와 목적에 대한 오해를 초래할 가능성이 크다. 따라서 연구 기반의 혁신 모델은 단순한 연구 결과 도출이 아닌, 교사가 변화를 주도하는 과정 자체에 초점을 맞춰야 한다. 교사의 실행 연구는 학문적 평가뿐만 아니라, 다양한 방식(동료와의 공유, 블로그, 뉴스레터 등)으로 가치를 인정받을 수 있어야 한다. 그리고 학교와 대학 간 협력 프로젝트는 연구 과정이 지나치게 형식화되지 않도록 주의해야 하며, 실제 교육 현장에서 즉각적으로 적용될 수 있는 방안을 고민해야 한다. 발산적 지식 창출을 장려하여, 교사들이 자신만의 교육적 맥락에서 유연하게 탐구하고 실천할 수 있게 지원해야 한다. 또한 비용 절감과 시간 단축을 이유로 연구 과정이 축소되지 않게 하고, 비판적 논의와 협력을 통한 발전이 이루어질 수 있게 해야 한다. 이러한 원칙을 바탕으로 교사 주도성 기반의 전문성 개발 모델이 효과적으로 실행될 경우, 단순한 교육 연구가 아닌 학교 문화와 교육 실천을 변화시키는 근본적인 동력이 될 수 있다.

2. 대화의 공간 창출하기

보다 심층적이고 수준 높은 대화의 공간을 창출하면 교사들은 질문하고, 기존 사고를 깨뜨리며 새로운 가능성을 모색할 수 있게 된다(Ainscow, 1999). 이는 자연스럽게 연구와 조사의 과정을 촉진하며, 교사가 변화의 주체가 될 수 있게 한다. 서사적이고 시각적인 해석 방식은 단순한 연구 도구를 넘어, '대화적 산물(dialogic artefacts)'로서 중요한 의미를 가진다(Denzin & Lincoln, 2008). 이는 단순히 연구 결과를 전달하는 것이 아니라, 이야기하는 사람과 듣는 사람 모두에게 의미 있는 과정이 된다(Anderson, 1997). 이러한 대화 과정에서 교사들은 학생과 교육을 바라보는 새로운 시각을 얻고, 공감하며, 도전하고, 상상하는 능력을 키울 수 있다. 이러한 과정은 담론적 의식(discursive consciousness)을 형성하는 토대가 되며, 궁극적으로 변화의 촉진제로 작용한다(Elliott, 1998). 내러티브는 단순한 이야기 이상의 의미를 가진다. 내러티브는 도덕적 · 감정적 · 정치적 인식과 판단, 기억, 사고를 결합한 강력한 도구이며(McEwan, 1997), 교사들이 교육 활동에서 의미를 찾고 방향을 설정할 수 있게 도와주는 '좌표'와 같은 역할을 한다(Lankshear, 1997). 즉, 내러티브를 통해 교사들은 자신이 속한 학교의 변화 과정과 더 넓은 교육 및 정치적 담론 속에서 자신의 위치를 파악하고 나아갈 방향을 정할 수 있다.

그러나 교사들이 자신의 이야기를 만들고 공유할 기회는 제한적이며, 단편적이고 순간적인 경험으로만 남을 수 있다. 하지만 이러한 작은 이야기들이 교사들의 연구 과정에서 중요한 역할을 하며, 학생에 대한 이해와 태도를 변화시키는 계기가 되기도 한다. 다음 사례는 성찰적 연구 도구를 활용하여 학생의 삶을 깊이 이해할 수 있는 안전한 대화 공간을 조성한 사례를 보여 준다. 특히 소외된 학생들의 삶과 경험을 조망할 수 있는 기회를 제공함으로써, 교사들이 학생과의 관계를 새롭게 정립하고 보다 효과적인 교육적 접근을 모색할 수 있게 한다.

소외(학습 이탈) 문제 해결을 위한 성찰과 관계 형성

중등학교에서 15~16세 학생들이 포함된 11학년 부장을 맡고 있던 애니(Annie)는 학생들이 교육에 대한 흥미를 잃게 되는 원인을 조사하고, 학생들을 지원해야 할 교육 시스템 속에서 왜 그들이 길을 잃고 있다고 느끼는지에 대한 답을 찾고자 했다. 이를 위해 그녀는 반구조화된 인터뷰를 실시했으며, 학생들에게 인생 그래프(living graphs)를 그리도록 했다. 이 타임라인 방식의 그래프는 학생들로 하여금 자신의 학습 경험을 되돌아보고, 주석을 달아 설명하도록 유도하는 도구였다. 조사 결과, 고부담 평가(high-stakes testing)가 학생들의 자아 존중감과 학습 참여도에 부정적 영향을 미치고 있음이 드러났다. 일부 학생들은 학업에서 성공할 수 없다고 느꼈으며, 반면 도전적인 과제가 필요하다고 생각하는 학생들도 있었다. 또 다른 학생들은 과도한 기대감에 부담을 느끼고 있었으며, 더 따뜻한 격려와 정서적 지지가 필요했다. 특히 애니는 학생들이 학습 과정에서 '학습된 무기력(learned helplessness)'을 경험하고 있음을 발견했다. 이는 낮은 동기부여와 쉽게 포기하는 경향으로 이어졌으며, 결국 학습 참여도를 더욱 떨어뜨렸다. 이러한 결과를 바탕으로, 애니는 자신을 포함한 학생지도 담당 교사들이 학생들에게 학습 목표를 보다 긍정적이고 격려하는 방식으로 전달할 필요가 있으며, 이를 통해 학생들의 자아 존중감을 높여야 한다고 결론지었다. 학업 참여와 소외 문제는 교사, 학부모, 또래 친구 및 학교와의 관계에 큰 영향을 받으며, 이러한 관계 형성이 학생들이 내·외부 요인에 어떻게 반응하는지를 결정짓는 중요한 요소였다. 특히 인생 그래프와 같은 성찰 도구의 활용은 교사들이 학생들의 학습 경험과 정서를 더 깊이 이해하고, 학생들과의 대화를 통해 관계를 강화할 수 있도록 돕는 역할을 할 수 있다. 이를 통해 교사들은 학생들의 학습 소외 문제를 해결하는 데 더욱 효과적으로 접근할 수 있으며, 학생들 역시 내·외부 요인으로 인해 학습 참여가 저해되는 상황에 더 능동적으로 대처할 수 있을 것이다(Finch-Johnson, 2018).

앞의 연구는 변혁적 리더십(transformational leadership) 프로그램의 석사학위논문으로 진행된 것이며, 인생 그래프(living graphs)를 성찰 도구로 활용하였다. 이 도구는 학생들의 학습 태도와 참여도에 대한 우려가 있는 다른 교사들도 적용할 수 있게 설계되었다. 인생 그래프는 학생들의 학습 경험과 감정을 시각적으로 표현하도록 유도함으로써, 기존에는 쉽게 도출하기 어려웠던 대화를 자연스럽게 형성할 수 있도록 도왔다. 또한 연구 과정에서 윤리적 가이드라인(Dumant & Holden, 2006)을 준수했다.

전문성 개발은 단지 실행 전에 이루어지는 훈련이나 연수 차원을 넘어, 교사들이 변화의 과정에 직접 참여하며 전문적 지식과 정체성 그리고 주도성을 강화시키는 활동 그 자체와 밀접히 연결된다. 이는 비판적 교육학과 연결되며 교사 전문성 개발의 핵심 원칙과도 맞닿아 있다. 이 장에서 제시하는 접근법은 교사의 실제 고민과 아이디어 및 상황 그리고 개별적 정체성에서 출발하는 방식을 강조한다. 즉, 기존의 파워포

인트 자료, 패키지형 연수 프로그램, 정책 문서, 외부 전문가의 강의로부터 출발하는 것이 아니라, 교사들이 스스로 탐구하며 필요한 경우 이러한 자료를 보완적으로 활용하는 형태를 지향한다. 특히 주체적 담론(agentic discourse) 안에서 질문을 생성하는 과정은 교사들이 자신의 관심사와 직접적으로 연관된 연구 아이디어와 증거를 탐색하고 분석하는 데 도움을 준다. 오늘날에는 인터넷을 통해 방대한 교육 연구 자료를 살펴볼 수 있기에, 교사는 이를 선별적으로 활용하고 동료 교사들과의 논의를 통해 비판적으로 검토할 수 있다. 다시 말해, 교사들은 자신과 관련된 연구와 증거들을 비판적으로 활용하며, 인터넷에서 풍부하게 제공되는 자료를 선택하고 분석하는 과정에서 주도성과 전문성을 더욱 발전시킬 수 있다. 다음은 초등학교의 사례로 이와 같은 프로젝트의 성격을 잘 보여 준다(CCCU, 2013; Durant, 2014).

'아이들은 우리와 다르게 세상을 본다': 초등학교 혁신 교육 프로젝트

켄트(Kent)의 블린 초등학교(Blean Primary School)는 캔터베리 크라이스트 처치 대학교(Canterbury Christ Church University)와 협력하여, 모든 교사가 1년간 실행 연구 프로젝트에 참여하는 학교 혁신 계획을 추진했다. 이 프로젝트의 핵심 목표는 교사들이 직접 교수·학습 개선을 주도할 수 있는 체계를 마련하는 것이었다.

어느 한 연구 프로젝트에서는 학생과 교사의 발화량을 비교하여 '수업 시간에 나는 얼마나 말할 수 있을까?'라는 질문을 탐구하려 했으나, 연구가 진행될수록 점점 학생들의 필요에 따라 방향이 달라졌다. 이를 통해, 교사가 지속적으로 질문하고 지도하는 방식이 아니라, 학생들이 더 주도적으로 말할 수 있도록 지원하는 창의적인 방법들이 개발되었다. 다양한 의사소통 전략이 실험되었고, 이를 반복적으로 평가하고 보완하여 교수법의 일부가 되었다.

유아반에서는 학생들이 능동적 듣기 기술을 배우며, 눈 맞춤의 중요성을 익히고,

그림과 다양한 시각 자료를 활용하여 짝과 함께 대화를 나누었다. 또한 학생들은 대화의 흐름을 방해하지 않으면서도 손 신호를 활용해 말하는 사람에게 피드백을 주는 방법을 익혔다. 예를 들어, '천천히 말해 줘.' '더 자세히 이야기해 줘.' '잘 이해가 안 가.' 등의 의미를 전달할 수 있도록 하여, 교사의 개입 없이도 유아반 학생들조차 지속적인 토론을 이어 갈 수 있었다. 이 기술들은 점차 상위 학년에서도 활용되었으며, 어린 학생들이 나이 많은 학생들에게 이를 직접 가르치는 모습도 나타났다.

또 다른 학급에서는 내셔널 지오그래픽(National Geographic)의 '오늘의 사진'을 활용하여 형용사 사용법을 익히고 질문을 생성하는 활동을 진행했다. 학생들은 다양한 사진을 보며 호기심을 자극받았고, 이를 통해 자연스럽게 언어적 사고 능력이 향상되었다. 한편, 다른 학급에서는 '대화 정거장(conversation station)'을 설치했다. 버스 정류장처럼 디자인된 이 공간에는 좌석과 함께 대화를 유도할 수 있는 다양한 질문과 이미지가 배치되었다. 이 정거장이 복도로 옮겨지자, 서로 다른 연령대의 학생들 간에도 자발적인 대화가 이루어지기 시작했다. 이를 통해 교사들은 학생들이 스스로 주도하는 토론이 증가하는 모습을 확인할 수 있었다.

블린 초등학교(Blean Primary School)의 교사들은 각자 자신만의 연구 주제를 자유롭게 선택할 수 있었으며, '학생들의 의사소통 향상'은 여러 연구 중 하나일 뿐이었다. 교사들은 학생들과 함께 탐구하며 다양한 주제에 대한 증거를 수집했고, 이를 바탕으로 학교 발전에 의미 있는 변화를 이끌어 냈다. 다음은 이 연구를 통해 도출된 몇 가지 핵심 성과들이다.

- **리더십 개발**: 가장 어린 연령대 학생들의 리더십 함양
- **실수에 대한 긍정적 인식**: 성장형 마인드셋(growth mindset) 촉진(Dweck, 2006; CCCU, 2013)
- **카펫 타임(carpet time) 활용법 개선**: 학생들의 집중력을 높이기 위한 수업 구조 조정
- **수학에서의 능동적 학습**: 실험적 접근 방식을 통해 학습 흥미 유도

- **브레인 브레이크(brain breaks) 활용**: 짧은 휴식 시간을 통한 학생들의 정서적 웰빙 증진
- 난독증을 가진 학생들에 대한 또래 지원 시스템 구축
- 학생 주도의 학습 헌장 개발 및 학생 학습 관찰 진행
- **학교의 정체성과 문화 정의 과정에 학생 참여**: 학생들이 직접 촬영한 사진을 통해 학교 환경에서의 '고요함(stillness)'과 '영성(spirituality)'의 중요성을 발견함

이 프로젝트를 통해 학교 내에서 학생들의 학습 참여 방식이 눈에 띄게 달라졌다. 학생들은 학습에 대한 더 많은 주도권을 가지게 되었으며, 교사들은 가정했던 기존의 교육 방식과 가설을 다시 점검하고 조정해야 했다. 학생들은 교사들이 자신의 필요에 따라 유연하게 반응하는 모습을 보면서 더욱 동기 부여되고, 이는 궁극적으로 심층적인 학습 경험으로 이어졌다. 무엇보다도, 이 연구 문화는 프로젝트가 종료된 이후에도 학교 내에서 꾸준히 발전하고 있으며, 교사들 스스로 연구 기반의 실천을 이어 가는 바탕을 마련했다.

교사들이 학교 혁신의 과정에 효과적으로 참여할 수 있도록 돕는 다양한 가이드라인이 존재하며, 이는 석사과정과 같은 공식적인 인증 프로그램의 일환으로 제공될 수도 있고, 학교의 자체적인 발전 계획 속에서 운영될 수도 있다. 리더십과 집단적 주도성(collective agency)을 극대화하여 실질적인 변화를 이끌어 낼 수 있도록 지원하는 체계와 전략은 이미 체계적으로 구축되어 있다(Durant & Holden, 2006; Durant, 2004, 2016a, 2016b; Frost & Durant, 2002, 2003; Frost, 2011, 2014, 2017). 이 장에서는 이러한 기존의 틀을 반복하기보다는, 학교 혁신의 과정에서 교사 주도성을 강화하는 원칙과 접근 방식을 소개하여, 교사들이 이를 탐색하고 실천할 수 있게 영감을 제공하는 것을 목표로 한다. 이 장에서 소

개한 접근법들은 학교 혁신 프로젝트의 전형적인 흐름에 따라 다음과 같이 세 단계로 구성되어 있다.

① **시작하기**: 교육적 가치와 주요 관심사 설정
② **실천하기**: 증거 기반의 탐구와 실천
③ **공유하기**: 지식 창출과 변화 촉진

이 장의 마지막에서는 이러한 프로젝트들이 비판적 교육학의 핵심 요소를 얼마나 내포하고 있으며, 실질적인 교육 혁신으로 이어질 가능성이 있는지를 평가하며 구체적인 사례를 분석한다.

3. 시작하기: 교육적 가치와 주요 관심사 설정

학교 혁신 프로젝트는 다양한 방식으로 운영될 수 있다. 예를 들어, 단위 학교에서 자율적으로 추진하는 경우도 있고, 대학과 협력하여 진행하거나, 여러 학교가 연계된 연합체나 전문적 학습공동체를 통해 실행될 수도 있다. 또한 국가적 교육 개혁의 일환으로 정부나 기관의 지원을 받아 진행되기도 한다. 이러한 다층적인 교육 환경 속에서 프로젝트를 기획할 때는 다양한 이해관계를 조정하고, 명확한 목표와 기대 성과를 설정하는 것이 필수적이다. 프로젝트를 지속적으로 운영하기 위해서는 지원 구조, 충분한 시간과 예산을 확보하는 것이 중요하며, 학습 결과를 어떻게 공유할 것인지에 대한 계획도 필요하다. 실질적인 운영 측면에서는 장소, 일정, 참여자의 편의 사항(예: 다과 제공)과 같은 세부적인 사항도 고려해야 한다. 예를 들어, 캔터베리 크라이스트처치대학교(Canterbury Christ Church University)와 협력하여 진행된 여러 학교 기반 프로젝트에서는 6~8회의 방과 후 세션을 중심으로 운영되었다. 이를 통해 교사들은 수업 시간을 방해받지 않고 참여할 수 있었으며, 마지막에는 학교 내·외부의 동료 교사들과 공유하는 최종 콘퍼런스를 개최하여 성과를 나누었다(유사한 구조의 교사 주도성 기반의 전문성 개발 프로그램은 Hill, 2014 참고). 일반적인 세션 구성은 다음과 같다.

- **프로젝트 시작:** 가능성과 기대 효과 탐색
- **세션 1:** 교육적 가치와 관심사 공유, 탐구 주제 생성
- **세션 2:** 연구 질문 구체화 및 실행 계획 수립
- **세션 3:** 증거 수집 및 활용 방법 모색(포용적이고 윤리적인 접근)
- **세션 4:** 중간 점검 및 성찰—우리는 무엇을 배우고 있는가?
- **세션 5:** 변혁을 위한 협력적 리더십, 최대한의 성과 창출 계획
- **세션 6:** 평가와 성찰—성과 공유 준비
- **공유 콘퍼런스:** 개발 과정과 결과 발표

물론 이러한 구조는 유연하게 조정될 수 있다. 예를 들어, 1회차 세션을 프로젝트 시작 단계와 통합하거나, 온라인 개별 지원을 제공하거나, 공유 콘퍼런스를 지역 단위로 확장하여 여러 그룹을 연결하는 방식도 가능하다. 이와 같은 접근법은 기존의 하향식 지식 전달 중심 연수 방식과는 확연히 다른 형태이므로 프로젝트 초반에 함께 공동의 목표와 원칙을 세우는 것이 중요하다. 따라서 프로젝트의 시작을 알리는 출발점에서는 교장과 고위 리더들이 전략적 방향성을 제시하고, 교사들이 주체적으로 연구하고 개선할 수 있도록 적극적인 지원을 약속하는 것이 중요하다. 예를 들어, 세인트 우르술라(St. Ursula's) 가톨릭 초등학교의

교장은 학교 혁신의 우선 과제를 반영하면서도, 교사와 보조 교직원들이 리더이자 연구자로 성장할 기회를 제공하고 싶다는 의지를 명확히 밝혔다. 그는 프로젝트를 학교 전체가 함께하는 협력적 여정으로 소개하며 참여자들의 동기를 높였다(자세한 내용은 제5장 참고).

학교 내에서든 외부 지원을 통해서든 효과적인 촉진은 교사들이 성찰, 대화, 협력적 계획 수립을 위한 충분한 시간과 공간을 가질 수 있게 보장하는 것이 핵심이다. 그러나 단순히 연구 방법론을 전달하는 방식으로 운영하는 것은 지양해야 하며, 교사의 리더십과 실행력을 강화하는 것에 초점을 맞춰야 한다(Frost, 2007). 따라서 프로젝트는 교사 리더십을 촉진하고 사고를 확장할 수 있게 구성해야 하며, 단순한 정보 제공이 아니라 교사들이 스스로 탐구하고 계획할 수 있는 구조적 지원(scaffolding)을 제공하는 것이 중요하다. 전형적인 슬라이드 기반의 연수 방식은 도전받고 있으며 대신 플립차트, 색종이 메모, 실천 계획을 구조화하는 워크시트, 교사 주도 개발 사례 공유 등을 활용하여 교사들이 적극적으로 참여하고 상호작용할 수 있게 설계해야 한다(Frost & Durant, 2003). 이상적인 환경은 교실이나 넓은 강당과 같이 가구 배치가 자유롭고, 활동에 따라 유동적으로 조정할 수 있는 공간에서 진행되는 것이 바람직하다. 이러한 촉진 과정에서 중요한 것은 지식과 아이디어가 교사들의 경험에서 자연스럽게 생성되는 환경을 조성하는 것이며, 퍼실리테이터의 역할은 정보를 전달하는 것이 아니라 과정을 조율하는 것에 있다. 따라서 퍼실리테이터 또는 프로젝트 리더는 참가자들의 아이디어를 경청하고, 탐구와 리더십을 유도하며, 프로젝트가 공동의 목표를 향해 나아갈 수 있게 조율하는 역할을 해야 한다. 이를 위해 교사들이 협업하여 계획을 수립할 수 있는 시간 보장이 무엇보다 중요하다. 학교의 바쁜 일정 속에서 협업하여 계획을 수립하는 것이 다른 우선순위에 의해 밀려나지 않도록, 프로젝트를 논의할 수 있는 독립된 공간을 마련해 줘야 한다. 또한 해당 프로그램이나 프로젝트가 학교 내에서 중요하게 다뤄질 수 있게 충분한 권한을 가진 담당자와 긴밀히 협력하여 정기적으로 검토하고 문제를 해결할 필요가 있다. 현장 기반의 연구 및 혁신 프로젝트는 자체적으로 발전할 수 있는 동력을 지니고 있지만, 여러 학교가 협력하는 프로젝트에서는 학교 내에서 유일하게 이 작업을 수행하는 교사가 고립되지 않는 지원 체계를 구축하는 것이 필수적이다. 이를 위해 교사 개개인이 자신의 학교 내에서 협력할 동료를 찾을 수 있게 독려하고, 프로젝트 관련 의제를 공식 회의에서 논의할 수 있게 의제 공간을 요청하는 것이 중요하다. 이를 통해 교사 리더십이 더욱 실질적으로 발휘될 수 있으며, 프로젝트의 성과가 단지 개인 연구에 머물지 않고 학교 혁신으로 확산될 수 있게 해야 한다.

프로젝트나 프로그램을 효과적으로 운영하기 위해서는 구성원들이 자신의 교육적 가치와 주요 관심사를 탐색하고 공유할 수 있는 성찰적 공간(reflective space)을 마련하는 것이 중요하다. 이를 통해, 개인과 공동체의 책임감을 강화하고, 구성원들이 자신의 경험과 아이디어를 존중받는다는 인식을 가질 수 있게 해야 한다. 또한 개인적 성찰을 넘어 서로 격려하고 협력을 촉진하는 분위기를 조성하는 것이 필수적이다. 이러한 성찰적 과정은 다양한 방법으로 진행될 수 있으며, 다음과 같은 접근 방식이 효과적으로 활용될 수 있다.

- **긍정적 경험 공유를 통한 가치 탐색**: 세 명씩 팀을 이루어, 최근 며칠 동안 업무를 수행하면서 가장 만족감을 느꼈던 경험을 공유한다. 각자의 이야기를 나눈 후, 공통된 요소를 찾아 키워드로 정리하고, 이를 색종이에 적어 대형 종이 위에 패치워크 형태로 붙인다. 이후

촉진자 또는 그룹 구성원들이 패턴과 핵심 주제를 분석하여 주요 가치와 테마를 도출한다. 이러한 방식은 교사들이 자신의 교육적 신념을 탐색하고, 동료들과 공유하는 과정에서 서로에게 긍정적인 영감을 줄 수 있도록 하는 효과가 있다. 필요에 따라, 더 정돈된 형태의 콜라주(collage) 버전을 제작하거나 원본을 남겨 프로젝트의 출발점으로 삼을 수도 있다.

- **교육적 가치 나무(tree of educational values) 활동**: 대형 종이에 나무를 그린 후 초록색 잎, 노란 삼각형, 파란 물방울 모양의 종이를 참가자들에게 배부한다. 이후 소그룹으로 나누어 교육에서 이루고 싶은 목표(잎), 이를 방해하는 요소(삼각형), 긍정적으로 기여하는 요소(물방울)를 적어 나무에 부착한다(southworth, 2000). 이러한 과정을 통해 교사들은 교육 환경 내에서 자신이 지향하는 가치와 이를 실현하는 데 있어 장애물과 촉진 요인을 체계적으로 분석할 수 있다. 활동이 끝난 후, 그룹 전체가 모여 나무에 붙여진 요소들을 분석하고, 이를 통해 공통적으로 나타나는 패턴과 쟁점 그리고 목표 달성을 위한 전략적 방향성을 논의한다.
- **양파 다이어그램(onion diagram)을 활용한 학교 문화 분석**: 학교 문화를 보다 심층적으로 탐색하기 위해, 양파 모양의 다이어그램을 활용하여 학교 조직의 다양한 층위를 분석할 수 있다(Hostede, 2001). 가장 바깥쪽부터 학교의 상징, 의례, 대표 인물, 핵심 가치를 차례로 적어본 후, 개인 또는 그룹 단위로 작업한다. 이후 서로 다른 버전을 비교하며 참여자들이 학교 문화를 어떻게 인식하고 있는지에 대한 차이를 발견할 수 있다. 이러한 과정을 통해 학교 문화의 강점과 개선이 필요한 부분을 탐색하고, 이를 기반으로 학교 혁신을 위한 실질적인 목표를 설정하는 과정으로 발전시킬 수 있다.

이러한 활동들은 자연스럽게 논의를 유도하고, 주요 이슈나 예상치 못한 문제점을 조명하며, 참여자들이 자신의 교육 실천에서 중요한 요소들을 깊이 성찰할 수 있도록 돕는다. 예를 들어, 교회학교에서 신앙이 갖는 역할과 가치에 대한 교사들의 인식을 탐구하는 등 특정한 교육적 요소를 중점적으로 다룰 수도 있다. 또한 평소 나누기 어려웠던 대화를 통해 교사들 간의 관계가 더욱 공고해지는 계기가 될 수 있다.

학교 혁신을 위한 주도적 관점은 보다 광범위한 주제를 설정하여 진행할 수도 있고(예: 세인트 우르술라 가톨릭 초등학교의 평가 및 피드백 개선 프로젝트, 제5장 참고), 개별 교사의 자율적인 선택과 판단에 맡길 수도 있다(예: 블린 초등학교의 교사 주도 연구 프로젝트). 그러나 궁극적으로는 원하는 교육적 성과를 고려하여, 개인적 또는 협력적인 혁신 목표를 명확히 설정해야 한다. 이 과정에서 연구 질문은 개별 또는 공동으로 구성될 수 있으며, 프로젝트 전반에서 자연스럽게 공통의 주제가 형성될 가능성이 높다. 이러한 주제들은 현재 학교의 주요 과제와 연계될 수도 있고, 새로운 혁신 방향을 제시할 수도 있다. 이를 효과적으로 지원하기 위해서는 실행 연구 및 교사 리더십 관련 문헌에서 제공하는 다양한 프레임워크를 결합하여 활용할 수 있다. 교장은 이러한 접근법을 전략적으로 활용하여 변화를 조율하고, 학교의 발전을 체계적으로 이끌어 갈 수 있다. 또한 광범위한 주제에서 구체적인 혁신 목표를 도출하고 이를 발전시키기 위해 맞춤형 형식과 절차를 활용하는 것이 도움이 된다. 예를 들어, 주요 주제나 혁신 목표와 관련된 연구 질문을 기록할 수 있는 간단한 서식을 활용하면 효과적이다(Frost & Durant, 2003). 이를 통해 교사들은 자신이 설정한 연구 질문을 해결하기 위한 실행 계획을 구체화하고, 학교 혁신을 위한 실질적인 목표 달성을 위해 한 걸음 더 나아갈 수 있다[교사 주도 프로젝트에 대한 추가적인 사례와 실행 방안은

Durant(2014), Corner(2012), Frost(2014, 2017) 등의 연구에서 확인할 수 있음].

4. 실천하기: 증거 기반 탐구와 실천

교사들이 자신의 연구 주제를 본격적으로 탐구하기 시작하면 협력, 증거 수집 및 활용, 교수·학습 실행 등과 같은 다양한 활동이 포함된다(Durrant, 2004; Frost et al., 2000). 행동 학습이나 감상적 탐구(Kaser & Halbert, 2009 참고)와 같은 접근법을 활용하면 체계적이고 구조화된 방식으로 실천 사례를 공유하고, 발생하는 문제를 논의하며, 실행 계획을 수립할 수 있다. 실행 연구 문헌에는 유용한 가이드라인이 많이 있지만, 연구 결과를 단순히 '발견'으로 간주하는 접근법은 오히려 교사들이 보고서 작성이나 발표를 위한 연구에 집중하게 유도할 위험이 있다. 그러나 보다 강력한 연구 접근법은 변화를 주도하는 리더십을 강조하며, 학생, 교사, 학교에 미치는 영향 측면에서 연구 결과를 정의하는 것이 효과적이다(Frost & Durant, 2002). 다시 말해, 연구의 목적은 단순히 정보를 찾는 것이 아닌, 학생과 동료 교사 그리고 학교 전체가 혁신 과정에 적극적으로 참여하도록 하는 것이어야 하며, 연구 증거는 이러한 변화를 촉진하고 평가하는 역할을 해야 한다. 연구를 수행하는 과정에서 일반적으로 사용되는 설문지(시험지와 유사해 보일 수 있음)나 면담(시간이 많이 소요됨) 외에도, 교사 주도성 기반의 전문성 개발 과정에서 유용하게 활용될 수 있는 다양한 방법이 있다. 다음은 대표적인 몇 가지 사례이다.

- **사진과 영상**: 사진과 영상을 활용하면 경험과 의견을 보다 직관적으로 표현할 수 있다. 예를 들어, 학생들이 '내가 책 읽기 좋아하는 장소' 또는 '이 학교에서 가장 특별한 공간'을 직접 촬영하여 보여줄 수 있다(블린 초등학교 사례 참고). 이러한 방법은 학습 환경과 학생들의 감성을 시각적으로 탐색하는 효과적인 도구가 된다.
- **그림 및 성찰적 도구**: 인생 그래프(Finch-Johnson, 2018)와 같은 시각적 도구를 활용하면, 말이나 글로 표현하기 어려운 경험과 감정을 효과적으로 담아낼 수 있다. 이를 통해 학생들이 자신의 감정을 깊이 성찰하고, 교사들은 학생들의 내면적 경험을 이해하는 데 도움을 받을 수 있다.
- **비디오 다이어리, 성찰적 저널 및 주요 사건 기록**: 교사나 학생이 특정 경험을 기록하고 분석함으로써, 교육적 이슈를 탐색하거나 특정 프로젝트나 개입의 효과를 평가할 수 있다. 이러한 과정은 단순한 기록을 넘어 실제적인 교육 혁신을 위한 중요한 통찰을 제공한다.
- **사진 선택 및 카드 정렬 기법**: 미리 준비된 사진이나 문장을 포함한 카드에서 자신의 목표나 선호하는 요소를 선택하고 정렬하도록 유도하면, 참여자들의 기대와 희망을 보다 명확하게 표현할 수 있다. 이러한 방식은 대화를 자연스럽게 유도하며, 참여자들이 교육 환경이나 학습 경험에 대해 더 깊이 있는 논의를 할 수 있도록 돕는다(제4장 연구 사례 참고).
- **핍 윌슨(Pip Wilson)의 블롭 트리(blob trees)**: 블롭 트리(Wilson & Long, 2009)는 다양한 감정과 경험을 시각적으로 표현하는 도구로, 학생들이나 교사들이 각기 다른 자세와 표정을 가진 블롭(blob) 캐릭터를 통해 자신이 현재 느끼는 감정을 직관적으로 선택할 수 있도록 돕는다. 이를 활용하면 자신의 감정을 쉽게 표현하고, 타인의

감정에 공감할 수 있는 대화의 기회를 제공할 수 있다.

- 모자이크 접근법(mosaic approach): 모자이크 접근법(Clarke & Moss, 2011)은 다양한 방법을 결합하여 학습과 생활에 대한 다각적인 관점을 탐색할 수 있도록 하는 기법이다. 원래는 유아 교육을 위해 개발된 방법이지만, 모든 연령대의 학습 환경에 적용할 수 있으며, 참여자들이 자신의 경험을 보다 창의적이고 개방적인 방식으로 탐색하도록 돕는다.

질적 연구 방법은 설문조사와 같은 전통적인 연구 기법과 함께 사용할 수 있으며, 패턴과 트렌드를 파악하는 데 필요한 양적 자료와 결합할 때 더욱 강력한 분석 도구가 될 수 있다. 그러나 보다 참여적이고 상호작용적인 방법이 연구 과정 자체를 변화 촉진의 기회로 만들 수 있다. 학생과 교사들의 의견을 경청하고, 관계를 강화하며, 그들을 의사결정 과정에 적극적으로 참여시키는 것이 연구의 핵심 목적이 되어야 한다. 다양한 연구 방법을 조합함으로써 리더십과 탐구 활동을 하나의 과정으로 통합하고, 특정 주제를 다각도로 분석할 수 있도록 하는 것이 중요하다. 교사 리더들은 전략적 사고, 직관적 판단, 창의적인 접근 방식을 활용하여 연구를 수행해야 하며, 예상치 못한 결과와 새로운 통찰을 수용할 수 있도록 열린 태도를 유지하는 것이 필요하다.

과정의 선택과 실행 및 관리를 효과적으로 수행하기 위해서는 체계적인 구조화와 지원이 필요하며, 이를 위해 맞춤형 자료 제공과 퍼실리테이터의 조언 및 참가자 요구에 따른 추천 자료 제공이 포함될 수 있다. 많은 자료와 연구 방법들이 존재하지만, 연구 과정에서 창의적이고 포용적인 질적 접근법이 실제로 유효한지에 대한 확신이 부족할 수 있다. 특히 '연구'라는 개념이 사용될 때, 교사들은 이를 학문적인 연구로만 인식하고 부담을 느낄 가능성이 높다. 따라서 어떤 접근법이 적절하고 유효한지에 대한 명확한 방향을 제시하는 것이 필수이며, 교사 개인의 연구 목표와 필요에 맞춘 실질적인 조언을 제공하는 것이 중요하다. 교사들이 자신의 교육 실천을 탐색하고 개선할 수 있게 연구 과정을 효과적으로 지원하는 구조적 틀과 실천적 가이드라인을 마련해야 한다.

또한 연구 수행 과정에서 윤리적 고려사항을 철저히 준수하는 것이 필요하다. 참여자와 조직의 권익을 보호하고, 데이터 보호 규정을 준수해야 한다. 해석 과정에서도 연구 결과가 정확하고 신뢰성 있게 반영될 수 있도록 주의해야 한다. 이러한 윤리적 측면은 교사 리더들이 실천 연구 과정에서 직면할 수 있는 복잡한 윤리적 문제를 해결하는 데 중요한 역할을 하며, 이와 관련된 시나리오 기반 토론을 진행하는 것도 효과적인 접근법이 될 수 있다(Somekh, 1995). 이를 통해 교사들이 연구의 신뢰성을 확보하면서도 자신의 교육적 비전과 목표를 실현할 수 있는 의미 있는 탐구를 수행할 수 있게 지원할 필요가 있다.

5. 공유하기: 지식 창출과 변화 촉진

학교에서는 프로젝트나 프로그램의 결과물이 학문적 기준을 충족하는 보고서나 논문이 될 것이라고 기대하기도 하며, 실제로 일부 연구에서는 그러한 결과물이 나오기도 한다(Comer, 2012; Finch-Johnson, 2018). 그러나 이러한 형식적 결과물이 곧바로 교사의 전문성 개발이나 학교 혁신의 가치를 보장하는 것은 아니다. 보다 실제적으로 의미를 가지는 것은 지역사회 또는 학교 네트워크 내에서 새로운 지식을 공유하고 공동으로 창출하는 과정이다. 이러한 과정은 국가적 또는 국제적으로 확장될 수도 있지만(Frost, 2011, 2014, 2017), 가장 중요한 것은 학교 공동체나 네트워크 내에서 관계를 강화하고, 변화의 목소리를 정당화하는 '소속감'을 형성하는 것이다. 이는 외부 학회에서 익숙하지 않은 청중에게 발표하는 것과는 전혀 다른 경험으로, 구성원들이 새로운 지식과 기술 및 이해를 함께 구축하고, 지속적인 실천과 연결을 이어 갈 수 있게 지원받는 과정이 된다.

블린 초등학교(앞의 사례 참고)나 세인트 우르술라 가톨릭 초등학교(제5장 참고)에서 프로젝트 종료 후 열린 공유 콘퍼런스는 단순한 연구 발표가 아니었다. 공유 콘퍼런스는 교사들이 배운 점을 함께 탐색하고 실천적 경험을 나누며, 향후 교육 혁신을 위한 방향성을 설정하는 과정이었다. 콘퍼런스에 참여한 교사들은 서로의 연구와 실천 경험을 비교하며 공통된 주제를 발견하고, 교육 혁신을 지속할 수 있는 실질적인 아이디어를 교환했다. 특히 이번 콘퍼런스에서 강조된 점은 이론과 실천의 조화였다. 교사들은 프로젝트 과정에서 자발적으로 연구 자료를 조사하고 학문적 논의를 검토하며, 이를 실제 교육 현장에 적용하는 방법을 모색했다. 이러한 과정은 단지 '새로운 방법론'을 배우는 것이 아닌, 교육의 근본적인 원칙과 방향성을 재정립하는 계기가 되었다. 또한 공유 콘퍼런스가 단순한 형식적 발표에 그치지 않고, 교사들의 창의성과 주도성을 극대화하는 방식으로 운영되었다는 점도 인상적이었다. 교사들은 실제 수업에서 활용한 전략을 직접 시연하거나, 참가자들이 실험적으로 참여할 수 있는 활동을 설계하여 진행했다. 예를 들어, 사진 기반 학습 대화, 역할극을 통한 피드백 기법 실험, 학교 공간 탐방을 통한 학습 환경 분석 등 다양한 방식이 활용되었다. 이러한 접근 방식은 단순한 정보 전달이 아니라, 참여자들이 직접 경험하고 체득할 수 있는 학습 기회를 제공했다. 콘퍼런스 종료 후, 참가자들은 자신이 배운 세 가지 핵심 내용과 한 가지 실천 계획을 정리하는 시간을 가졌다. 이를 통해 교사들은 연구 결과를 실제 교육 현장에 적용할 수 있는 방안을 고민하고, 동료 교사들과 지속적으로 협력할 수 있는 방법을 찾았다. 콘퍼런스에 대한 피드백에서도 학교 공동체의 소속감과 협력의 중요성이 강조되었다. 참가자들은 "동료 교사들과 함께 연구하고 발전해 나가는 과정에서 강한 연대감을 느꼈다."라는 의견을 공유했으며, 이러한 협력적인 환경이 학교 문화 자체를 변화시키는 동력이 될 수 있음을 확인했다.

각 콘퍼런스가 끝날 때 참가자들이 배운 점을 되돌아보고 정리할 수 있는 시간을 마련하는 것이 중요하다. 예를 들어, 세 가지 주요 학습 내용과 앞으로 실천할 한 가지 행동 계획을 정리하는 방식이 유용하다. 이러한 과정은 단순히 교육 실천을 개선하는 아이디어를 제공하는 것뿐만 아니라, 교사들의 전문성과 헌신, 창의성을 다시금 확인하는 계기가 된다. 각 콘퍼런스는 고유한 특징을 가지며, 이를 성공적으로 운영하는 데에는 교장, 고위 리더, 외부 조력자들의 적극적인 참여와 용기가 필요하다. 특히 외부 방문객이 참여하는 경우에는 더욱 신중한 기획과 운영이 요구된다. 콘퍼런스의 형식에는 다양한 변형이 가능하며, 학생과 학부모를 포함한 보다 폭넓은 참여를 유도하거나, 다양한 기술적 도구를 활용하여 발표 형식을 다양화할 수도 있다. 무엇보다도 형식적인 제한을 제거하고 교사들이 자신의 통찰과 연구 성과를 자유롭게 공유할 수 있도록 장려하는 것이 핵심이다. 이를 통해 교사들은 자신의 연구에 대한 자부심과 동료들과의 공동 실천에 대한 강한 연대감을 느끼게 된다. 블린 초등학교에서 진행된 콘퍼런스에서는 참가자들의 피드백을 통해 교사들의 창의성과 열정, 헌신, 전문성이 강조되었다. 그리고 발표 내용이 흥미롭고 사고를 자극하는 동시에 실제 교육 현장에서 적용할 수 있는 실용적인 아이디어를 제공했다는 평가를 받았다(CCCU, 2013). 이러한 콘퍼런스를 통해 교사들은 학교 공동체의 일원으로서의 소속감을 강화하고, 함께 배우며 성장하는 경험을 공유했다. 이러한 프로젝트들은 교사들이 미처 인식하지 못했던 지식의 층을 탐색하도록 돕고, 감정과 관계의 중요성을 다시금 부각시키며, 교육자들이 창의적으로 사고하고 실험하며 새로운 가능성을 꿈꿀 수 있게 하는 여건을 마련해야 한다.

6. 비판적 교육학: 기존 교육의 질서 속에서 길 찾기

교사 주도성 기반의 전문성 개발 과정에서 비판적 사고는 필수적이며, 이는 교사들이 상호 피드백을 주고받는 과정에서 자연스럽게 드러난다. 연구 결과와 교육 현장에서의 실천이 충돌할 때 교사들은 이를 비판적으로 검토하고 성찰하는 태도를 갖게 된다. 제3장에서 논의한 지루(Giroux, 1985)의 '변혁적 지식인으로서의 교사'라는 개념은 이러한 비판적 교육학을 발전시키는 데 유용한 틀을 제공한다. 이는 교사의 주체화(subjectification)를 촉진할 뿐만 아니라, 학생들의 학습과 성장에도 적용될 수 있다(Biesta, 2016). 지루(Giroux, 2011)는 교육이 교육학을 넘어 정치적·도덕적 행위가 되어야 한다고 주장하며, 기존 교육 시스템에 만연한 도구적 논리를 극복하기 위해 정치적 소양(political literacy)을 갖추는 것이 필수라고 강조한다. 그러나 클레디닌과 콘넬리(Clandinin & Connelly, 1996)는 "이러한 논의를 위한 '안전한 공간'이 학교 내에 부족하다."라고 지적한다. 오늘날 많은 교사가 규제 준수, 평가, 책무성 요구 속에서 비판적 사고를 할 '허가'를 받아야 한다고 느낀다. 그럼에도 불구하고 애플(Apple, 2009)은 비판적 교육학적 이야기를 할 수 있는 공간을 활용하고, 이를 확장하여 학교 내 지역사회와 같은 평범한 곳에서 실제로 이루어질 수 있게 해야 한다.

이 과정은 조직적 · 제도적 변화를 위한 '경계를 넘는' 행위를 가능하게 하며, 인간의 '더 나은 본성(better selves)'을 자극한다(Kay, 2011). 민주주의 교육의 핵심은 비판적 사고, 자기성찰, 지식 기반의 시민성(knowledgeable citizenship)을 함양하는 교육학을 실천하는 데 있으며, 이는 사람들이 도덕적 판단을 내리고, 사회적으로 책임 있는 행동을 수행하며, 정치적 의식을 고양할 수 있도록 돕는다(Giroux, 2011). 비판적 사고는 단순한 고차원적 논리적 추론이 아니라, 본질적으로 정치적이고, 잠재적으로 전복적(subversive)인 과정으로, 필연적으로 행동으로 이어진다. 이에 따라 프레이리(Freire, 1998)는 비판적 교육학의 주요 특징을 다음과 같이 정리했다.

- 교육은 정치적 · 이념적 · 윤리적 행위이다.
- 교사는 비판적이고, 호기심이 많으며, 변화를 위한 실천을 추구할 수 있어야 한다.
- 현재 상황에서 벗어나 위험을 감수하며, 변화를 과감히 시도할 수 있어야 한다.
- 교사도 배우는 존재이며, 학습자를 가르치는 존재이기도 하다. 배우는 능력이 곧 가르치는 능력을 결정한다.
- 학습자는 대화를 통해 서로 다른 관점을 탐구하며 배운다.
- '침묵'과 '경청'도 교육의 중요한 요소로, 학습자 역시 말할 것이 있는 존재이다.
- 교육은 '가르치는 것(to)'이 아니라, '함께 말하는 것(with)'이어야 한다.
- 교육은 단순히 지식은 단순히 전달되는 것이 아니라, 창조되고 구

성되는 것이다.

- 교육 환경과 인간관계는 학습 과정에서 중요한 역할을 한다.
- 도전과 희망이 합쳐지면, 규율과 자유가 함께 형성될 수 있다.

이러한 개념은 제6장에서 다룬 교사 주도성을 강조하는 주도적 프레임워크(agentic framework)와도 맞닿아 있으며, 교사 교육 및 전문성 개발의 기존 패러다임을 뒤흔드는 계기가 될 수 있다. 프레이리(Freire, 1998, p. 13)는 교육 시스템이 교사 목소리를 억압하는 구조를 유지하는 한 교사는 진정한 의미에서 효과적인 교육자가 될 수 없다고 경고한다. 하지만 그는 지나친 이상주의를 경계하며, 교사 개인이 세상을 변화시키는 것은 어렵지만 작은 변화를 통해 더 나은 세상을 만들 가능성을 보여 줄 수 있다고 주장한다. 교육자는 학교에서 보내는 순간을 보다 진정성 있고 의미 있는 경험으로 만들며, 교육 혁신을 위한 끊임없는 노력 속에서 즐거움을 찾아야 한다는 것이다. 이러한 과정은 비판적 교육학을 기반으로 한 실천적 접근 방식을 통해 체계적으로 이루어질 수 있다. 특히 교사 교육자들은 교사들이 새로운 사고방식과 실천을 탐색하고 이를 실행할 수 있는 새로운 공간을 마련하는 역할을 해야 한다. 현재 학교 관리자와 교육 실천가들은 대학 및 기타 교육 기관과 협력하거나, 독자적으로 이러한 변화의 길을 개척하고 있다(Frost, 2014, 2017; Ramahi & Eltemamy, 2014).

7. 비판적 교육학의 가능성 탐색

2010년부터 2014년까지 캔터베리 크라이스트처치 대학교에서 총

9개의 프로젝트가 진행되었으며, 이에는 제5장에서 다룬 세인트 우르술라 가톨릭 초등학교 프로젝트와 앞서 소개된 블린 초등학교 프로젝트가 속한다. 연구 대상은 초등학교 3곳, 중등학교 4곳, 그리고 지역 학습 연합(Local Learning Alliance)에 속한 9개 학교였다. 특수교육 요구(Special Educational Needs and Disability: SEND)를 중심으로 한 지방 교육청 프로젝트도 진행했으며, 이 과정에서 유치원부터 대학에 이르는 총 17개 교육 기관이 참여했다. 이 프로젝트에 직접 참여한 교사와 교육 전문가의 정확한 수를 산출하기는 어렵지만, 최소 100명 이상의 교사와 교육자가 프로젝트 보고서의 공식 저자로 이름을 올렸으며, 그 외에도 많은 교육자가 다양한 방식으로 연구에 기여했다. 각 학교에서 진행된 프로젝트는 최종적으로 교사와 교장들의 연구 결과를 편집한 보고서로 제작되었으며, 해당 출판 비용은 컨설팅 비용에 포함되었다(CCCU, 2013, 2014).

블린 초등학교 프로젝트가 중반부에 접어들었을 때, 교사들은 진행 상황을 공유하기 위해 학교 내 지원 인력과 학교운영위원회를 포함한 학교 공동체의 구성원들과 함께 교외 연수 프로그램을 진행했다. 교사들은 '우리가 배우고 있는 것은 무엇인가?'에 대한 논의를 통해 성찰했으며, 이는 네 가지 주요 주제[우리 학교, 우리 학생, 연구, 우리 자신(교사 및 교육자의 변화)]로 구조화되었다. [그림 7-1]에 요약된 내용을 살펴보면, 프로젝트가 시작된 지 불과 몇 개월 만에 비판적 교육학의 특징이 나타나기 시작했음을 확인할 수 있다. 이는 연구를 넘어, 교육 활동을 비판적으로 성찰하고, 학교와 학생 그리고 교사 자신의 변화와 성장을 촉진하는 과정이 이루어지고 있음을 시사한다.

흥미로운 점은 교사들이 지적 자극과 도전에 즐겁게 몰입한다는 것이다. 학생들의 이야기를 경청하는 과정에서 기존의 잘못된 가정이 드

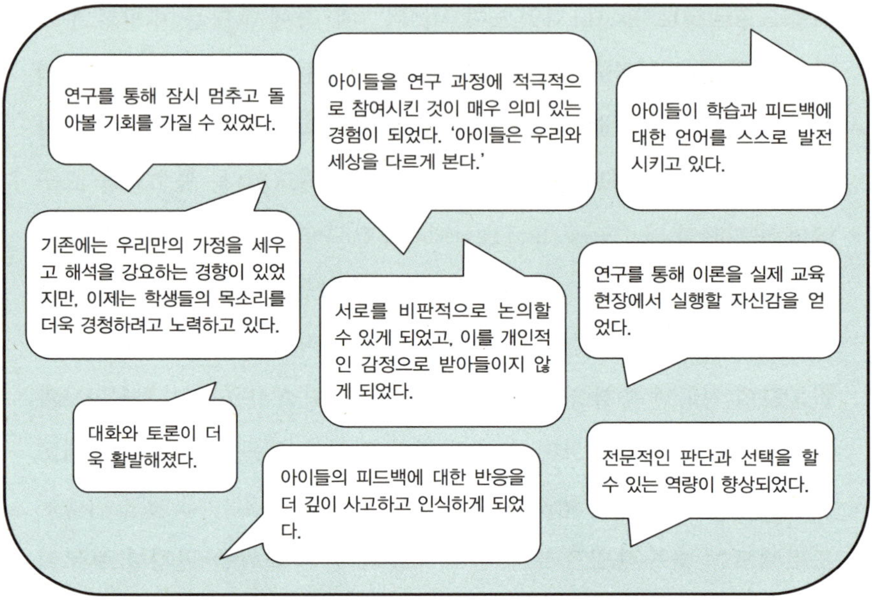

[그림 7-1] **교사 주도성 기반의 전문성 개발 과정에서 나타난 비판적 교육학의 실천적 증거: 교사들의 의견**

러나고, 다양한 관점을 새롭게 이해하게 되는 계기가 되었다. 또한 교사들은 기존의 수동적이고 소극적인 태도에서 벗어나 보다 주도적이고 능동적인 자세로 전환되었다. 이러한 변화를 고려할 때 다른 프로젝트에서도 비슷한 특징이 나타났는지에 대한 질문이 제기될 수 있다.

8. 기술적 문제 해결에서 해방적 실천

교사와 교장들이 참여한 10개의 프로젝트 보고서(Durrant, 2016b)를 분석한 결과, 프로젝트의 결과와 영향을 나타내는 다양한 유형을 확인하였다. 이를 통해 교사와 학생의 주도성을 뒷받침하는 비판적 교육학의 증거를 발견할 수 있었다. 제2장에 제시한 분석 준거(〈표 2-1〉 참조)를 수정하여, 대부분 프로젝트에서 시행된 실행 연구의 관점을 반영하여 재구성하였다(〈표 7-1〉 참조). 분석을 통해 기술적 문제 해결에서 해방적이고 변혁적인 활동으로 발전하는 연속선을 도출할 수 있었다. 이는 다음과 같이 세 가지 단계로 구분된다.

첫 번째 단계인 기술적 문제 해결은 특정 문제를 빠르게 해결하는 데 초점을 둔 제한된 문제 해결 방식으로, 단기적 해결책을 목표로 하며 교실 내로 국한되는 경우가 많다. 〈표 7-1〉의 두 번째 단계인 성찰적 실천 담론은 기술과 관계, 과정과 탐구를 강조하며 이를 평가 기준에 따라 성찰적으로 검토한다(Moore, 1999). 세 번째 단계는 교사를 비판적 교육학과 급진적 탐구를 통해 교실이 이데올로기적 재생산과 통제 대신 새로운 의미와 가능성을 여는 공간이 되도록 강조한다.

이러한 분석은 지식 전달에서 변혁에 이르는 연속성을 보여 준다. 프로젝트 기록 분석을 위해, 프로스트와 듀란트(Frost & Durrant, 2002)의 프레임워크를 활용하여 학생, 교사, 조직 차원의 성과와 영향력을 〈표 7-1〉의 세 가지 관점 영역으로 더욱 세분화했다. 이러한 기록들이 특정 영역에 치우치지 않은 상태에서 일반적인 구성으로 이루어졌다는

〈표 7-1〉 교육의 강조점, 교사의 전문적 정체성, 현장 연구, 교수이론 간의 관계

교육적 관점	교사의 전문적 정체성	현장 연구	교수이론
인식론적 관점 (지식 중심)	기술자로서의 교사, 역량 개발과 실행에 집중하는 기술자로서의 교사	…… 기술적 문제 해결을 위한 연구	지식 전달 중심
존재론적 관점 (존재 중심)	과정과 정체성을 중시하는 성찰적 실천가로서의 교사	…… 이해와 성찰을 위한 연구	구성주의적 접근
주도적 관점 (실천 중심)	조직 및 사회적 변화를 이끄는 변혁적 주체로서의 교사	…… 해방을 위한 연구	비판적 교육학

점이 주목할 만하다. 분석 결과, 〈표 7-1〉의 첫 번째와 두 번째 단계인 기술적 문제 해결과 성찰·이해의 영역에서 현장 연구가 광범위하게 활용된 증거가 충분히 발견된 것과 동시에, 비판적 교육학을 기반으로 한 해방적이고 변혁적인 결과를 보여 주는 고무적인 증거들도 발견되었다(Durrant, 2016b). 이에 대한 세부적인 내용은 다음에서 살펴볼 것이다.

9. 비판적 교육학의 증거

먼저, 학생의 관점에서 보면 학생들의 비판적 사고력 향상과 탐구 활동 증가, 학습과 웰빙 개선 그리고 학습을 보다 전인적인 관점에서 이해하는 방향으로 변화한 여러 사례를 확인할 수 있다. 교사들은 학생들이 개인 또는 그룹이나 가정에서 자율적으로 수행하는 개방형 프로젝트의 기회를 제공했다. 선택의 자유와 탐구의 기회가 주어짐으로써 학생들의 동기와 참여가 눈에 띄게 향상되었다. 교사들은 학생들이 도전적으로 변하고 서로에게 자극을 주는 모습을 확인했으며, 학생들은 자신의 의견이 존중받고 중요하다고 느꼈다. 여름 출생의 학생들이 리더십 활동에 적극적으로 참여하게 하거나, 말을 잘 못하는 학생들이 자신의 의견을 표현할 수 있도록 다양한 방법을 모색했다는 점은 주목할 만하다.

비판적 대화의 증가로 학생들은 서로의 관점을 이해하고, 자신들의 학습 환경을 개선할 수 있었다. 예를 들어, 난독증이 있는 어린 학생들이 다른 친구들로부터 오해받고 있다는 점이 밝혀지면서, 난독증 이해를 돕는 아동용 도서를 구비하는 등 학교 환경에서 변화가 이루어졌다. 또 다른 사례로 중등학교 학생 연구자들이 심층 학습을 지원하기 위한 연구 질문을 스스로 만들어 이를 교사들과 전국 단위 콘퍼런스에서 발표하기도 했다. 또한 학생들은 자신의 학습을 지원하는 접근법을 개발하고 이를 다른 학급과 공유하기도 했다.

전문성 개발 차원에서도 교사들은 자신의 실천을 보다 비판적으로 바라보며 혁신을 시도했고, 이를 통해 다양한 변화와 성과가 나타났다. 교장과 교사들은 변혁적 탐구가 과감한 도전과 주도성을 촉진하고, 교육에 대한 열정을 불러일으켰다고 긍정적으로 평가했다. 철저히 계획한 경우에도 교사들은 탐구 과정에서 예기치 않은 방향으로 나아가거나, 기존의 가정과 관점을 도전받으며 변화하는 모습을 보였다. 학생들의 관점이 학습 자원으로서의 가치를 지니고 있음을 깨닫게 되었으며, 학생들이 학교 내 불공정성을 지적함에 따라 교사들은 보다 포용적인 실천이 이루어졌다. 이러한 변화는 처음 설정한 연구 주제나 관점을 넘어 학교 전체의 문화적 변화로 확장되었다. 예를 들어, 학생들이 기존의 또래 집단 외에서도 새로운 교우 관계를 형성하고, 보다 안전하다고 느끼며 실수를 두려워하지 않고 탐구할 수 있는 환경이 조성되었다. 또한 프로젝트를 통해 이루어진 다양한 상호작용과 조정이 학교 생활에 긍정적인 영향을 미쳤다.

이러한 발전은 단지 질적 해석 수준에 그치지 않았다. 한 중등학교에서 학생의 29%가 일시적 정학 처분을 받은 사례가 있었다. 이를 해결하기 위해 교사 주도성 기반의 프로젝트를 통해 출석률과 포용성 문제를 집중적으로 다뤘다. 이에 따라 '뉴 리프(New Leaf)' 배려 그룹이 조직되고, 신체적 · 언어적 갈등을 해결하기 위한 회복적 접근 방식이 도입되었다. 그 결과, 심각한 행동 사건 발생이 2013~2014년 836건에서 이듬해 194건으로 무려 76%나 감소했다(Durrant, 2016b).

이러한 프로젝트에서 교사들은 학교의 사회적 · 정치적 맥락에 맞춰 연구 주제와 탐구의 관점 및 리더십을 조정했고, 교장은 프로젝트의 전체적인 방향성과 다른 발전적 활동과 연계하여 운영했다. 대부분 교사와 학생 간의 비판적 대화가 증가했으며, 이는 학교 문화를 변화시키는 데 영향을 미쳤다. 교사들은 학생들과 함께, 그리고 학생들로부터 배우는 경험을 가치 있게 평가했으며, 학습을 위한 대화뿐만 아니라 학습에 대한 대화 또한 증가했다.

교사들은 기존에 암묵적으로 알고 있었던 것을 공식적으로 적용하고, 직관적으로 느끼던 변화의 필요성을 탐구를 통해 확인하며 더욱 확신을 가지게 되었다. 프로젝트는 필요한 변화를 실행할 수 있는 기회와 구조를 제공했다. 교사들은 연구 증거를 바탕으로 보다 창의적이고 개별화된 교수법을 정당화하며, 기존의 획일적이고 반복적인 수업 방식을 탈피할 용기를 얻었다. 때때로 그들은 자신들이 '허용될 줄 몰랐던' 시도를 할 수 있다는 점에서 놀라움을 느끼기도 했다. 또한 프레이리(Freire, 1998)가 강조한 것처럼 관계와 환경이 학습에서 중요한 요소로 다시 자리 잡았으며, 교사들은 학습자가 안전하고 자신감을 가질 수 있도록 돕는 역할을 수행했다. 프로젝트에서 부여된 과감한 도전과 자유의 기회는 예상보다 훨씬 긍정적인 결과를 가져왔으며, 새로운 증거를 기반으로 윤리적이고 정의로운 의사결정을 내릴 수 있는 토대를 마련했다. 물론 인과관계에 대한 가정은 신중하게 다루어야 하지만, 구성주의 교육학과 비판적 교육학을 통해 학업 성취도가 향상되었다는 증거들이 나타났으며, 이는 교장에 의해 프로젝트의 성과로 평가되었다.

다음은 프로젝트에서 나타난 비판적 교육학의 주요 특징이다.

- 교사들이 자신의 관심사와 맥락에 따라 연구 주제를 설정하고 윤리적 · 정치적 의사결정을 내리는 과정
- 기존의 방식에 대한 도전과 질문을 통해 변화의 필요성 인식

- 포용성과 공감을 증진하는 변혁적인 비판적 대화
- 보다 윤리적이고 포용적이며 정의로운 실천과 의사결정
- 권력의 위계 구조를 평등하게 조정하거나 뒤집는 변화
- 특정한 맥락에서 지식을 구축하고 공유하는 과정
- 학습에서 관계와 환경이 중요하다는 점을 재확인
- 학습자들이 자신감을 형성할 수 있도록 조성된 안정적이고 편안한 환경
- 예상보다 더 넓은 범위에서 허용된 과감한 도전과 자유의 기회
- 궁극적으로 교육에 대한 희망을 불러일으킴

프로젝트와 프로그램은 교사 주도성을 활성화하고 전문적 정체성과 학습 개념 자체를 변화시켰다. 또한 실제적이고 혁신적인 실천을 가능하게 하여 교사와 학생 모두를 고무시키는 학교 문화를 형성했다.

10. 도전과 보상

비판적 교육학은 결과 중심의 제한된 관념에서 벗어나, 새로운 접근을 구상할 수 있는 지적 · 담론적 공간 창출을 강조한다(Barnett, 2008). 비판적 교육자의 역할은 적극적 시민성과 맞물려 있으며, 연구와 학습 그리고 실천이 상호 연결되는 과정에서 이루어진다(Giroux, 2009). 교사 교육자와 교장 그리고 현장의 멘토들은 이러한 교육적 · 정치적 변화를 주도할 수 있는 적임자이다. 이들은 기존 교육 시스템 내에서 실현 가능한 창의적이고 현실적인 방안을 모색하는 동시에, 교사 주도성을 억압하고 창의적 실천을 제한하는 요소를 제거해 나가야 한다(Bryan

& Durrant, 2014). 이러한 과정을 통해 교사의 전문적 학습을 통제하려는 인과적 기술(causal technologies)로부터 교육의 본질과 가능성을 보호받을 수 있게 해야 한다(Biesta, 2007). 이를 통해 교사들은 학생들에게 진정으로 의미 있고 힘을 실어 주는 교육 환경을 조성할 수 있다.

바넷(Barnett, 2008)이 언급했듯, 문화는 공통의 이해를 통해 안정감을 주지만, 다른 문화와의 대조 속에서 자신의 방향성을 찾는다. 이 장에서 다룬 프로젝트들은 진정으로 개인에게 의미 있는 실질적 변화는 정량적 분석에서는 쉽게 포착되지 않는 세밀한 문제 인식과 요구를 지역적 차원에서 대응함으로써 달성됨을 보여 준다. 학교 내부에 형성된 비판적 사고와 담론적 인식 중심의 문화는 지속적인 변화의 원동력이 된다. 교사와 교장의 진술은 학교가 내부로부터 변화하고 있으며, 구성원들이 사고방식을 전환하고 있음을 확인할 수 있다. 또한 교사 주도성 기반의 전문성 개발의 과정에서 이루어진 성찰적 논평을 보면, 교사들이 더 넓은 시각을 갖게 되고, 증거 기반의 실천이 중요해지며, 주체적인 사고방식을 갖추는 것이 가능함을 보여 준다(Durrant, 2016a). 이러한 변화는 단순히 교육의 정치적 요소를 교육적 요소와 연결하는 데 그치는 것이 아니라, 교육적 요소를 보다 정치적으로 만들어야 한다는 점을 시사한다(Barnett, 2008). 교사 주도성은 단순히 체제 변화가 오기를 기다리는 것이 아닌, 현재의 교육 환경에서 지금 당장 실행할 수 있는 것들을 찾아내고 실천하는 데에 있다.

주도성이 발휘될 수 있는 프로그램과 프로젝트는 교사들에게 새로운 활력을 제공하고, 학교 문화를 변화시키며, 궁극적으로는 교사의 전문적 정체성과 학습 개념을 변화시킨다. 클레어 코머(Claire Comer, 2012)는 14~15세 학생들과 함께 '상상의 세계를 디자인하는 프로젝트'를 진행했으며, 이 과정에서 그녀 자신이 창의적 사고와 비판적 사고가 요구하는 '불편함'을 경험했다고 한다. 이는 단순한 연구자로서뿐만 아니라, 프로젝트 리더로서의 입장에서도 마찬가지였다. 이러한 성찰에 의한 통찰을 공유하는 것은 실질적인 개선 사항을 전달하는 것만큼이나 중요하다. 연구 기반의 프로젝트가 공유되고, 교사 리더들이 서로를 지지하고 공감하는 과정에서 교육적 실천은 더욱 희망적인 방향으로 나아갈 수 있다. 시간이 지남에 따라 교사들이 보다 자신감을 갖고 탐구적 접근 방식을 개발하며, 연구 방법론은 점점 더 혁신적이고 흥미로운 방향으로 발전한다. 이러한 과정에서 제도적 도전 과제들이 등장하기도 한다. 교장과 리더들은 교사들이 불편한 질문을 던지고, 실질적이며 급진적인 변화를 제안하며 실행할 가능성에 대해 준비되어 있어야 한다. 또한 학교는 진정으로 가치 있는 것을 측정하기 위해 기존 평가 방식이 아닌 새로운 평가 기준을 개발하거나 채택할 필요가 있다. 마지막으로, 프로젝트와 프로그램이 끝난 후에도 지속 가능성을 유지하는 것이 중요한 과제가 된다. 이를 해결하기 위해, 보다 전인적인 주도적 관점을 뒷받침하는 대안적 접근 방식이 필요하며, 이는 다음 장에서 더 깊이 있게 다뤄질 것이다.

성찰 질문

- 학교(조직) 내 다양한 집단의 구성원들은 자신을 어느 정도까지 리더로 인식하고 있는가?
- 학교(조직)에서 리더십은 무엇을 의미하는가? 그리고 이것이 시사하는 바는 무엇인가?
- 교사와 학생들의 고민과 기대를 누가 알고 있는가? 그리고 이것을 누가 알아야 하는가?
- 교사의 협력적 탐구와 리더십을 위한 기회를 더 많이 창출할 수 있는 방법은 무엇인가?

참고문헌

Ainscow, M. (1999). *Understanding the Development of Inclusive Schools.* London: Falmer Press.

Anderson, L. W. (1997). 'The stories teachers tell and what they tell us. An essay review of teachers' professional knowledge landscapes. *Teaching and Teacher Education, 13*(1), 131-136.

Apple, M. W. (2009). 'Is there a place for education in social transformation? In Svi Shapiro, H. (Ed.), *Education and Hope in Troubled Times: Visions of Change for Our Children's World.* New York: Routledge, pp. 29-46.

Barnett, R. (2008). 'Critical professionalism in an age of supercomplexity', In Cunningham, B. (Ed.), *Exploring Professionalism.* Bedford Way Papers (33). London: Institute of Educa-tion, University of London Publications, pp. 190-207

Biesta, G. (2007). 'Why "what works" won't work: evidence-based practice and the democratic deficit in educational research', *Educational Theory,* 57(1), 1-22

Biesta, G. (2016). 'Good education and the teacher: reclaiming educational professionalism", In Evers, J., & Kneyber, R., *Flip the System: Changing Education from the Ground Up.* London: Routledge, pp. 79-90.

Bryan, H., & Durant, J. (2014). 'More than "providers": positioning the university proactively in continuing teacher education and school improvement, presentation at Teacher Education Advancement Network conference, Birmingham, 16 May.

CCCU (2013). "Learning together to enjoy and achieve": action research to improve learning and teaching at Blean Primary School, 2012-2013'. Available from htsp://www.canterbury.ac.uk/education/our-work/research-knowledge-exchange/themes/professional-organisational-

and-leadership-development asp (accessed 2015). ;

CCCU (2014). 'Effective assessment and feedback: a risky journey'. Available from http://www.canterbury.ac.uk/education/our-work/research-knowledge-exchange/themes/Professional-organisational-and-leadership-development.asp (accessed 2015).

Clandinin, D. J., & Connely, F. M. (1996). 'Teachers' professional knowledge landecapes, teacher stories - stories of teachers - school stories - stories of schools', *Educational Researcher, 25*(3), 24-30.

Corner, C. (2012). Into another world: from creativity to creative leaming. *Improving Schools, 12*(20), 116-129.

Clarke, A., & Moss, P. (2011). *Listening to Young Childem: the Masaic Approach.*, & edm, London: NCB.

Denzin, K., & Lincoln, Y. S. (2008). Introduction: the discipline and practice of qualitative research', In Denzin, K., & Lincoln, Y. S. (Eds.), *The Landscape of Qualitative Research*. 3rd Edition. London: Sage, pp. 1-44.

Durant, J. (2004). 'Teachers leading change: frameworks and key ingredients for school improvement', *Leading and Managing, 10*(2), 10-29.

Durant, J. (2014). 'Children see differently from us. ' A fresh perspective on school improvement', *Professional Development Today, 16*(2).

Durant, J. (2016a). 'What is evidence-based practice, and why does it matter?, in Austin, R. (Ed.), *Researching Primary Education*. London: Sage, pp. 9-24.

Durant, J. (2016b). 'Risky journeys: critical pedagogies in teacher-led, enquiry-based school development', paper presented at International Congress for School Effectiveness and Improvement, Glasgow, 6-9 January.

Durant, J., & Holden, G. (2006). *Teachers Leading Change: Doing Research for School Improvement*. London: Paul Chapman.

Dweck, C. S. (2006). *Mindset: The New Psychology of Success*. New York: Random House.

Elliott, J. (1998). *The Curriculum Experiment: Meeting the Challenge of Social Change*. Bucking-ham: Open University Press.

Freire, P. (1998). *Pedagogy of Freedom: Ethics, Democracy and Civic Courage*. New York Rowman and Littlefield (tr: P. Clarke).

Finch-Johnson, A-J. (2018). 'The complexity of disengagement', *Contemporary Educational Leadership, 3*(4/2016), 15-24.

Frost, D., (2007). 'Practitioner research and leadership: the key to school improvement, in Coleman, M., & Briggs, A. (Eds.), *Research Methods in Educational Leadership and Manage-ment*. 2nd edition. London: Paul Chapman.

Frost, D. (2011). 'The International Teacher Leadership Project', *INFORM*, 12, November. University of Cambridge Faculty of Education: Leadership for Learning.

Frost, D. (Ed.). (2014). *Transforming Education Through Teacher Leadership*. University of Cam-bridge: Leadership for Learning.

Frost, D. (Ed.). (2017). *Empowering Teachers as Agents of Change: a non-positional approach to teacher leadership*. University of Cambridge: Leadership for Learning Frost, D., & Durant, J. (2002). 'Teachers as leaders: exploring the impact of teacher-led development work', *School Leadership and Management, 22*(2), 143-161.

Frost, D., & Durant, J. (2003). *Teacher-Led Development Work: Guidance and Support*. London: David Fulton.

Frost, D., Durant, J., Head, M., & Holden, G. (2000). *Teacher-led School Improvement*. London: RoutledgeFalmer.

Giroux, H. (1985). 'Teachers as transformative intellectuals, *Social Education, 49*(5), 376-379.

Giroux, H. A. (2009). 'Disposable futures: dirty democracy and the politics of disposability, In Svi Shapiro, H. (Ed.), *Education and Hope in Troubled Times: Visions of Change for Our Children's World*. New York: Routledge, pp. 223-240.

Giroux, H. A. (2011). *On Critical Pedagogy*. London: Bloomsbury.

Hill, V. (2014). 'The HertsCam TLDW programme', In Frost, D. (Ed.), *Thansforming Educaten Through Teacher Leadership*. University of Cambridge: Leadership for Leaming, pp. 73-83.

Hofstede, G., (2001). *Culture's Consequences: Comparing Values, Behaviors, Institutions and Organizations Across Nations*. Thousand Oaks, CA: Sage.

Kaser, L., & Halbert, J. (2009). *Leadership Mindsets: Innovation and Learing in the Transter-mation of Schools*. London: Routledge.

Kay, S. (2011). 'Grand narratives and small stories: learning leadership in the cultural sector. Cultural Leadership Programme report for CLP evaluation, Leadership Works'. Available at: http:/www. culturalleader ship. org. uk (accessed 2012).

Lankshear, C., Gee, J. P., Knobel, M., & Searle, C. (1997). *Changing Literacies*. Buckingham: Open University Press.

Lincoln, Y. S., & Guiba, E. G. (1985). *Naturalistic Inquity*. Nowbury Park, CA. Supe Publications.

McEvan, H. (1997). The Functions of narative and research on teaching" *Teaching and Teacher Education, 13*(1), 85-92.

Moore, A. (1999). Beyond refection: contingency, idiosyncrasy and refexivity in teacher educa-for, In Hammersley, M. (Ed.), *Researching School Experience*. London: Falmer Pres, pp. 13-53.

Ramahi, H., & Eltemamy, A. (2014). 'Introducing teacher leadership to the Middle Eas: starting with Egypt and Palestine', paper presented within the symposium: 'Changing teacher professionality through support for teacher leadership in Europe and beyond, ECER, Porto, 2-5 September.

Saunders, L. (2002). 'What is research good for? Supporting integrity, intuition and improvisation in teaching', in *The Enquirer: the CANTARNET Journal*, Summer. Canterbury: Canterbury Christ Church University internal publication, 5-22.

Somekh, B. (1995). 'The contribution of action research to development in social endea-vours: a position paper on action research methodology', *British Educational Research Journal, 21*(3), 339-355.

Southworth, G. (2000). 'How primary schools learn', *Research Papers in Education, 15*(3), 275-291.

Stoll, L., Harris, A., & Handscomb, G. (2012). *Great Professional Development which Leads to Great Pedagogy: Nine Claims from Research*. Nottingham: National College for School Leadership.

Wilson, P., & Long, I. (2009). *The Big Book of Blob Trees*. London: Speechmark.

제 8 장 지속 가능한 미래를 위한 주도성

학교는 단지 미래를 준비하는 곳이 아니라, 학생들의 삶 그 자체이다. 학교가 그 역할을 제대로 수행하지 못하면, 학생들에게 돌이킬 수 없는 상처를 남길 수 있다. 학교는 가정과 지역사회 그리고 사회 전체와 함께 우리가 중요하게 여기는 가치와 목표를 실천하는 공간이다. 교육은 학생들에게 세상을 새롭게 보고 그 속에서 의미 있게 존재하며, 세상을 더 나은 방향으로 변화시킬 수 있는 변혁적 경험이어야 한다. 교육은 우리를 희망차게 전진할 수 있게 해야 하며, 스스로를 혁신한다는 명목 아래 자멸하게 해서는 안 된다(Greany, 2014). 앞에서 논의했듯이, 실천적 의식에서 담론적 의식으로의 전환은 교사가 변화를 주도하게 하며, 이는 교사 교육, 연구, 컨설팅, 기관 간 협력, 정책 수립, 정치적 활동 등 다양한 분야에서 행동을 촉진하는 촉매 역할을 할 수 있다. 이 장에서는 교육과 학교에 대한 저자의 사고를 근본적으로 뒤흔든 몇 가지 대안적 관점을 소개하고자 한다. 이론적으로뿐만 아니라, 개인적 주도성과 집단적 주도성(collective agency)을 통해 실제적인 변화를 만들어 내는 사례를 바탕으로 한 접근법들이다. 중요한 것은 수 세기에 걸쳐 고착화된 교과목, 학교, 교실의 개념을 초월하여, 교육을 보다 도전적이고 흥미로운 방식으로(세계적으로, 총체적으로 그리고 주도적 관점에서) 재구성하는 것이다.

교육이 지속 가능성과 관련된 중요한 담론의 일부라면, 사람과 환경 사이의 생태적 연결성을 탐구하는 것은 가치 있는 일이다(Mitchell & Sackney, 2009; Priestley et al., 2015). 유엔(United Nations)은 「2030 지속 가능발전 의제(2030 Agenda for Sustainable Development)」에서 17개의 상호 연결된 지속 가능 개발 목표(SDGs)를 제시하며, 다음의 다섯 가지를 우선적으로 강조한다(United Nations, 2015).

- **사람(people)**: 빈곤과 기아를 종식하고 인간의 존엄성과 평등, 건강을 증진하는 것
- **지구(planet)**: 지속 가능한 방식으로 자원을 소비하고 생산하며, 미래 세대를 위해 자연을 보호하는 것
- **번영(prosperity)**: 자연과 조화를 이루며 모든 사람이 풍요롭고 충만한 삶을 누리도록 하는 것
- **평화(peace)**: 두려움과 폭력에서 벗어나 평화롭고 정의로우며 포용적인 사회를 조성하는 것
- **파트너십(partnership)**: 지속 가능한 발전 목표를 실현하기 위한 글로벌 파트너십 강화

이러한 인류 공동의 과제를 해결하는 데 교육이 핵심적인 역할을 한다면, 교육은 학생들이 자신이 속한 환경에서 주체적으로 행동할 수 있게, 그리고 그 영향력을 점차 확장해 나가도록 지원해야 한다. 이를 위해 학교와 사회에서는 다양한 관점을 존중하고, 학생들에게 선택권을 제공하며, 의사결정 과정에 능동적으로 참여할 수 있게 구조화하는 목소리의 교육학(pedagogy of voice)을 구축해야 한다(Ranson, 2000). 이는 학생과 교사가 함께 협력하여 주도하는 공동 주도성을 형성하는 중요한 기반이 된다.

1. 영향력의 범위

청소년의 영향력은 글로벌 차원까지 확장되어 놀라운 변화를 일으킬 수 있다. 2018년 3월 24일, 미국 의회에 총기 폭력 방지를 촉구하는 '우리의 삶을 위한 행진(March for Our Lives)'에서 당시 11세였던 나오미 와들러(Naomi Wadler)는 단 3분 30초의 연설로 전 세계를 움직였다(Ramaswamy, 2018). 영국 언론은 이 순간을 가장 강렬한 장면으로 꼽으며, 수십만 명이 현장에서 그녀의 연설을 듣고, 인터넷을 통해 그 메시지가 급속도로 확산되었다고 보도했다. 이와 유사하게, 2019년 16세의 스웨덴 학생 그레타 툰베리(Greta Thunberg)는 '세계에서 가장 영향력 있는 기후 행동가'로 인정받으며(Smith, 2019), 다보스 세계경제포럼(World Economic Forum) 등 국제 무대에서 기후 변화에 대한 강경한 메시지를 전달했다(Thunberg, 2019). 그녀는 학교 수업을 거부하고 지속적인 기후 변화 대응을 촉구하는 '기후 학교 파업' 운동을 시작했고, 소셜 미디어를 활용해 전 세계 청소년들에게 영향을 미쳤다. 불과 6개월 만에 약 150만 명의 학생들이 동참했으며, 2019년 9월에는 성인에게까지 참여를 확장했다. 이러한 사례들은 청소년들의 영향력이 단지 잠재적 가능성이 아니라 현재 진행형임을 상기시킨다. 영향력의 범위(세계적, 국가적 또는 지역적 수준)를 막론하고, 이는 주변 삶과 주도성 경험에 중대한 의미를 가진다. 만약 교실에서 학생들에게 요구하는 것이 시험 답안 작성에 국한된다면, 우리는 학생들이 자신에 대해 가질 수 있는 기대치를 스스로 제한하는 결과를 초래할 수 있다.

학교 교육에서 주도성은 즉각적이며, 현실적이고, 의미 있는 방식으로 구현되어야 한다. 모든 학생이 적극적인 시민으로서 리더십을 발휘할 수 있도록 돕는 것이 중요하다. 그러나 인터뷰에 참여한 마이클은 언론과 미디어가 학교와 청소년을 부정적으로 묘사해 왔으며, 이는 학교 현장에서 경험하는 실제 모습과는 거리가 멀다고 지적했다.

> 학교에 대한 끊임없는 부정적 보도…… 정말 지쳤습니다. 언론은 엄청난 부정적 이미지들을 쏟아 내는데, 정작 제가 함께 일하는 사람들과 학교 현장에서 경험하는 현실과는 너무 다릅니다. 이것은 모두에게 파괴적이라고 생각합니다.

한편, 사회적 취약 계층이 많은 지역의 중등학교에서 오랜 경력을 가진 팸(Pam)은 교육이 단지 자격증 취득을 넘어 청소년에게 더 넓은 사회적 역할에 대한 열망을 심어 주는 것이라고 확신했다.

> 이 아이들은 놀랍고도, 미래로 향하는 문을 여는 존재들이에요. 그러니 비판만 할 게 아닙니다. 오히려 21세기를 헤쳐 나갈 모든 역량을 갖출 수 있게 도와야 합니다. 결국 지구를 구할 사람들은 이 아이들이니까요. 그리고 만약 교육을 통해 필요한 역량을 갖추지 못한다면…….

팸은 학생들이 사회에 기여할 수 있는 능력과 동기를 갖추도록 돕는 것이 중요하다고 강조했다. 이는 가정에서 영양가 있는 음식을 요리하는 것부터, 창의적인 프로젝트 수행과 지역 및 국제 자선 활동 참여까지 폭넓은 방식으로 실현될 수 있다. 학생들은 단순히 교과 학습을 넘어, 학교에서 자신의 정체성과 삶을 깊이 있게 탐구하며 성장한다. 이들은 이미 각자의 방식으로 세상과 소통하고 있으며, 변화를 만들어 가고 있다. 이러한 영향력의 형태와 지속 가능성은 교육과정 속에서 형성되며, 이것이 교사와 모두의 목소리가 존중받아야 하는 이유이다.

2. 지식 체계와 해방적 민주주의 프로젝트

광범위한 교육 담론 전반에서, 사회적 · 환경적 지속 가능성을 강조하는 생태학적 모델을 통한 교육 혁신 논의가 점점 더 힘을 얻고 있다(제2장 생태학적 모델 참조). 흥미롭게도 이러한 개념은 전통적 지식 체계를 기반으로 한 원주민 문화의 원칙과도 일맥상통하며, 이는 현대 사회에서도 여전히 중요한 시사점을 제공한다. 예를 들어, 캐나다 이누이트 지역에서는 전통적 원칙이 교육, 보건 등 공공서비스의 토대로 활용되고 있다(NCCIH, 2019; Nunavut Government, 2012). 이누이트 문화의 지식 체계는 상호 신뢰와 존중, 환경과의 조화로운 삶, 협력적 관계, 합의적 의사결정, 창의적 문제 해결을 핵심 원칙으로 삼고 있으며, 궁극적으로 인간성 증진을 목표로 한다. 이러한 원칙들은 연결, 노동, 대응력이라는 가치에 뿌리를 두며, 상호의존적인 책임을 지고 세상을 더 나은 방향으로 변화시킨다는 의미를 담고 있다. NCCIH(National Collaborating Centre for Indigenous Health) 웹사이트에서는 "내적 성찰과 상호 연결성, 모든 생명체와의 상호의존성 및 보완성, 자립과 자기결정의 개념을 포함하는 원주민적 지식 체계와 존재 방식은 건강의 형평성과 결과를 증진한다."라고 설명하고 있다(NCCIH, 2019).

이러한 접근은 지역사회 자원 개발의 기반으로 활용되고 있다. 인식론적 관점에서 정규 교육과정에서 소외되기 쉬운 맥락적 · 정서적 지식을 회복하는 과정이다(Coffey, 2001). 존재론적 관점에서 교사들이 오래전부터 추구해 온 신뢰, 존중, 충성과 같은 전통적인 전문적 가치와 맞닿아 있다. 또한 주도적 관점에서는 상호적 책임을 내면화한다. 즉, 이들 문화에서는 지식, 존재, 실천/행위를 각각 뒷받침하는 인식론적 · 존재론적 · 주도적 관점이 하나로 결합되면 공동체의 진정성을 회복하고, 구성원의 경험과 성장 그리고 웰빙을 증진한다.

교사들은 성찰을 바탕으로 조직 문화에 대한 견해를 정리하고 비교함으로써, 불공정을 지속시키고 학교 교육을 단순한 구조적 변화에 그치게 만드는 '기본 구조 · 습관 · 규범이 뒷받침하는 재생산 논리(Wrigley et al., 2012, p. 212)'에 맞설 수 있다. 서로의 이야기를 공유하는 과정을 통해 개인과 집단의 비전을 설정하게 되며, 교사들은 새로운 방식으로 정체성과 환경 그리고 문화를 구축하는 행위 주체가 된다. 따라서 지루(Giroux)가 주장한 '해방적 프로젝트(emancipatory project)'로서의 교육(비판적 사고, 주도성, 민주주의 가능성을 확장하는 것)이 충분히 현실적으로 보인다(Giroux, 2011, p. 43).

이러한 설명은 나오미 와들러(Naomi Wadler)와 그레타 툰베리(Greta Thunberg)와 같은 청소년들이 거대한 영향력을 행사할 수 있었던 이유를 이해하는 데 도움이 된다. 비범한 이야기들은 사람들의 공감을 불러일으키고, 문제를 제기하며, 행동을 촉발한다. 반면, '현상 유지 이야기'는 부정적 메시지를 강화하여 파괴적일 수 있지만, 관계를 중심으로 재구성되어 학습과 사회적 변화를 지지할 수도 있다(Eaton, 2009). 오늘날 소셜 미디어에서 '해시태그(#)'를 활용하는 것은 특정한 이야기와 메시지에 방향성을 부여하는 현대적 방식이다. 이처럼 기술적 인프라를 선한 목적으로 활용하는 것 자체가 유엔의 지속 가능 개발 목표(SDGs) 중 하나이다(United Nations, 2015). 교사이자 리더로서 우리는 개인과 지역적 차원에서 주도성과 목소리를 발휘할 수 있는 새로운 기회와 아이디어를 찾아야 한다. 뿌리 깊은 고정관념이나 기존의 시각과 업무방식 등이 이를 제한할 수 있으나 청소년의 리더십을 꽃피우게 하는 것이야말로 가장 의미 있는 일이다.

3. 생태학적 관점

지속 가능 개발 목표는 학교 안에만 국한되지 않는다. 학교와 지역사회의 경계를 허물고 통합하는 과정은 새로운 영감을 줄 수 있다. 학교와 교육 시스템을 지역 생태계의 일부로 바라보는 생태학적 관점은 인간 생존을 위해 필수적인 환경적 지속 가능성을 실현하는 중요한 방법이 될 수 있다. 예를 들어, 영국 북부의 작은 마을 토드모든(Todmorden)에서 시작된 '인크레더블 에더블(Incredible Edible)' 운동은 지역사회와 교육 그리고 기업 간의 유기적 연계를 중심으로 확산되었다(Clarke, 2012; Incredible Edible, 2018). 처음에는 식량 자급을 목표로 시작되었지만, 점차 지역사회, 교육, 경제 활동이 상호 연결되면서 마을 빈곤 완화, 일자리 창출, 지역 환경 개선, 지역 농업 지원, 예술 후원, 사회적 행동 등을 통한 공동체의 연대 강화로 이어졌다. 이 운동은 학교와 개인이 금전적 부담 없이 실천할 수 있는 다양한 실천 방안을 제시하며, 정형화된 사고방식을 넘어서려는 움직임으로 자리 잡고 있다. 이에 대해 클라크(Clarke, 2012, p. xvii)는 다음과 같이 주장한다.

> 주류 담론에 대한 대안을 탐구하는 광범위하고 다양한 이야기가 기존의 소비 성장과 경제 발전의 신화를 깨뜨리는 과정은 우리를 지속 가능한 삶을 위한 새로운 가능성으로 이끌 것이다.

그는 획일적 제도 개혁만으로는 원하는 미래를 실현할 수 없으며, 학교뿐만 아니라 가정과 삶의 방식에서도 변화가 필요하다고 설명한다. 이러한 변화를 실현하는 한 가지 방법은 숲 학교(Forest School, 2018) 프로그램과 같은 접근 방식을 활용하는 것이다. 숲 학교는 단순히 야외 학습을 넘어 포용적 · 민주적 · 창의적인 교육 철학과 윤리를 반영하는 생태학적 중심의 교육 활동이다. 이는 전인적이고, 윤리적이며, 혁신적이고, 공정한 교육 방식을 실현할 수 있게 한다([그림 5-4] 참조). 이는 비판적이고 관계 중심적인 접근을 통해 새로운 시각을 받아들이고, 기존 학교 환경과 지역사회가 가진 잠재력을 확장한다(제7장 참조). 지속 가능성은 일시적 유행이나 행정적 사항 혹은 평가 항목이 아니라 우리의 미래를 위해 반드시 실천해야 할 필수적인 가치이다. 기존 시스템이 변화하지 않는다면, 풀뿌리 수준에서 자발적이고 창의적인 활동을 용기 있게 시작해야 한다. 그리고 초반에는 대안적으로 보일 수 있는 아이디어와 실천 방안을 적극적으로 모색하는 것이 필요하다. 이는 변화가 찾아오기를 기다리는 것이 아닌, 우리가 직접 실천해야 할 현실적 돌파구이다.

4. 삶과 배움을 사랑하며

이는 지구를 보호하는 문제를 넘어 인간성의 문제다. 파괴적인 사회적 흐름과 반(反)교육적 학교 시스템이 수많은 학생을 소외시키는 현실을 직시해야 한다. 이를 극복하기 위해서는 전 연령을 아우르는 거시적이고 총체적인 접근이 필수적이다. 대중적으로 널리 알려진 아동 · 청소년 심리학자이자 지지자인 타냐 바이런(Tanya Byron) 교수는 현재의 교육 환경이 초래하는 심각한 문제를 다음과 같이 지적한다(Byron, 2015, p. i).

학교에서 극심한 어려움을 겪는 아이들을 자주 만납니다. 이로 인해 정신적

> 건강과 일상적 생활이 심각하게 위협받고 있습니다. 오늘날 천 명의 아이들이 우울증과 불안 장애를 겪고 있으며, 긍정적 자존감을 유지하지 못한 채 힘들어하고 있습니다.

바이런은 이러한 문제의 원인이 복합적이라고 인정하면서도, 그 핵심에는 시대착오적이고 비효율적인 학교 시스템이 있다고 강조한다. 이에 대한 대안으로, 학교가 창의성과 탐구심 및 즐거움 그리고 배움에 대한 갈망을 되찾아야 한다고 주장한다. 현재의 교육 시스템은 학생들에게 억지로 지식을 주입하고, 과도한 시험 부담을 주며, 그들을 이해하기보다 규격화된 틀에 맞추려는 방식으로 운영되고 있다. 이는 결국 학생들에게 깊은 고통을 안겨 준다(Byron, 2015, p. iv).

디지털 환경에 익숙한 오늘날의 학생들은 기존의 교육 방식이 자신들의 사고방식과 전혀 맞지 않는다고 느낀다. 바이런은 현재의 학교 시스템이 컨베이어 벨트식으로 설계되어 있으며, 이에 적응하지 못하는 학생들(사회적 약자, 학습에 흥미를 잃은 학생 그리고 기존의 틀과 다른 방식으로 사고하는 학생들)은 학교를 떠날 때 실패감을 안고 자율적 사고와 학습 능력을 상실한 채 사회로 나가게 된다고 경고한다. 교육 시스템의 문제는 특히 학교급 전환기에 두드러지게 나타난다. 비록 이 논의가 영국의 교육 환경을 배경으로 하나, 전 세계적으로 유사한 현상이 발견된다. 사교육에 의해 더욱 가속화되는 경쟁 중심의 교육 문화, 빈곤 지역 및 경제적으로 취약한 가정의 학생들이 직면하는 교육 기회의 부족과 전쟁과 이주로 인해 심리적 · 정서적 충격을 경험하는 난민 아동 그리고 주류와 다른 특성과 능력을 가진 학생들이 경험하는 소외 현상이 대표적이다(Byron, 2015). 클락스턴과 루카스(Claxton & Lucas, 2015)는 학생들이 변화하는 환경에서도 자신감을 가지고 적응할 수 있도록 끈기,

창의적 사고, 논리적 사고, 자기 절제, 자기 인식, 협업 그리고 호기심과 같은 '삶의 기술(life skills)'을 길러야 한다고 강조한다.

학생들의 정신 건강 문제, 학습 이탈, 무력감은 교육의 장벽일 뿐 아니라, 현행 학교 시스템이 이러한 문제를 악화시키고 있다는 점이 우려스럽다. 바이런(Byron, 2015)이 제시한 근거를 보면, 잘못된 교육정책이 오히려 가장 취약한 아이들에게 더 큰 피해를 입히고 있다. 예를 들어, 격리실(isolation room) 사용은 최근 교육계에서 강한 비판을 받고 있다(TES, 2019). 특히 특수교육이 필요한 학생들에게 이러한 처벌 방식이 적용될 경우, 그들의 정신 건강과 학습 동기에 심각한 부정적 영향을 미칠 수 있다. 반대로, 학생들이 행복하고, 격려받으며, 참여하고 있고, 스스로 힘을 가졌다고 느낄 때 그들은 사회적 · 정서적 · 학업적으로 잘 성장할 가능성이 크다. 따라서 학생들에게 모든 책임을 전가하기보다 교육 환경과 관계 그리고 맥락을 변화시키는 것이 더 적절한 해결책일 수 있다. 학생들의 웰빙과 인정받는 경험 그리고 자율성 보장은 비에스타(Biesta, 2016)가 제시한 자격 부여(qualification)와 사회화(socialization) 그리고 주체화(subjectification)를 실현하는 필수적 요소이다. 이는 궁극적으로 더 많은 학생이 자신감을 가지고 학교를 졸업하고, 지속적인 학습을 이어 가며, 사회에 적극적으로 기여할 수 있도록 돕는 역할을 할 것이다.

교사의 헌신과 목소리를 존중하고, 교육 목적과 교육과정에서 그들의 주도성을 보장하는 것은 사회적 · 정서적 측면을 포용하는 확장된 전문성의 기반이 된다(Day, 2017). 이를 위해서는 학생과 교사의 목소리를 경청하고, 개인적 필요에 대한 민감성을 가지며, 일률적인 해결책을 지양하고, 깊이 있는 고민을 거쳐 적절한 지원을 제공하는 방식으로 이루어져야 한다. 정형화된 교육 시스템에 학생들을 억지로 끼워 맞추는 것이 아니라, 필요에 따라 교육 환경을 조정하고 유연하게 변화시키는 접근 방식이 필요하다. 비판적 사고와 열망은 학생들이 안전함과 소속감을 느끼고, 자신이 존중받는다는 경험을 통해 더 잘 키울 수 있다. 학교가 학생들이 머물고 싶어 하는 따뜻한 공간이 된다면, 아이들이 어린 시절을 즐기고, 청소년기에 의미 있게 성장하며, 미래를 향한 긍정적인 꿈을 가질 수 있을 것이다.

5. 도전과 신뢰 그리고 조화

이 논의가 학교 공동체와 교육 리더 그리고 정책 입안자들에게 미치는 시사점은 복잡하고 다층적이다. 제4장과 제5장에서 다루어진 개인과 학교가 직면하는 긴장과 모순의 상당 부분은 외부에서 강제된 정책 지침 및 책무성 요구와 교사들의 가치, 도덕적 목적, 지적 관심 그리고 실천적 목표 간의 괴리에서 비롯된다. 그러나 제5장에서는 정책이 학교에 미치는 영향이 교장과 고위 리더들의 중재 방식에 따라 다르게 나타난다는 점을 보여 준다. 특히 교육 시스템의 강압성이 학교의 자율성을 잠식하는 원인은 정책 자체의 속성보다는 내부 변화 관리 전략에서 기인하는 경우가 많다. 교사들은 외부의 정치적 우선순위와 정책적 요구를 전략적으로 활용하여 자신만의 교육적 비전을 실현하고, 학생들의 학습을 더욱 효과적으로 지원할 수도 있다. 이를 입증하는 두 개의 사례를 살펴보자.

웨스트 라이즈 초등학교(West Rise Junior School)는 영국에서 창의적이고 실험적인 교육 방식으로 주목받는 학교로, 2015년 『타임즈 교육 저널(Times Educational Supplement)』에서 '올해의 초등학교'로 선정되었다. 이 학교의 학생 대부분은 경제적 취약 계층이 밀집한 지역의 공공

임대주택 단지에서 온다. 그러나 학교에서는 기존의 전형적인 교육 방식과는 전혀 다른 활동들이 이루어진다. 학생들이 양봉을 하고, 클레이 사격과 양궁을 배우며, 플라이 낚시와 사냥개 훈련을 경험한다. 또한 패들 보딩, 식용 식물 채집, 농장 운영을 직접 경험하고, 전속 예술가가 운영하는 미술실과 자체 라디오 방송국도 운영한다. 이 학교의 교장 마이크 페어클라우(Mike Fairclough)는 학생들의 학업 성취도가 높게 나타나는 이유를 '신뢰를 바탕으로 한 도전적 경험'에서 찾는다. 그는 자신의 저서 『위험을 감수하는 교육(Playing with Fire: Embracing risk and danger in schools)』에서 "학교와 교사들이 맞닥뜨리는 제약은 사실 합리적인 수준에 불과하다. 건강과 안전을 우선시하고, 모든 활동이 학습 효과를 극대화할 수 있도록 설계된다면, 혁신적인 교육을 실행하는 데 장애물은 거의 없다."라고 강력한 주장을 펼친다(Fairclough, 2016). 그는 교사와 학부모가 학생들에게 거는 기대치가 너무 낮다는 점이 가장 큰 문제라고 지적한다(Fairclough, 2016, p. 44). 웨스트 라이즈 초등학교는 창의적인 교육을 실천하면서도 표준화된 시험에서도 우수한 성과를 보이며, 교사들은 기준선이 높아짐에 따라 학생들에게 추가적인 수학 교육을 제공하고 있다. 학교의 주목을 받는 교육 방식 덕분에 교육청 장학사들은 학생들의 높은 성취 수준, 다양하고 풍부한 교육과정 그리고 뛰어난 행동 및 안전 관리를 긍정적으로 평가했다(West Rise Junior School, 2018).

애슐리 처치 초등학교(Ashley Church of England Primary School)의 교장 리처드 던(Richard Dunne)은 자연의 원리를 기반으로 한 융통성 있는 교육과정을 구축했다. 그의 교육 철학은 주기성, 상호의존성, 기하학, 아름다움, 다양성, 웰빙, 일체성이란 일곱 가지 조화의 원칙(Harmony Principles)에 기반한다(Dunne, 2015; HRH Prince of Wales, 2010). 이 원칙들은 계절의 흐름과 연계된 '탐구 중심 학습'을 통해 학생들에게 전달된다(Dunne, 2015). 학생들은 자연을 이해하고 존중하는 법을 배우며, 건강한 삶과 환경 보호의 중요성을 깨닫는다. 특히 학생들의 '지속 가능한 리더십'을 기르는 것이 교육과정의 핵심이다(Ashley CofE Primary School, 2018). 이를 교장 던은 "이 원칙들은 학생들이 자신의 삶에서 웰빙과 목적을 찾을 수 있도록 돕는 의미 있는 교육적 결과로 연결된다."라고 설명한다(Dunne, 2015). 애슐리 초등학교의 교육과정은 현실과 밀접하게 연결되어 있으며, 학생들이 조화롭고 지속 가능한 미래를 주도할 수 있도록 설계되었다. 수업의 일부로 학생들은 이슬람 예술의 기하학적 패턴을 탐구하고, 직접 식물을 재배하며, 명상을 통해 정서적 안정감을 키운다. 웨스트 라이즈 초등학교와 마찬가지로, 애슐리 초등학교도 학업 성취도와 교육 당국의 평가에서 우수한 성과를 내고 있다.

이 두 학교의 사례는 표면적으로 획일화된 교육 체제 내에서도 학교마다 전혀 다른 방식으로 혁신을 이끌어 갈 수 있음을 보여 준다. 각 학교는 자신만의 독창적인 가치 체계와 교육적 방향성을 가지고 있지만, 공통된 국가 교육정책 및 평가 기준을 충족하면서도 즐겁고 몰입도 높은 학습 환경을 조성하는 데 성공했다. 웨스트 라이즈 초등학교와 애슐리 초등학교의 학생들은 단순히 시험 점수를 높이는 것 이상으로, 미래 사회를 살아가는 데 필요한 지식과 기술 및 리더십 그리고 폭넓은 사고력을 키우고 있다. 또한 이러한 변화는 교사와 학교 리더들의 창의성과 헌신을 통해 실현된다. 두 학교의 교장들은 교직원들에게도 개인적으로 성장할 기회를 제공하며, 그들의 독창적인 재능과 창의성을 교육과정에 적극적으로 활용했다. 이처럼 교육이 단순한 전달식 지식 습득을 넘어, 의미 있고 풍부한 경험을 제공하는 방향으로 변화할 때 학생들은 즐겁고 몰입도 높은 배움을 경험하며, 자신감을 가지고 미래를 개척할 수 있을 것이다.

6. 지식 자본

교육 현장에서 창의적인 학습과 리더십을 촉진하기 위해 기존 방식에서 벗어나 새로운 시도를 하는 교사와 교장 그리고 학교들의 사례는 수없이 많다. 상명하달식 교육 체제가 요구하는 조건들을 일정 부분 수용하면서도, 시스템적 한계를 뛰어넘는 방식으로 변화와 혁신을 만들어 가는 것이다. 교사들은 자신의 영향력이 매우 제한적이라고 느낄 수 있지만, 개별 행동이 교육의 균형을 회복하는 데 결정적일 수 있음을 연구에 참여한 교사들의 이야기를 통해 확인할 수 있다. 제임스는 따돌림을 당하는 학생을 돕고, 크리스틴과 동료 교사들은 처음으로 말을 하게 된 아이를 격려하며, 마이클은 교실 밖에서 일대일 개별 지도를 제공했다. 점심시간에 불안한 아이가 안정감을 찾을 수 있는 공간을 마련해 주거나, 영감을 주는 책이나 영화를 함께 나누는 작은 행동이 학생들의 삶을 바꿀 수 있다. 이러한 교사의 교육 활동을 가로막는 가장 큰 장애물은 정부가 설정한 교육정책이나 때때로 학교장과 관리자들이 만들어 놓은 위계적인 리더십 구조로 보인다. 그러나 페어클라우(Fairclough, 2016)는 이러한 한계가 실체 없는 환상일 수도 있다고 주장한다. 기존의 교육 시스템이 결핍 중심 모델(deficit-based educational models)을 기반으로 운영되고 있지만, 이를 버리고 교사의 직관과 학생들의 지식 자본(funds of knowledge)을 기반으로 공동 구성(co-constructive)의 가능성을 열 수 있다. 이 연구의 모든 교사가 이를 시사하고 있다 존재함을 시사하고 있다(Moll & Greenberg, 1990).

영국 문해력 협회(UK Literacy Association)가 지원한 '공동체 형성: 문해력 생활 연구 프로젝트'는 학생들의 지식 자본을 교육에 접목할 수 있는 가능성을 보여 준다(Cremin et al., 2015a). 이 연구에서 교사 연구자(teacher-researchers)들은 특정 초등학생들의 가정을 직접 방문하여 교실 밖에서 이루어지는 다양한 문해력(literacy) 활동을 탐색했다. 연구진이 발견한 주요 내용 중 하나는, 기존의 교과 과정에서 요구하는 읽기 및 쓰기 활동이 학생들의 실제 생활과 거의 연결되지 못하고 있었다는 점이다. 예를 들어, 한 여학생이 아름다운 인도 전통춤을 능숙하게 춘다는 사실을 알게 된 교사가 그녀의 가정에서 이루어지는 문해력 활동을 조사해 보았다. 연구진이 확인한 내용은 다음과 같았다. 그녀의 할머니(현재 미국 거주)는 스카이프(Skype)를 통해 전통 설화를 들려주었고, 그녀의 어머니는 자신의 인도 어린 시절 이야기를 들려주었다. 그러나 이러한 개인적인 문해력 경험은 기존의 교과 과정에서 전혀 반영되지 않고 있었으며, 교실 내에서 학생의 학습과 연결되지 않았다(Cremin et al., 2015b). 이 연구를 통해 교사들은 기존의 '가르치고 평가하는 역할'에서 벗어나 '관찰하고 경청하며 배우는 자세'를 가질 수밖에 없는 환경에 놓이게 되었다. 이를 통해 기존의 결핍 담론을 재검토하고(Comber & Kamler, 2004), 학생들의 삶과 학교 밖에서의 문해 경험을 교육과 연결할 수 있는 가능성을 찾게 되었다. 이 연구는 교육과정과 학생들의 실제 생활 간의 단절성이 예상보다 훨씬 크다는 사실을 교사들에게 깨닫게 했다. 그리고 교사들이 현장에서 직접 수집한 지식이 교실로 유입될 때, 교육이 더욱 풍부하고 다채로워질 수 있음을 입증했다(Cremin et al., 2015).

7. 인정과 지지

연구 기반, 관계 중심적 그리고 포용적인 교육 접근법은 배타성과 획일성을 극복하고, 균형 잡힌 총체적, 학제 간, 문화 간 그리고 변화 지향적 교육으로 나아가는 길을 제시한다. 이는 지속 가능한 발전을 위한 교육의 핵심 요소이기도 하다. 학생들의 학문적 역량은 '인정과 존중'의 중요성을 기반으로 확장될 수 있으며, 이는 학교 교육의 주도적 관점을 강화하는 데 필수적인 요소다. 이를 실현하기 위해서는 학생들의 생활세계(lifeworld)에 적극적으로 들어가 그들이 학교와 학습에 가져올 수 있는 다양한 경험을 이해하고, 이미 학교 밖에서 주도적으로 살아가는 모습을 인식하는 것이 필요하다. 그러나 학생들이 학교에 대해 갖고 있는 고정관념, 자신의 경험을 학습에 반영할 수 있는 범위, 그리고 무엇이 '정당한 지식'으로 간주되는지에 대한 제한된 인식은 교사들이 이를 인정하고 길러 주지 않는 한 학생들의 교육적 기여를 크게 제약할 수 있다. 따라서 교사들 또한 존중받고 성장할 수 있는 환경이 보장되어야 한다.

이 연구에 참여한 교사들은 학생들의 잠재력을 실현하는 과정에서 중요한 역할을 한다는 인식을 공유하고 있었다. 그들의 태도와 학생들과의 관계 속에서 이러한 가치가 어떻게 구현되고 있는지 다음과 같은 교사들의 경험을 통해 확인할 수 있다.

> 제가 그 아이를 행복하게 만들었다는 사실이 기뻐요. 저는 배려를 중요하게 여기고, 아이들의 삶에 긍정적인 변화를 주는 것이 내 역할이라고 생각해요(Jess).

> 청소년들은 정말 멋진 존재예요. 그들은 도덕적 양심을 가지고 있으며, 자신보다 불우한 사람들에게 관심을 가져요(Pam).

> 저는 매일 인사하고 기회를 주죠. 결국은 어린애니까……(James).

학생들은 선생님들을 정말로 좋아했어요. 선생님들은 그들에게 중요한 기준점이 되었기 때문에…… 아주 좋은 관계가 형성되었다고 생각해요(Loma).

우리가 가르치는 이유는 아이들을 위한 것이니까요. 아이들에게 최상의 출발을 할 수 있게 도와주는 것이죠(Christine).

아이들은 눈에 보일 정도로 크게 성장하죠. 그 아이들이 많이 발전해서 빛이 나요(Michael).

이처럼 참여, 목소리, 발견, 즐거움 그리고 선택을 중심으로 하는 해방적 · 대화적 교수법이 교사들의 경험에 자연스럽게 스며들어 있다. 교사들에게 학습은 단순한 성취를 넘어, 학생들이 자신을 인정받고 해방되는 과정이다. 이러한 교육은 배려의 윤리 속에서 이루어지며, 교사는 단순히 지식을 전달하는 역할을 넘어, 학생들이 '자신이 누구인지 탐색하고 스스로 의미를 찾아가는 과정'을 지원한다. 그리고 이는 단지 학교에서만 의미 있는 것이 아니라, 학생들의 삶과 더 나아가 세계적 차원에서 중요한 가치로 작용한다. 따라서 학생들의 학업적 성취와 만족도뿐만 아니라, 교사들의 전문적 수업과 성장 및 정체성 역시도 관계, 존중, 즐거움 그리고 적극적 참여를 기반으로 형성되어야 한다.

이러한 교육 방식은 '우수 학생/저능 학생' '좋은 학교/나쁜 학교' '상급자/하급자'와 같이 기존의 위계적 이분법(hierarchical dualities)을 해체할 뿐만 아니라, '전통적 교육 vs 진보적 교육' '학문적 교육 vs 실용적(직업) 교육' '교과 지식 vs 인성 및 역량 개발'과 같이 불필요한 교육적 양자택일(binary choices) 역시 제거한다(Claxton & Lucas, 2015). 밴듀라(Bandura, 2001)는 성과 중심 체제가 강제될 경우, 많은 교사와 학교들이 도덕적 목적과 원래 의도했던 교육 목표 간의 괴리 속에서 좌절할 수밖에 없다고 설명한다. 그의 '주도성 순환' 개념에 따르면, 외부에서 강제된 환경이 점점 더 조여오면 교사들의 자기효능감은 낮아지고, 결과적으로 개인과 조직적 차원에서 교육 혁신과 개선을 위한 실천 능력이 저해된다. 이러한 이유로 인해, 교사들의 역량 강화를 목표로 하는 전문적 학습공동체가 기대만큼 효과를 거두지 못하는 경우가 많다. 표면적으로는 교사의 자율성과 협력을 강조하지만, 실제 운영 과정에서는 학교 조직의 위계 구조와 외부 요구에 의해 교사들이 여전히 통제받고 있기 때문이다. 페어클라우(Fairclough, 2016)는 정책을 '맞서 싸울 대상'이 아니라, '함께 활용할 수 있는 도구'로 간주해야 한다고 주장한다. 단순히 반대하는 것이 아니라, 집단적 전문 지식과 경험을 바탕으로 비판적 · 사회적 · 정치적 이해를 적용하여 정책을 전략적으로 활용해야 한다는 것이다. 이러한 환경 속에서 교사들이 위험을 감수하는 행위는 체제에 대한 저항이 아니라, 창의적이고 근거에 기반한 선택을 통해 교육의 가능성을 확장하는 과정에서 이루어진다. 이처럼 학교는 단순히 외부 요구를 수용하는 장소가 아니라, 학생들이 주도적으로 학습하고 성장하며, 교사들이 자신의 전문성을 발휘할 수 있는 곳으로 변화해야 한다. 관계와 존중, 참여를 기반으로 한 교육은 학생과 교사 모두에게 의미 있는 성장을 가져오며, 나아가 교육의 본질적 목적을 실현하는 길을 열어 준다.

8. 변혁을 위한 주도성

교육의 변화를 주도적으로 이끌기 위해서는 교사와 학생들이 직접 참여하여 학교 혁신의 목적을 재구성하고, 전문성 개발을 재개념화하며, 교사의 전문적 정체성을 회복하는 과정이 필요하다.

- **학교 혁신의 목적 재구성–지속 가능성을 중심으로**: 학교 혁신은 단순히 성과 중심의 목표를 뛰어넘어야 하며, 다음 세 가지 핵심 요소를 포함해야 한다.
  - **학문적 성장**: 지식 구축과 사고력 신장
  - **개인적 성장**: 정체성 확립과 삶의 기술 습득
  - **주체적 성장**: 임파워먼트와 리더십 역량 강화
- **전문성 개발의 재개념화–주도적 관점의 강화(주도성 내재화)**: 교사의 전문성 개발은 기술 습득을 넘어, 교육적 변화를 이끌어 가는 방법론을 포함해야 한다. 이로써 교사는 전문적 학습과 리더십을 통해 교육 주체로서의 역량을 확장하고 발전시킬 수 있다.
- **교사의 전문적 정체성 회복**: 교사와 교육자는 단순한 지식 전달자가 아니라, 교육과정과 교수법을 발전시키는 창조적 실천가이자, 학교 문화를 형성하고 시스템 변화를 주도하는 주체로 자리 잡아야 한다.

교육의 목적을 다시 세우려는 시도는 기존의 익숙한 관행으로 돌아갈 위험이 있지만(MacBeath et al., 2018), 여기에 언급된 다양한 사례는 정치적 규제와 외부의 압박에도 불구하고 교육을 총체적인 목적으로 변혁할 수 있음을 보여 준다. 변혁적 리더십은 공동체의 더 높은 가치를 위해 사람들에게 비전을 제시하고, 신뢰와 자신감을 구축하는 과정을 의미한다. 그러나 보터리(Bottery, 2004)는 변혁적 리더십이 정책 입안자들에 의해 단순한 '경영 관리 도구'로 전락하고 있다고 경고한다. 학교 평가 보고서는 우수한 변혁적 리더십이 성과 목표 달성에 기여한다

고 강조하나, 실제로는 변혁적 접근이 정치적 통제와 상충하는 경우가 많다(Currie & Lockett, 2007). 따라서 변혁이라는 개념 자체가 제도적 틀 안에 갇히는 것을 경계하고, 교육의 진정한 변화를 실현할 수 있게 해방되어야 한다. 진정한 변화는 교사들이 자신의 사고와 실천을 스스로 문제화하고, 자신의 가치관과 행동이 어떻게 형성되는지를 비판적으로 성찰하는 과정에서 시작된다(Cranton, 2016). 이를 통해 교사들은 소극적 방관자라는 역할을 거부하고, 능동적인 교육 실천자로서 행동할 수 있다(Clarke, 2012). 이 연구와 경험을 통해 확인할 수 있듯이, 많은 교사는 이미 자신만의 방식으로 의미 있는 변화를 만들어 가고 있다. 그러나 이러한 노력은 정책적 지침 덕분이 아니라, 오히려 그것을 뛰어넘어 이루어지고 있다(Byron, 2015; Fielding, 2007). 학교 효과성과 학교 혁신이라는 전통적인 개념은 여전히 교육 현장을 지배하고 있으며, 전 세계적인 교육 개혁과 책무성 논리가 교육의 사회적 · 정치적 구조를 형성하고 있다(Clarke, 2009). 그러나 교사들의 경험과 이야기들은 교육 혁신이 단순한 성과 지표가 아니라 실질적 관계와 실천을 통해 이루어진다는 점을 보여 준다. 교사들은 자신의 비전, 가치 그리고 목소리를 바탕으로 변화에 기여하고 있으며, 이러한 움직임은 학교 조직의 경계를 넘어 확산된다. 정책의 틀을 넘어 다양한 교육 프로젝트와 교실에서의 실천이 학생들의 삶, 가정 그리고 지역사회에 영향을 미치고 있다. 밴듀라(Bandura, 2001)의 개념에 따르면, 교육 현장에는 이미 주도적 관점이 존재하며, 이는 목적의식, 예측력, 자기조절 그리고 자기성찰을 통해 교사들의 일상적 실천에 스며들어 있다. 이러한 요소들은 우리가 의식적으로 탐색하고, 체계적으로 구축할수록 더욱 자주 나타날 것이다.

교육정책이 성과 지표와 하향식(top-down) 목표 달성에만 초점을 맞출 경우, 사회와 지구가 직면한 도전 과제에 대한 해결책으로는 부족하다. 이러한 접근 방식은 학교 공동체 내에서 개인들이 가진 고유한 가능성을 간과하고, 의미 있는 변화를 제한하는 결과를 초래한다. 이제는 지속적인 성과 압박에서 한 걸음 물러나 균형을 회복하는 것이 가능할 뿐만 아니라 바람직하며 반드시 필요한 일일 수도 있다(Clarke, 2009; Hannon, 2009). 이러한 전환이 중요한 이유는 두 가지다.

첫째, 현재 교육 시스템이 만들어 내는 불평등과 불균형이 심각한 피해를 초래하고 있기 때문이다. 둘째, 교육이 본래 목표로 삼아야 할 다른 중요한 요소들에 더 많은 공간을 열어 주어야 하기 때문이다. 교육과정과 결과에 대한 깊이 있는 이해와 통찰이 필요하며, 이를 위해서는 기존의 사고방식과 관점을 변화시키는 것이 필수적이다. 지금 필요한 것은 학교와 교육의 목적을 폭넓고 포괄적으로 바라보는 새로운 접근 방식이다. 이는 단순한 성과 목표를 넘어 학생들의 삶과 사회 그리고 미래를 위한 교육을 실현하는 과정이어야 한다.

9. 주도성을 통한 변혁

혁신적이고 진정한 변혁을 지향하는 시도가 자주 난관에 부딪히는 이유 중 하나는, 성공을 판단하는 기준이 기존 체제 속에서 나왔기 때문이다. 평가 기준 자체가 변화 과정에 포함되지 않으면, 새로운 교육 방식은 공식적으로 인정받지 못하고 사라질 위험이 크다. 이에 따라, 유엔 유럽경제위원회(UNECE)는 지속 가능한 발전을 위한 교육(Education for Sustainable Development: ESD)에 필요한 역량을 세 범주, 총체적 접근(holistic approach), 변화의 구상(envisioning change), 변혁의 실현(achieve transformation)으로 제시했다(UNECE, 2012). 이들은 '알기 위한 배움(learning to know)' '되어가기 위한 배움(learning to be)' '행위하기 위한 배움(learning to do)'의 개념과 연결되며, 제6장에서 논의한 교육의 관점들과도 맞닿아 있다(〈표 6-1〉 참조). 여기에 더해 '함께 살아가는 법을 배우기(learning to live together)'라는 개념이 역량으로 포함된 점은 주목할 만하다. 이는 우리가 개인의 성장뿐만 아니라, 공동체적 차원에서 무엇을 이루어 낼 수 있는가에 집중해야 한다는 메시지를 담고 있다. 이러한 접근법은 세대 간, 문화 간, 국가 간, 학문 간 협력을 통해 새로운 세계관을 형성하고, 교육 현장(교실, 교무실, 학교 경영진)에서 지속 불가능한 관행을 비판적으로 검토하며, 더 나은 미래를 설계하는 과정을 포함한다.

영국 글로스터셔 대학교(University of Gloucester)에서 진행 중인 '더 넓은 목적의식(Rounder Sense of Purpose) 프로젝트'에서는 지속 가능한 발전을 위한 교육(ESD)을 가르치는 교사들에게 요구되는 역량을 체계적으로 정리한 모델을 개발하고 있다(Vare, 2018). 이 모델은 지나치게 규정적인 평가 기준을 강요하지 않으면서도, 사고와 실천을 촉진할 수 있는 체계를 마련하는 방법을 제시한다. UNECE의 광범위한 프레임워크에서 핵심적인 12가지 역량을 추출하여 다음 세 가지 영역으로 정리하였다.

- **총체적 사고**(thinking holistically): 시스템적 사고, 주의 깊은 관찰, 학제 간 접근 · 평가
- **변화의 구상**(envisioning change): 미래 전망, 공감, 혁신, 책임감
- **변혁의 실현**(achieving transformation): 참여, 관여, 몰입, 실행, 결단력

이 모델의 특징은 열린 평가 방식을 채택하여, 예상치 못한 변수와 학

습 결과를 유연하게 반영할 수 있도록 설계되었다는 점이다. 이를 통해 교육의 혁신적 변화를 가로막는 고정적인 기준을 뛰어넘을 수 있다(Vare, 2018). 제6장과 제7장에서 논의한 바와 같이, 이러한 평가 방법과 실행 모델은 교사 개인과 학교 공동체가 주체적으로 변화를 이끌 수 있도록 지원한다. 또한 교육을 '자기중심적(ego-centric) 관점'에서 '생태중심적(eco-centric) 관점'으로 전환하며 지속 가능한 발전을 위한 교육(ESD)에 기여한다(Clarke, 2012). 따라서 교육과정과 교수 · 학습의 토대에 주도성을 내재화하는 것은 학교 혁신의 재목적화와 전문성 개발 재개념화의 핵심 과제이다.

이러한 변화는 교육자들이 자신의 신념과 가치 체계를 내면적으로 성찰하고, 동시에 세계와 적극적으로 연결되는 방식으로 이루어진다(Clarke, 2012). 제5장에서 제시된 전문적 속성과 주체적 성향([그림 5-4] 참조)은 이러한 사고의 발전 과정에 중요한 역할을 하며, '총체적 사고 → 변화 구상 → 변혁 실현'으로 이어지는 순환적 과정에서 의미 있는 전환을 이끌어 낸다. 이를 위해 교사들에게 요구되는 것은 도덕적 용기와 깊은 신념이다. 인정과 대화, 비판적 사고와 창의성, 다양성 존중과 지속 가능성과 같은 요소들을 중심으로 교사들은 자신의 목소리를 내야 한다. 그리고 문제를 제기하며, 탐구하고, 혁신을 실현하며, 적극적으로 참여하고, 교육적 균형을 유지하는 체계적이고 주도적인 역할을 수행할 수 있다([그림 5-4] 참조). 이 과정은 교사의 진정성과 통찰력을 바탕으로 한 전문성 개발을 촉진하며, 교육의 중심에 주도성이 자리할 수 있게 한다.

주도적인 교육 활동은 교사와 교육 전문가들에게만 국한되어서는 안 된다. 학생들에게도 동일한 기회를 제공해야 하며, 이를 위해 교육의 정치적 과정 자체가 개방적이고 혁신적인 방향으로 변화할 필요가 있다.

이를 위해서는 정통성에 대한 비판, 헤게모니(hegemony)의 해체, 권력 역학의 인식을 포함하는 비판적 관점(critical perspectives)이 필요하다. 이를 통해 학생과 교사가 함께 교육 환경과 정치적 · 제도적 시스템을 변화시키는 과정에 적극적으로 참여할 수 있다. 이러한 변화는 조직적 · 정치적 환경을 집단적 의지에 따라 재구성할 수 있는 능동적이고 상호의존적인 에너지를 창출하는 과정에서 이루어진다.

이처럼 창의적이고 혁신적인 교육 실천을 위해서는 의미 있는 목표를 설정하고, 용기 있게 행동하며, 문화적으로 포용적인 리더십이 필요하다. 이러한 리더십은 학생과 교사가 적극적으로 성장할 수 있는 환경을 조성하며, 교실뿐만 아니라 학교와 지역사회 전체가 변화를 만들어 가는 선순환 구조를 형성하게 된다. 이처럼 교사들이 교육과정과 교육 방식에 대한 비판적 대화를 주도할 수 있도록 공간을 마련하고, 학생들이 자신의 학습 과정에 대한 선택권과 신뢰를 가질 수 있게 보장하는 것이 진정한 교육 혁신의 출발점이다.

성찰 질문

- 교육 분야에서 당신이 영향력을 행사할 수 있는 핵심적인 역할은 무엇인가?
- 현재 근무 환경에서 지속 가능하지 않은 관행이 존재하는가? 이러한 관행이 계속될 경우 어떤 영향이 예상되는가? 이를 어떻게 변화시킬 수 있을까?
- '함께 살아가는 법을 배우는 것'이 교육과정에서 어느 정도 비중을 차지하고 있는가?
- 교육과정에서 당신은 어떤 역할을 수행하고 싶은가? 교육의 변화를 이끄는 주체로서 어떻게 자리매김하고 싶은가?

참고문헌

Ashley Coff Primary School (2018). Available from: http://www.ashleyschool.org.uk/ (accessed 2018).

Bandura, A. (2001). 'Social cognitive theory: an agentic perspective', *Annual Review of Psychology, 52*, 1–26.

Biesta, G. (2016). 'Good education and the teacher: reclaiming educational professionalism', In Evers, J., & Kneyber, R., *Flip the System: Changing Education from the Ground Up*. London: Routledge, pp. 79–90.

Bottery, M. (2004). *The Challenges of Educational Leadership*. London: Paul Chapman Publishing.

Byron, T. (2015). 'Foreword', In Claxton, G., & Lucas, B., *Educating Ruby: What Our Children Really Need to Learn*. Carmarthen, Wales: Crown House Publishing.

Clarke, P. (2009). Sustainability and improvement: a problem "Of' education and "for" education', Improving Schools, 12(1), 11–17.

Clarke, P. (2012). 'Sustainability and improvement: a problem "of" education and "for" education', *Improving Schools, 12*(1), 11–17.

Claxton, G., & Lucas, B. (2015). *Educating Ruby: What Our Children Really Need to Learn*. Carmarthen, Wales: Crown House Publishing.

Coffey, A. (2001). *Education and Social Change*. Maidenhead: Open University.

Comber, B., & Kamler, B. (2004). 'Getting out of deficit: pedagogies of reconnection', *Teaching Education, 15*(3), 293–310.

Cranton, P. (2016). *Understanding and Promoting Transformative Learning: A Guide to Theory and Practice. Stirling*, (3rd edn.). Virginia: Stylus Publishing.

Cremin, T., Mottram, M., Collins, F., Powell, S., & Drury, R. (2015a). 'Building communities: teachers researching literacy lives', *Improving*

Schools, 12(2), 93-100.

Cremin, T., Mottram, M., Collins, F., Powell, S., & Drury, R. (2015b). *Researching Literacy Lives: Building Communities Between Home and School*. London: Routledge.

Currie, G., & Lockett, A. (2007). 'A critique of transformational leadership: moral, professional and contingent dimensions of leadership within public services organisations', *Human Relations, 60*(2), 341-370.

Day, C. (2017). *Teachers' Worlds and Work: Understanding Complexity, Building Quality*. London: Routledge.

Dunne, R. (2015). 'Applying the principles of harmony to learning', *Food and Culture*, Sustainable Food Trust, 13 November. Available from http://sustainablefoodtrust.org/articles/applying-the-harmony-principles-to-learning/ (accessed 2018).

Fairclough, M. (2016). *Playing with Fire: Embracing Risk and Danger in Schools*. Woodbridge: John Catt Educational.

Fielding, M. (2007). 'Community, philosophy and educational policy: against effectiveness ideology and the immiseration of contemporary schooling', In Ball, S. J., Goodson, I. F., & Maguire, M. (Eds.), *Education, Globalisation and New Times*. London: Routledge, pp.183-204.

Forest School (2018). Available at: https://www.forestschoolassociation.org/ (accessed 2018).

Giroux, H. A. (2011). *On Critical Pedagogy*. London: Bloomsbury.

Greany, T. (2014). 'The self-improving school system: competing policies undermine the coalition's admirable aims', *IOE London Blog*, 6 March. Available at: https://ioelondon blog.wordpress.com/2014/03/06/the-self-improving-school-system-competing-policies-undermine-the-coalitions-admirable-aims/ (accessed 2018).

Hannon, V. (2009). 'Innovative systems: an international perspective', keynote address, International Congress for School Effectiveness and

School Improvement, Vancouver, BC, Canada, January.

HRH Prince of Wales with Juniper, T., & Skelly, I. (2010). *Harmony: A New Way of Looking at Our World*. London: HarperCollins.

Incredible Edible (2018). Available at: http://incredibleediblenetwork.org.uk/ (accessed 2018).

Keating, A. L. (2009). 'Transforming status-quo stories: shifting from 'me' to 'we' consciousness', In Svi Shapiro, H. (Ed.), *Education and Hope in Troubled Times: Visions of Change for Our Children's World*. New York: Routledge, pp. 210-222.

MacBeath, J., Dempster, N., Frost, D., Johnson, G., & Swaffield, S. (2018). *Strengthening the Connections between Leadership and Learning: Challenges to Policy, School and Classroom Practice*. London: Routledge.

Mitchell, C., & Sackney, L. (2009). *Sustainable Improvement: Building Learning Communities that Endure*. Rotterdam, NL: Sense Publishers.

Moll, L., & Greenberg, J. (1990). 'Creating zones of possibilities: combining social contexts for instruction', In Moll, L. (Ed.), *Vygotsky and Education*. Cambridge MA: Harvard University Press.

NCCIH (2010). National Collaborating Centre for Indigenous Health. Available at: http://nccih.ca/en (accessed 2019).

Nunavut Government (2012). 'Inuit Qaujimajatuqangit', Department of Human Resources, Nunavut Government website. Available at: http://www.gov.nu.ca/hr/site/beliefsystem.htm (accessed 2012).

Priestley, M., Biesta, G., & Robinson, S. (2015). *Teacher Agency: An Ecological Approach*. London: Bloomsbury.

Ramaswamy, C. (2018). 'The 11-year old who galvanised a global movement at the March for Our Lives', *Guardian*, 26 March.

Ranson, S. (2000). 'Recognizing the pedagogy of voice in a learning community', *Educational Management and Administration, 28*(3), 263-

279.

Smith, A. (2019). 'They see us as a threat because we are having an impact', *Observer*, 21 July, 8-11.

TES (2019). 'Beware isolated incidents, mental health charity warns', *Times Educational Supplement, 19* July, 6.

Thunberg, G. (2019). *No One is Too Small to Make a Difference*. London: Penguin.

United Nations (2015). *Transforming our World: The 2030 Agenda for Sustainable Development*. Available at: https://sustainabledevelopment.un.org/post2015/transformingourworld (accessed 2018).

UNECE (2012). 'Learning for the future: competences in education for sustainable development', United Nations Economic Commission for Europe, Strategy for Education for Sustainable Development. Available at: https://www.unece.org/fileadmin/DAM/env/esd/ESD_Publications/Competences_Publication.pdf (accessed 2018).

Vare, P. (2018). 'A rounder sense of purpose: developing and assessing competences for educators of sustainable development', In *Form@re, 18*(2). doi:10.13128/formare-23712 (accessed 2019).

West Rise Junior School (2018). Available at: http://www.westrisejunior.co.uk/ (accessed 2018).

Wrigley, T., Thomson, P., & Lingard, B. (2012). *Changing Schools: Alternative Ways to Make a World of Difference*. London: Routledge.

찾아보기

인명

내용

저자 소개

Judy Durrant
영국 캔터베리 크라이스트처치 대학교 교육학부에서 대학원 프로그램 책임자로 재직 중이며, 교사 교육 프로그램 및 학교 협력 프로젝트 등을 운영하였다. 이 책은 저자가 박사과정 학위논문을 준비하는 과정에서의 연구 결과를 바탕으로 했으며, 교사 주도성을 전문성 개발과 학교 혁신의 핵심적인 열쇠로 바라보는 새로운 시각에서 이 책을 집필하였다.

역자 소개

이병도(Lee, Byoung Do)

(사)충남교육연구소장 및 상명대학교 특임교수이다. 공주사범대학 한문교육과를 졸업하고 인하대학교 교육대학원 교육학과에서 석사학위, 공주대학교 대학원 교육학과에서 박사학위를 취득하였다. 인천과 충남에서 교사로 활동하였고, 충남교육청에서 정책기획장학관, 학교정책과장, 교육혁신과장, 교육국장, 천안교육장으로 활동하였다. 학생과 교사의 주도성을 살리는 새로운 학교문화를 만드는 것이 교육 개혁의 주춧돌이라고 생각하고 이를 실천하고자 노력 중이다.

함은혜(Ham, Eun Hye)

국립공주대학교 교육학과 부교수이다. 서울대학교 교육학과를 졸업하고 Michigan State University에서 박사학위를 취득한 후, 교수·학습을 위한 측정 이론과 증거기반평가 연구에 매진해 왔다. 최근에는 인공지능 및 기술향상평가를 연구하고 있지만, 학생 개개인의 성장에 가치를 두는 선생님들의 협력적 실천과 그것을 지원하는 학교문화가 평가 혁신의 출발점이자 도착점이라고 생각하여, 이 책의 번역에 참여하였다.

심상용(Shim, Sang Ryong)

충청남도교육청교육연수원 원장이다. 공주사범대학 영어교육과를 졸업하고 공주대학교 교육대학원에서 교육학석사, University of Nevada(Reno)에서 MA TESOL 과정을 수료하였다. 충남의 중·고등학교에서 영어 교사로 재직하였고, 충남의 국어교육원에서 교육연구사로도 근무하였다. 혁신학교인 홍성여자고등학교에서 공모교장으로 4년, IB학교인 덕산고등학교 교장으로 1년간 근무하였다. 충남중등영어교육연구회(CNSETA) 회장을 역임하였다. 현재는 충남교육청교육연수원장으로 일하면서, 민주적인 학교문화와 조직혁신을 위해 교사 주도성 발현의 중요함에 공감하며 번역에 참여하였다.

노영현(No, Young Hyun)

충청남도예산교육지원청 장학사이다. 공주대학교 국민윤리교육과를 졸업하고, 동 대학 교육학과에서 교육측정 및 평가 전공으로 박사과정을 수료하였다. 교육경력 22년 차로 평소 관심 분야는 학생·교사 주도성, 교실 평가와 수행평가, 잠재성장모형, 종단연구 등이다. '학생 주도성을 존중하는 평가방안 연구'를 수행하며 학생 주도성 발현을 위해 교사 주도성이 선행되어야 함을 깨닫고 『교사 주도성: 학교문화 혁신의 열쇠』를 번역했으며, 나아가 협력적 주도성에 의한 배움과 성장을 현장에 전달하고자 이 책의 번역에 참여하였다.

협력적 주도성

-교사 전문성으로 여는 미래교육-

TEACHER AGENCY,
PROFESSIONAL DEVELOPMENT AND SCHOOL IMPROVEMENT

2026년 1월 10일 1판 1쇄 인쇄
2026년 1월 20일 1판 1쇄 발행

지은이 • Judy Durrant
옮긴이 • 이병도 · 함은혜 · 심상용 · 노영현
펴낸이 • 김진환
펴낸곳 • ㈜학지사
04031 서울특별시 마포구 양화로 15길 20 마인드월드빌딩
대표전화 • 02-330-5114 팩스 • 02-324-2345
등록번호 • 제313-2006-000265호

홈페이지 • http://www.hakjisa.co.kr
인스타그램 • https://www.instagram.com/hakjisabook

ISBN 978-89-997-3588-2 93370

정가 17,000원